高等职业教育汽车检测与维修专业系列教材
国家示范性高等职业院校建设计划项目

实施汽车维护作业

主　编　赵计平
副主编　张晋源
　　　　陈　磊
　　　　江　洪
参　编　金　明
　　　　徐小龙
　　　　唐腾健
主　审　简晓春

机械工业出版社

本书借鉴了国际职业教育的先进教学理念，突出了“以行业需求为导向、以能力为本位、以学生为中心”的原则，把行业能力标准作为专业课程教学目标和鉴定标准，按照能力标准组织教学内容，有利于学习者可持续发展能力的培养，围绕汽车维护作业所需知识、技能以及关键能力，着重从车辆维护和维修各种资源中获取信息；识别和选用润滑材料与车用工作液；选用、维护和更换密封件与轴承；完成轻型车辆定期维护操作；清洁车辆向顾客交车等5个方面进行介绍。针对学生的学习特点设计教学活动，将教学活动与模拟或真实的工作场所相融合，引用动态的教学鉴定与教学评估相结合，使学生“动中学、学中练、练中用”，满足学习者的学习需求。

本书适用于高职高专汽车专业的学生，也可以作为汽车维修、服务的专业人员的培训教材。

图书在版编目（CIP）数据

实施汽车维护作业/赵计平主编．—北京：机械工业出版社，2011.2（2024.2重印）

高等职业教育汽车检测与维修专业系列教材　国家示范性高等职业院校建设计划项目

ISBN 978-7-111-33289-3

Ⅰ.①实…　Ⅱ.①赵…　Ⅲ.①汽车-车辆修理-高等学校：技术学校-教材　Ⅳ.①U472

中国版本图书馆CIP数据核字（2011）第019929号

机械工业出版社（北京市百万庄大街22号　邮政编码100037）

策划编辑：李超群　王海峰　责任编辑：葛晓慧

版式设计：霍永明　责任校对：胡艳萍

封面设计：路恩中　责任印制：李　昂

北京捷迅佳彩印刷有限公司印刷

2024年2月第1版·第8次印刷

184mm×260mm·15.5印张·379千字

标准书号：ISBN 978-7-111-33289-3

定价：44.00元

电话服务　网络服务

客服电话：010-88361066　机　工　官　网：www.cmpbook.com

010-88379833　机　工　官　博：weibo.com/cmp1952

010-68326294　金　书　网：www.golden-book.com

机工教育服务网：www.cmpedu.com

前　言

本书根据专业课程指导性文件《汽车维修技术人员培训能力标准》中的核心能力标准《QTPBW022 选择和使用轴承、密封件、垫圈、密封胶和粘合剂》、《QTPBW023 实施车辆维护作业》进行编写。

本书借鉴了德国、澳大利亚等国际职业教育的先进教学理念，突出了“以行业需求为导向、以能力为本位、以学生为中心”的原则，把行业能力标准作为专业课程教学目标和鉴定标准，按照能力标准组织教学内容，针对高职学生的学习特点设计教学活动。本书设计的教学活动环境主要设置在模拟或真实的工作场所，学生通过活动将知识与技能进行有机的交融；通过模拟等学习活动熟悉汽车维护作业流程和操作规范；通过从车辆维护和维修各种资源中获取信息活动以培养学生收集、分析信息的能力；通过小组活动培养学生与人交流、团队合作等能力；通过案例分析、任务驱动等学习活动培养其分析解决问题的能力等，使学生主动参与到学习过程中，培养学生的职业道德。本书开发了多种鉴定工具，利于教学中了解学生学习效果，督促学习者达到能力标准的要求。同时，还开发了教学评估工具，利于教师和学生及时评估教学质量，分析教学中存在的问题，调整教学计划和教学方法，满足学习者学习需求。总之，本书编写结构力求学生在“动中学、学中练、练中用”，为推进高职示范教材建设探索新途径。

本书共分为 5 个单元，按照人的认知规律和车辆维护作业流程进行编写。单元 1 是从车辆维护和维修各种资源中获取信息；单元 2 是识别和选用润滑材料与车用工作液；单元 3 是选用、维护和更换密封件与轴承；单元 4 是完成轻型车辆定期维护操作；单元 5 是清洁车辆向顾客交车。

本书的建议学时为 72 学时。

本书由重庆工业职业技术学院赵计平担任主编，由张晋源、陈磊、江洪担任副主编。书中单元 1 中任务 1.2 由张晋源编写，任务 1.1 由江洪、唐腾健编写，单元 2 中任务 2.3 由金明编写，单元 5 由陈磊、徐小龙编写，其余部分均由赵计平编写，其中陈磊参与了本书的资料整理和图片整理工作。由重庆交通大学简晓春教授担任本书的主审。

本书在编写过程中，得到了重庆市汽车维修行业技术专家们的大力支持，并参考了大量国内外有关书籍和借鉴了行业汽车维修手册和培训资料，谨在此向其作者及资料提供者表示深切的谢意。特别感谢澳大利亚 BOX HILL，SWAM TAFE 学院给予我们的帮助，感谢 Allen Medley，Bruce Shearer，Veronica Volkoff，Jane Parry，Siegfried Munninger，Warren Wilkinson 等专家的指导。

由于编者水平有限，书中不妥之处在所难免，恳请读者和专家批评、指正。

编　者

目　录

绪　论

1. 学习目标

根据课程指导性文件《汽车维修技术人员培训能力标准》中的核心能力标准《QTPBW022　选择和使用轴承、密封件、垫圈、密封胶和粘合剂》、《QTPBW023　实施车辆维护作业》，本教学材料围绕实施汽车维护作业所必需的能力进行编写，通过学习，力求帮助学习者具有安全而正确地维护汽车的能力。该能力由以下方面组成：

（1）基础知识

1）有关职场健康安全法规、环境保护法、设备、材料和个人安全要求。

2）使用车辆、设备工作的危险。

3）车辆系统及相关设施的运行原理。

4）从各种类型的（纸质的和电子的）维护内容和维修手册获取维护信息。

5）车辆维护程序。

6）润滑剂、工作液体的存放。

7）企业质量检查程序。

8）工作组织和计划步骤。

（2）基本技能

1）准备车辆维护操作。

2）运用正确的搬运润滑剂、工作液体技巧。

3）实施车辆维护操作。

4）准备使用或存放车辆。

（3）关键能力

1）收集、分析和组织信息能力。

● 应用收集和解释的技能，解释制造厂、零部件供应商说明书和维护工作程序。

● 应用分析能力对技术信息进行判断。

2）交流想法和信息能力。

● 应用简明的汉语文字和交流技巧与顾客和团队成员交流。

● 应用询问和主动倾听的技巧从顾客获取信息。

● 应用口头交流技巧，向顾客传递信息和设想。

3）计划和组织活动能力。应用组织和计划技能，充分利用时间和资源、区分重点和监督自己的工作绩效。

4）团队工作能力。在团队工作中，理解和响应顾客需求、与他人有效互动，共同完成工作目标。

5）解决问题能力。建立安全有效的工作过程，系统地制订停工期问题的解决方案，避免重复工作，减小耗损。

6）应用数学思想和方法能力。根据测量计算误差，建立质量检验的基本概念。

7）应用技术能力。应用车辆维护操作的技术，包括应用工具、测量仪器、数字显示测量技术和呼叫装置，书写作业记录。

2. 学习前学习者应具备的能力

在开始学习这个课程之前，学生必须完成以下能力的学习：

1）确认维修技术标准和安全操作规范。

2）在汽车机械维修中贯彻环保法规。

3）使用和维护基本的测量仪器。

4）使用、维护测量工具。

5）使用和维护工具设备。

6）拆卸与标记发动机系统部件。

7）拆卸、标记转向、悬架和制动系统部件。

8）拆卸、标记变速器系统部件。

9）拆卸、标记汽车电气系统部件。

10）拆卸和更换电气、电子元器件、总成。

11）电路测试与小修。

12）拆装、测试电气控制系统元件。

13）安装、测试和维修低压电路、照明系统。

14）安装、测试和维修电气安全系统、元器件。

15）安装辅助电气元件。

16）制作及维修电线和线束。

17）实施电线、电路钎焊。

3. 学习方法

（1）单元学习内容和学习方法建议　见表0-1。

表0-1　学习内容和学习方法建议

单元名称（能力要素）	学习内容（能力实作指标）	学习方法建议						
		叙述式	互动式	小组讨论	案例分析	角色扮演	实做演示	现实模拟
单元1 从车辆维护和维修各种资源中获取信息	任务1.1 获取查询车辆维护信息技能	✓	✓	✓	✓			
	任务1.2 获取车辆维护技术规范技能	✓	✓	✓	✓			

（续）

单元名称（能力要素）	学习内容（能力实作指标）	学习方法建议						
		叙述式	互动式	小组讨论	案例分析	角色扮演	实做演示	现实模拟
单元2 识别和选用润滑材料与车用工作液	任务2.1 认识润滑原理	✓	✓	✓				
	任务2.2 识别和选用润滑材料	✓	✓	✓	✓			
	任务2.3 识别和选用车用工作液	✓	✓	✓	✓			
单元3 选用、维护和更换密封件与轴承	任务3.1 正确选用、维护和更换密封件	✓	✓	✓	✓	✓	✓	✓
	任务3.2 正确选用、维护和更换轴承	✓	✓	✓	✓	✓	✓	✓
单元4 完成轻型车辆定期维护操作	任务4.1 认识车辆基本维修程序	✓	✓	✓	✓	✓	✓	✓
	任务4.2 车身内外维护检查		✓	✓	✓	✓	✓	✓
	任务4.3 车辆底部维护检查		✓	✓	✓	✓	✓	✓
	任务4.4 车轮及制动系统维护		✓	✓	✓	✓	✓	✓
	任务4.5 发动机室维护检查		✓	✓	✓	✓	✓	✓
	任务4.6 车辆维护后道路检测		✓	✓	✓	✓	✓	✓
单元5 清洁车辆向顾客交车	任务5.1 认识车辆清洁基本知识		✓	✓	✓	✓	✓	✓
	任务5.2 清洁车辆		✓	✓	✓	✓	✓	✓
	任务5.3 向顾客交车		✓	✓	✓	✓	✓	✓

（2）学习步骤　学生学习可以按照学习材料在课堂学习（包括实训场地），也可以根据自己具备的基本能力，按照学习材料自己制订学习计划进行学习。其教学（学习）步骤如图0-1所示。

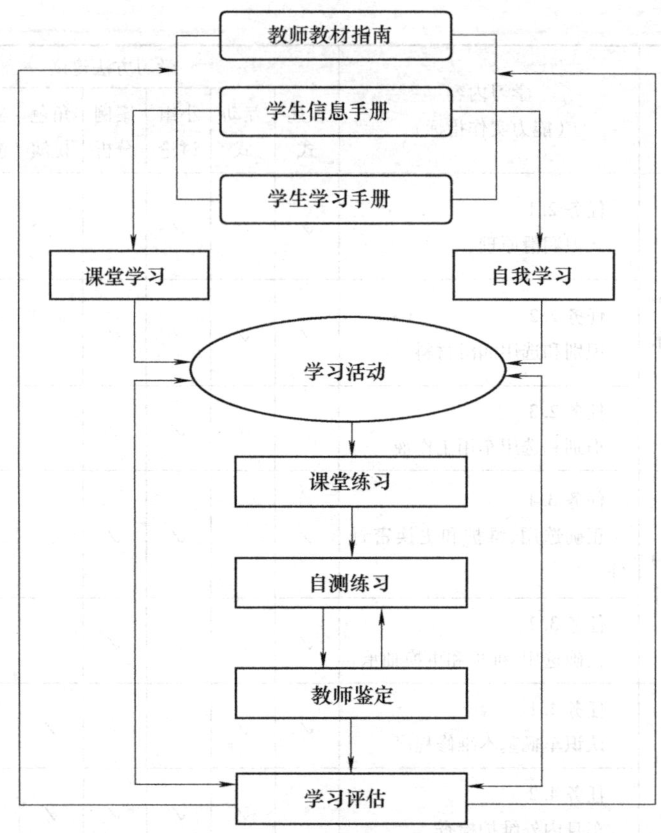

图 0-1　教学步骤

第一步：打开学生用书，进行理论知识学习。

1）学生用书指导（图标提示）你应该做什么？

2）学生用书中的问题考察你的知识点。

3）回答学生用书中的问题。

4）请你的教师鉴定你的学习成果。

第二步：当你完成理论知识部分问题后，进行技能操作学习。

1）进行实作活动。

2）找到你即将工作所需要的工具和设备。

3）完成学生用书中的实作任务。

4）让教师鉴定你的技能，这可能包含所有文档中的任务。

注意： 在你有下列困难时，请教师将帮助你继续学习。

- 理论知识。
- 查找资料信息。
- 理解和完成实作任务。
- 理解你为何必须做某些事。
- 学习中任何其他问题。

记住：你一定要告诉你的教师以寻求帮助。

(3) 图标介绍 在学习中，教师和学习者根据书中图标提示的学习步骤及要求进行教学，图标的含义见表0-2。

表0-2 书中图标的含义

图 标	图标含义
	学习目的
	学习资源和学习信息
	可提供学习的环境和使用的设备
	安全警告、注意事项
	问题
	实作任务
	学习鉴定
	学习评估

4. 学习鉴定指南

（1）鉴定标准 《汽车维修技术人员培训能力标准》中能力标准《QTPBW022 选择和使用轴承、密封件、垫圈、密封胶和粘合剂》、《QTPBW023 实施车辆维护作业》。

（2）鉴定关键证据 考察学习者在变化的工作情况下，采用应对措施的能力。

1）遵守安全操作规范。

2）有效地与相关工作人员和客户进行交流。

3）选择适合情况的方法和技能。

4）完成一系列工作准备活动。

5）准确理解维护数据。

6）按照制造商、零部件供应商说明书提供的依据进行维护操作。

7）在工作场所规定的时间内完成工作。

8）根据工作场所的要求向顾客提交车辆。

（3）鉴定范围

1）能力鉴定应在职场或模拟环境中进行。

2）按照维修技术标准、安全操作规范、职场健康安全法规、环境保护法的要求进行鉴定。

3）鉴定符合法律与法规要求。

（4）鉴定方法

1）鉴定符合维修技术标准和安全操作规范。

2）鉴定方法必须确认基础知识和技能的一致性和准确性。

3）鉴定中必须采用直接观察工作任务的完成情况，询问基础知识的方法，考察关键能力的知识和技能的结合。

4）鉴定必须在项目相关的状况下进行、要求提供过程证据。

5）鉴定必须确认适当的推断结果，即技能不仅在特定环境完成，而且能转移到其他环境下完成。

6）鉴定反映一个过程比只反映一个结果效果更佳，涉及不同的鉴定环境。鉴定的证据收集可由参与鉴定的顾客、小组长、小组成员提供证据。

其具体鉴定方法见表0-3。

表0-3 鉴定方法

单元名称 / 鉴定方法	单元1 从车辆维护和维修各种资源中获取信息	单元2 识别和选用润滑材料与车用工作液	单元3 选用、维护和更换密封件与轴承	单元4 完成轻型车辆定期维护操作	单元5 清洁车辆向顾客交车
工作场所观察			★	★	★

（续）

单元名称 鉴定方法	单元 1 从车辆维护和维修各种资源中获取信息	单元 2 识别和选用润滑材料与车用工作液	单元 3 选用、维护和更换密封件与轴承	单元 4 完成轻型车辆定期维护操作	单元 5 清洁车辆向顾客交车
模拟或角色扮演	★		★	★	★
口头提问	★	★	★	★	★
书面提问	★	★	★		★
技能展示			★	★	★
案例分析	★	★	★	★	★
项目工作和任务			★	★	★
证据素材收集				★	★

（5）鉴定时间安排

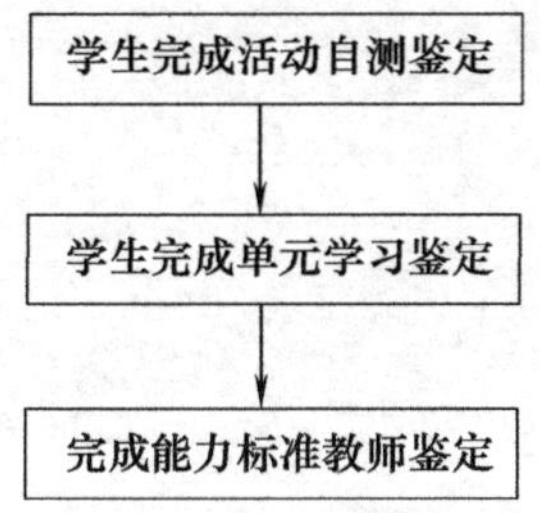

5. 教学评估方法

（1）教学评估目的　教师、学生、教育管理部门是对学生学习需求与效果的及时反馈，是对课程教学活动设计和实施过程的质量监控，是对学生学习参与程度的及时检查。

（2）教学评估的标准　按照《汽车维修技术人员培训能力标准》中能力标准《QTPBW022　选择和使用轴承、密封件、垫圈、密封胶和粘合剂》、《QTPBW023　实施车辆维护作业》进行学习效果和学习需求评估。

（3）教学评估计划

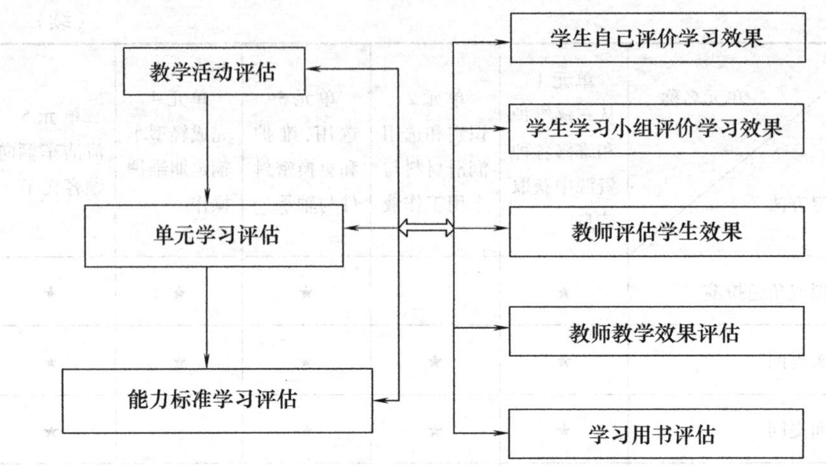

（4）教学评估工具　本书附有学生评估工具，教师和学生可以使用这些评估工具从小组学习、学习用书、教学方法、学习方法、学习鉴定等五个方面对学生开展教学评估。教师也可以根据教学中具体情况，自己设计评估问卷，进行教学评估，监控教学质量。

单元1　从车辆维护和维修各种资源中获取信息

单元学习目标

通过本单元学习，帮助你能从各种资源收集到车辆维护和修理的信息。

1）从汽车使用说明书，维护及润滑手册获取汽车维护信息。

2）解释维护车辆维护要求的步骤。

3）获取车辆识别信息。

单元学习资源

有关车辆维护的资料，可查询文字或电子文档如下：

1）各种汽车维护手册。

2）各种车辆使用手册。

可提供学习的环境和使用的设备

车间或模拟车间中的资料

单元学习任务

任务1.1　获取查询车辆维护信息技能

任务1.2　获取车辆维护技术规范技能

单元学习鉴定表

任务1.1　获取查询车辆维护信息技能

任务学习目的

本任务是为了让你通过他（她）人咨询获得查询技术资料的能力，使你掌握获取车辆维护信息的技能。

学习信息

当客户驾驶着心爱的汽车在宽敞的柏油路上奔驰的时候，一定希望汽车驾乘舒适、安全可靠、省心省钱，但是，汽车在行驶中各部件、零件间相互运动，产生磨损，影响汽车的使用性能和寿命，而认识汽车零件磨损规律，进行有效预测并及时进行检修维护，是保证客户车辆“长葆青春”的最佳方法。

1.1.1　汽车技术状况随行驶里程变化规律

汽车大部分机构、零件的技术状况变化都有一定规律，都随运行里程的延续而变化，汽车零件磨损增加。汽车零件正常磨损规律分为走合磨损、正常磨损、极限磨损三个阶段，如图1-1。

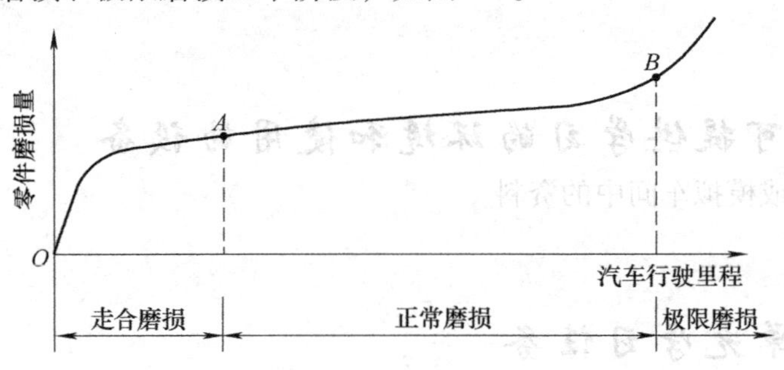

图1-1　汽车零件磨损规律

1. 走合磨损

走合磨损是指零部件磨合期间的磨损。主要包括生产期间磨合和初始阶段磨合两部分。

（1）磨损特点　零部件磨损量曲线比较陡，即表示这一阶段磨损速度较快。

（2）磨损原因　新车或大修车零件表面比较粗糙，几何尺寸与装配位置可能存在着一定的偏差，导致运动零件间接触面积减小，摩擦面负荷增加，因此，磨损量增长的速度较快。同时，运动零件配合间隙迅速增大。

2. 正常磨损阶段

（1）磨损特点　磨损曲线变得比较平缓。

（2）磨损原因　经过初始走合后，运动零件间的接触面积增大，单位面积上的压力减小，各运动机件之间的运动配合基本达到最佳状态，但是随着汽车运行时间增加，运动零件的间隙也逐渐增大。

3. 极限磨损

（1）磨损特点　磨损曲线变得急剧增大。

（2）磨损原因　当零件间间隙增大到极限位置时，机件继续工作，其磨损量将急剧增大，并产生恶性磨损，直到汽车出现故障而无法正常工作。

以上三种磨损都是汽车使用过程中，零件间运动引起的自然磨损，这是不可避免的，但是磨损量的增长相对来说是比较缓慢的。

1.1.2　汽车技术状况变化的自身原因

下述原因致使零件原有尺寸和几何形状及表面质量改变，破坏了零件的原来配合特性和正确位置关系，从而引起汽车（或总成）技术状况的变坏。

1）零件之间相互摩擦产生的自然磨损。

2）零件与有害物质相接触的腐蚀磨损。

3）长期在交变载荷作用下产生的疲劳磨损。

4）在外载、温度、残余内应力作用下零件发生变形，橡胶及塑料等非金属零件和电器元件因长时间工作而老化。

5）使用中由于偶然事故造成零件损伤等。

1.1.3　运行条件对汽车技术状况变化的影响

运行条件对汽车技术状况变化的影响主要有气候条件、道路条件、交通环境条件、燃料、润滑材料质量、货物装载情况、驾驶水平等。

1. 气候条件影响

（1）寒冷地区

1）在气温低的条件下，润滑油的运动黏度大，流动性比较差，发动机起动时到达润滑表面的时间长，使机件的磨损增加。

2）在低温条件下，燃油的雾化性比较差，并以液滴状态进入气缸，附着在缸壁上，冲刷缸壁上的润滑油膜，导致气缸磨损加剧。

3）非金属元件在低温时更易出现硬化、开裂、弹性下降或降低零件的结构强度等现象。

（2）炎热地区

1）发动机容易过热，充气系数下降，燃料消耗增加。

2）燃料供给系易过热，形成气阻，蓄电池电解液蒸发过快。

3）气温过高时，发动机散热性能变差，造成发动机过热，使润滑油运动黏度降低，润滑油压力减小，并加速润滑油氧化变质，导致机件磨损严重。

4）高温还会使制动液黏度下降，在制动系中形成气阻，导致制动故障。高温也会加速非金属零件的老化及变形。

5）气温过高还会使轮胎易出现爆胎现象，对轮胎使用寿命的影响甚为明显。

（3）气候干燥、风沙大的地区

1）汽车及其各总成的运动副易因风沙侵入而加剧磨损。

2）在气候潮湿和雨季较长的地区及沿海地区，如果发动机、驾驶室、车厢的防水和泄水不良，将引起零件锈蚀，以及因潮湿使电气系统工作不可靠。

3）大气湿度过高，会降低发动机气缸的充气效率，使发动机的动力性和燃料经济性下降。

（4）高原地区　空气稀薄，气压低，水的沸点下降，一日内温差大。由此会使发动机的混合气过浓，点火提前调节装置失准，冷却水易沸腾，气压制动系统气压不足，以及使驾驶员体力下降。

2. 道路条件的影响

1）在坏路上行驶的汽车，车辆平均技术速度虽然低，但发动机转速却很高，而且负荷也大，气缸内平均压力很高，因而气缸、活塞组件磨损严重。经常在坏路上行驶的汽车，其发动机的大修间隔里程将缩短32%。

2）汽车在崎岖不平的道路上行驶时，轮胎磨损增大2倍左右。

3）操作次数的增加，离合器、变速器等元件摩擦磨损增大而导致使用期限缩短30%~40%。

3. 交通环境条件的影响

在同样道路条件行驶下，货车在城市行驶速度较郊区要降低50%~52%，发动机曲轴平均转速要增加30%~36%，换挡次数要增加2~2.5倍，制动消耗的能量增加7~7.5倍。显然，以这种工况运行会加速汽车技术状况的恶化。

4. 润滑材料质量

润滑油应具有适当的黏度，不含水分和机械杂质。黏度过大，流动性差，零件得不到足够的润滑油；黏度过小，油膜过薄易破坏。因此，黏度过大、过小都会造成零件润滑不良，加快磨损。

5. 货物装载情况

超载或货物装载不均匀都会加快汽车有关零件的损坏。

6. 驾驶水平

驾驶员应严格按驾驶规则操作。起动时需注意预热升温，行驶中要保持中速平稳，及时换挡，合理滑行，坑洼路面要减速行驶，节气门踏板、制动踏板要轻踏轻放，离合器要轻放，应随时控制发动机温度和润滑油压力，操作要熟练准确，这些均可减少零件的损坏。

1.1.4　汽车维护

1. 汽车维护定义

汽车维护是为保持汽车良好的技术状况和工作性能而进行的作业，是消除汽车在工作过程中出现的故障隐患，降低早期磨损和损坏的主要手段，是延长汽车使用寿命、提高安全可靠性并充分发挥其作用效能的重要保证。

2. 汽车维护原则

在 GB/T 18344—2001《技术规范》中明确提出了将“定期检测、强制维护、视情修理”作为实施汽车维护制度的原则。

（1）定期检测　定期检测是利用现代化的技术手段，应用现代化的汽车检测诊断设备，定期对汽车进行检查测试，以正确判断汽车的技术状况。

1）道路运输管理机构对所有从事运输的汽车按其类型、新旧程度、使用条件和强度等情况制订具体的定期检测制度，使各种车辆在行驶一定里程或时间后，按时进行综合性能检测。

2）定期检测要求汽车维修企业结合汽车的维护周期进行，以此来确定附加作业项目，掌握汽车技术状况的变化规律，同时通过对汽车的检测诊断和技术鉴定，确定汽车需要修理的内容。

（2）强制维护　强制维护是在计划预防维护（定期维护）的基础上进行状态检测的维护制度。强制维护要求车辆行驶一定里程和时间后，到维修企业进行二级维护作业，以保障车辆安全运行。

（3）视情修理　视情修理是由原来的以行驶里程为基础确定汽车修理方式改变为以汽车实际技术状况为基础的修理方式，汽车的修理内容、作业范围是通过检测诊断后确定的。

3. 汽车维护主要工作内容

汽车维护的主要工作包括清洁、检查、润滑、紧固和调整等 5 个内容。

（1）清洁　清洁工作的目的：

1）提高汽车维护质量，减轻机件磨损和降低油料、材料消耗的基础，并为检查、润滑、紧固和调整做好准备。

2）保持车容整洁、发动机及各总成和随车工具无污垢，各滤清器正常工作，各油管畅通无阻。

（2）检查　检查目的：通过检视、测量、试验等方法，确定汽车总成、部件技术状况是否正常，工作状况是否可靠，机件有无变异和损坏，为正确使用、维护和维修提供可靠依据。

（3）润滑　润滑目的：按照不同地区和季节，正确选用润滑剂的品种，加注的油品和工具应清洁，机油加注口和油嘴应擦拭干净。加注量应符合要求。

（4）紧固　紧固目的：由于车辆运行中因颠簸、振动、机件热胀冷缩等原因，易造成松动、损坏和丢失。因此，通过紧固，保证各紧固件必须无损坏，安装正确可靠，拧紧程度符合要求。

（5）调整　调整目的：恢复车辆良好技术性能和正确配合间隙。

回答下列问题

1. 从下面对话中，请你列出四条提高汽车使用寿命的措施。

司机一：你好！我们两个的车型都一样。你的车看起来比我的车漂亮。你买了多少时间？
司机二：刚好三年了。你呢？
司机一：哦？我差几天也三年了。
司机二：你星期天经常去打猎吗？
司机一：是，你呢？
司机二：我喜欢在别墅休息。你的驾驶技术一定很好了？
司机一：不怎么样？
司机二：你的车在什么维修商店进行维护？
司机一：平常我随便找个商店进行维护。你呢？
司机二：我的车都在厂家特约维修站进行维护。

(1) ______
(2) ______
(3) ______
(4) ______

2. 如何确定车辆提前维护？

3. 新车出厂前维护的用途是什么？

4. 请根据图1-2中的曲线图，分析说明汽车使用时对零部件的磨损影响。

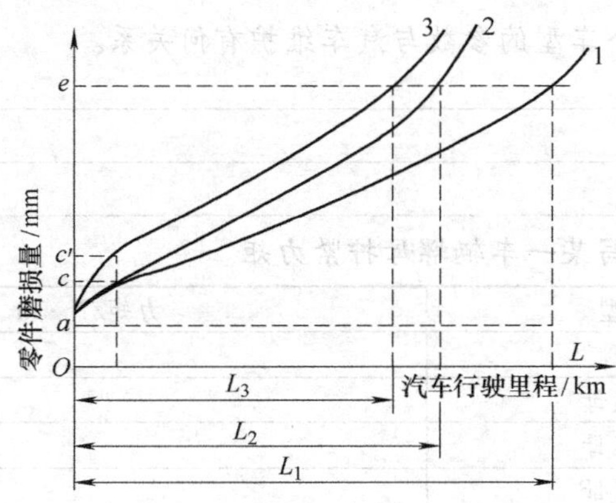

图1-2　汽车使用时对磨损的影响

1—使用合理（L_1）　2—未及时维护及驾驶不良（L_2）　3—走合不良（L_3）

完成下列任务

1. 列出你所在学习小组所能查到的汽车维护资料名称和资料存放处位置。

资源名称	资源存放处
1	
2	
3	
4	
5	
6	

2. 确定车型，按照下表中要求查找车辆有关信息。

车辆制造厂家	
车辆型号	
出厂年限	
发动机编号	
油漆代码	
变速器类型	
后桥类型	

3. 对照两种车型，按照下表中要求查找车辆有关信息。

	车型一				车型二			
发动机排量								
气缸压缩比								
发动机输出有效功率								
发动机输出最大转矩								
燃油供给系统类型								
点火系统类型								
制动系统类型	前轮		后轮		前轮		后轮	
悬架系统类型	前悬架		后悬架		前悬架		后悬架	
车轮	轮辋尺寸		车轮规格		轮辋尺寸		车轮规格	

请说明这两个车型的参数与汽车维护有何关系。

______

______

______

4. 在表中填写某一车辆螺母拧紧力矩。

类　　型	力矩/N·m
缸盖螺母	
主轴承螺母	
油底壳螺母	
离合器螺母	
飞轮螺母	
火花塞螺母	
车轮螺母	
前轮轮毂螺母（驱动轮）	
凸轮轴驱动齿轮螺母	

请说明为什么汽车维护前必须要查找这些螺母扭紧力矩。

______

______

5. 在表格中填写某一车辆有关总成加装的润滑液和车用工作液体的牌号和容量。

发动机润滑油	牌号	容量	
变速器油	牌号	容量	
制动液	类型	牌号	
冷却液	类型	容量	
动力转向液	牌号	容量	
主减速器齿轮油	牌号	容量	
制冷剂	类型		
电池		生产厂家	

任务1.1 自测表

在教师签字前，你应在教师的帮助下，找出所有的错误，进行改正	
检查项目	回答
认识车辆维护必要性	
认识车辆零件自然磨损规律及影响因素	
认识车辆维护定义、原则、内容	
通过他（她）人咨询获得查询技术资料的能力	

教师签字__________日期__________

学生签字__________日期__________

任务1.2 获取车辆维护技术规范技能

任务学习目的

本任务是通过查阅资料，获取有关维护车辆技术规范和识别车辆信息的能力。

学习信息

维护车辆技术资料包括车辆维修手册、用户使用说明书、润滑产品说明、工具使用说明书等。

1.2.1 车辆识别码（Vehicle Identification Number，VIN）

每一辆汽车都有自己的身份证明——车辆识别码。

从车辆识别码中可以辨别出：车辆系列、车辆类型、发动机类型、底盘类型、车辆出厂年限等信息，准确地知道车辆结构组成。

识别代号的组成按 GB 16735—2004 的要求执行，如图 1-3 所示。

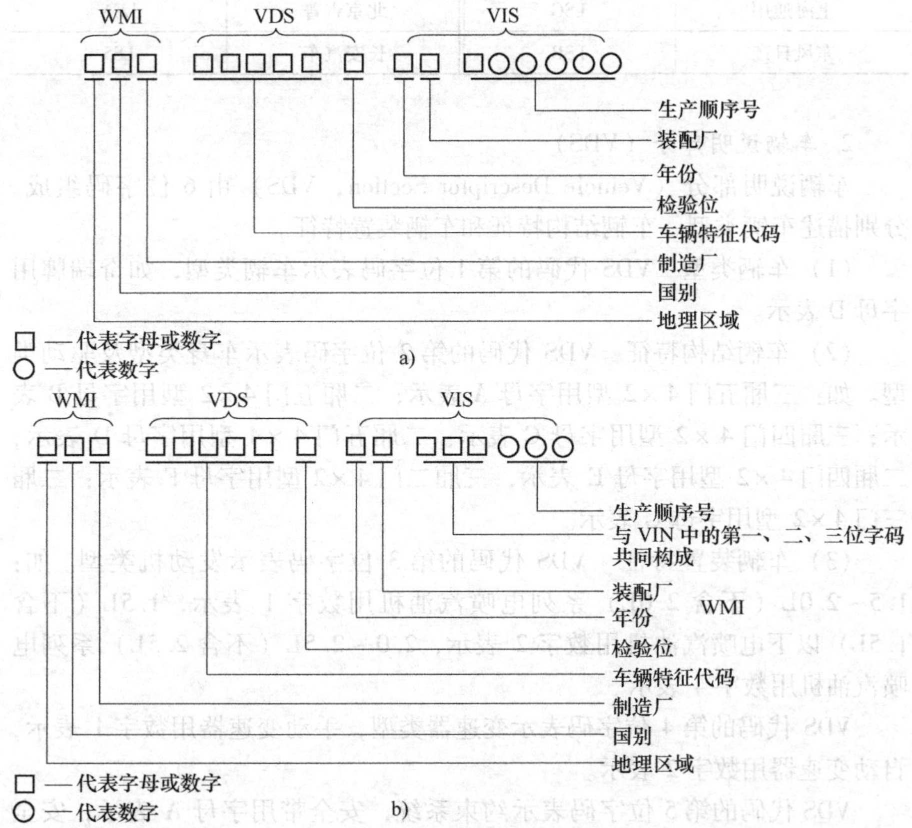

图 1-3 车辆识别码组成

图 1-3a 所示为完整车辆或非完整车辆年产量不小于 500 辆的车辆制造厂，车辆识别码代号的第一部分为 WMI；第二部分为 VDS；第三部分为 VIS。

图 1-3b 所示为完整车辆或非完整车辆年产量小于 500 辆的车辆制造厂，车辆识别码代号的第一部分为 WMI；第二部分为 VDS；第三部分的第 3、4、5 位与第一部分的 3 位字码一起构成 WMI，其余 5 位为 VIS。

1. 制造厂识别代号部分（WMI）

国内车辆制造厂的 WMI 由国家汽车主管部分进行分配，国家汽车主管部门将分配的 WMI 代码向 ISO 授权的国际代理机构——美国汽车工程师学会（SAE）进行申报核对。当代号指定给某个车辆制造厂时，就能作为该厂的识别标志。WMI 部分与 VIN 的其余部分一起使用，足以保证 30 年之内世界范围内制造的所有 VIN 具有唯一性。

如奇瑞汽车有限公司的世界制造厂识别代号为 LVV。国内常见汽车制造厂的 WMI 编号见表 1-1。

表 1-1 国内常见汽车制造厂家的 WMI 编号

汽车制造厂	WMI 编号	汽车制造厂	WMI 编号
上海大众	LSV	东风雪铁龙	LDC
一汽大众	LFV	广州本田	LHG
上海通用	LSG	北京吉普	LEN
东风日产	LSB	长安汽车	LS5

2. 车辆说明部分（VDS）

车辆说明部分（Vehicle Descriptor Section，VDS）由 6 位字码组成。分别描述车辆类型、车辆结构特征和车辆装置特征。

（1）车辆类型 VDS 代码的第 1 位字码表示车辆类型，如奇瑞牌用字母 D 表示。

（2）车辆结构特征 VDS 代码的第 2 位字码表示车身类型及驱动类型。如：三厢五门 4×2 型用字母 A 表示；二厢五门 4×2 型用字母 B 表示；三厢四门 4×2 型用字母 C 表示：二厢五门 4×4 型用字母 D 表示；二厢四门 4×2 型用字母 E 表示，三厢二门 4×2 型用字母 F 表示：二厢三门 4×2 型用字母 G 表示。

（3）车辆装置特征 VDS 代码的第 3 位字码表示发动机类型。如：1.5～2.0L（不含 2.0L）系列电喷汽油机用数字 1 表示，1.5L（不含 1.5L）以下电喷汽油机用数字 2 表示，2.0～2.5L（不含 2.5L）系列电喷汽油机用数字 4 表示。

VDS 代码的第 4 位字码表示变速器类型，手动变速器用数字 1 表示，自动变速器用数字 2 表示。

VDS 代码的第 5 位字码表示约束系统，安全带用字母 A 表示，安全带加安全气囊用字母 B 表示。

VDS 代码第 6 位字码是检验位，其作用是检验 VIN 记录的准确性，防止假冒产品。它可以是 0 ~ 9 中任意一位数字或字母“X”。车辆制造厂在确定了 VIN 的其他 16 位代码后，用这 16 位字码对应数值乘以 11 所得的余数，当余数为 0 ~ 9 时，余数就是检验数字；当余数是 10 时，使用字母“X”作为检验数字。

3. 车辆指示部分（VIS）

车辆指示部分 VIS（Vehicle Indicator Section）由车型年份、装配厂和生产序号组成。VIS 代码的第 1 位字码表示车型年份，按表 1-2 执行。

表 1-2　车型年份

年份	代码	年份	代码	年份	代码	年份	代码
2001	1	2011	B	2021	M	2031	1
2002	2	2012	C	2022	N	2032	2
2003	3	2013	D	2023	P	2033	3
2004	4	2014	E	2024	R	2034	4
2005	5	2015	F	2025	S	2035	5
2006	6	2016	G	2026	T	2036	6
2007	7	2017	H	2027	V	2037	7
2008	8	2018	J	2028	W	2038	8
2009	9	2019	K	2029	X	2039	9
2010	A	2020	L	2030	Y	2040	A

VIS 代码的 2 位字码表示装配厂，如奇瑞汽车有限公司用字母 D 表示。

VIS 代码的第 3 ~ 8 位字码表示如下：如果车辆制造厂生产的完整车辆或非完整车辆年产量不小于 500 辆，此部分的用来表示生产顺序号；如果车辆制造厂的完整车辆或非完整车辆年产量小于 500 辆，则此部分的第 3 位 ~ 5 位字码应与第一部分的 3 位字码（即 VIN 中的第 1 ~ 3 位字码）一同表示一个车辆制造厂；第 6 ~ 8 位字码用来表示生产顺序号，生产顺序号一年一编排，从 000001 开始编制。

车辆识别码代号有两种标记方法：一种是表示在车辆主要部件上；另一种是表示在永久性地固定在车辆部件的一块标牌上，通常，将其打印在车架上。对于小型车辆，即 9 人座或 9 人座以下的车辆和最大总质量不大于 3.5t 的载货汽车的车辆识别码，应标记在仪表板上，在白天日光照射下，观察者不需要移动任一部件，即可从车外分辨出车辆识别码。

1.2.2　发动机型号和出厂编号

发动机产品名称和型号按照 GB/T 725—2008《内燃机产品名称和型号编制规则》要求执行。

发动机型号及出厂编号是汽车的重要标志之一。按规定，发动机型号应打印或铸在气缸体的易见部位，发动机出厂编号应打印在气缸体的易见且易拓印的部位，两端应打印起止标记。

1. 发动机产品名称

发动机产品名称均按照采用的燃料命名，如柴油机、汽油机、天然气机。

2. 发动机型号

发动机型号编制由4部分组成，如图1-4所示。

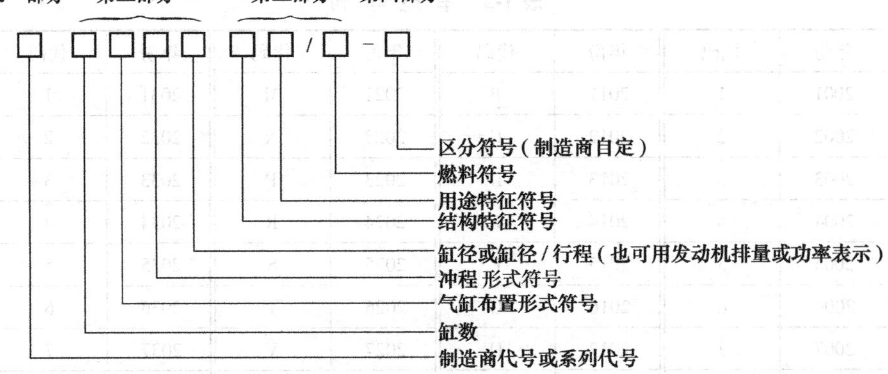

图1-4 发动机号码组成

(1) 第一部分 由制造商代号或系列号组成。本部分代号由制造商根据需要选择相应1~3位字母表示，见表1-3。

表1-3 常见燃料符号

符 号	燃料名称
无符号	柴油机
P	汽油机
T	天燃气(煤层气)
CNG	压缩天燃气
LNG	液化天燃气
LPG	液化石油气
Z	沼气
W	煤气瓦斯
M	煤气
S	柴油/天燃气双燃料
SCZ	柴油/沼气双燃料
M	甲醇
E	乙醇
DME	二甲醇
FME	生物柴油

注：1. 一般1~3个拼音字母表示燃料，也可以用成熟的英文缩写字母表示。

2. 其他燃料允许制造商用1~3个字母表示。

（2）第二部分　气缸数、气缸布置形式符号、冲程形式符号、缸径符号组成。

气缸数用1～2位数字表示；气缸布置形式符号按表1-4规定；对于冲程形式符号，为四冲程发动机时符号省略，二冲程发动机用“E”表示；缸径符号一般用缸径或缸径/行程数字表示，也用发动机排量或功率数表示，由制造商自定。

表1-4　气缸布置形式符号

符　号	含　义
无符号	多缸直列及单缸
V	V形
P	卧式
H	H形
X	X形

注：其他布置形式符号见GB/T 1883.1。

（3）第三部分　由结构特征符号、用途特征符号组成，具体见表1-5、表1-6中规定。

表1-5　结构特征符号

符　号	结构特征
无符号	冷却液冷却
F	风冷
N	凝气冷却
S	十字头式
Z	增压
ZL	增压中冷
DZ	可倒转

表1-6　用途特征符号

符号	用途
无符号	通用型及固定型（制造商自定）
T	拖拉机
M	摩托车
G	工程机械
Q	汽车
J	铁路机车
D	发电机组
C	船用主机、右机基本型
CZ	船用主机、左机基本型
Y	农用三轮车（或其他农用车）
L	林业机械

注：内燃机左机和右机的定义按GB/T 725的规定。

（4）第四部分 为区分符号，同系列产品需要区分时，允许制造商选用适当符号表示。注意第三部分与第四部分用“－”分隔。

用一位大写英文字母表示，用于区分发动机缸数、缸径和特征代码都相同，但在结构、主参数或供油方式等方面发生变化（如发动机改变行程，双燃料等发动机）需要区分时的补充区分代码。对于发动机外围零部件（如进、排气歧管）的改变，发动机型号不变，用改变发动机总成号区分。

型号示例：

柴油机 R175A——单缸、四冲程、缸径 75mm、冷却液冷却（R 为系列代号，A 为区分代号）。

汽油机 492Q/P-A——4 缸、直列、四冲程、缸径 92mm，冷却液冷却，汽车用（A 为区分符号）。

燃气机 12V190ZL/T——12 缸，V 形，四冲程，缸径 190mm，冷却液冷却，增压中冷，燃气为天然气。

双燃气机 G12V190ZLS——12 缸，V 形，四冲程，缸径 190mm，冷却液冷却，增压中冷，燃气为柴油/天燃气双燃料（G 为系列代号）。

3. 发动机出厂编号

发动机出厂编号由发动机特征代码、电喷厂家代码、生产年份字码、生产月份字码、该台发动机在该型号发动机当月生产中的顺序号和起止符“＊”组成。完整的发动机出厂编号形式如图 1-5 所示。

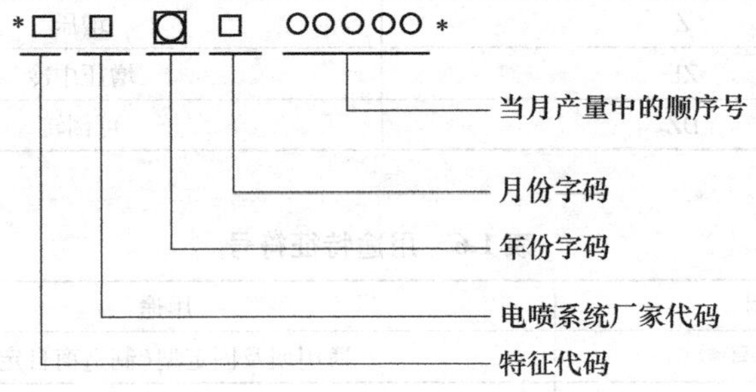

图 1-5 发动机出厂编号组成

图 1-5 中○表示阿拉伯数字，□表示字母，◙表示阿拉伯数字或字母。

1）发动机特性代码按表 1-5、表 1-6 中规定执行。

2）电喷系统生产厂家：C—摩托罗拉；D—玛瑞利；E—德尔福；F—联合电子；G—西门子 ；H—锐意泰克；B— 博世。

3）年份代码和月份代号分别按表 1-7 和表 1-8 执行。

表1-7　表示年份的字码（字码循环使用）

年份	2001	2002	2003	2004	2005	2006	2007	2008	2009	2010
字码	1	2	3	4	5	6	7	8	9	A
年份	2011	2012	2013	2014	2015	2016	2017	2018	2019	2020
字码	B	C	D	E	F	G	H	J	K	L
年份	2021	2022	2023	2024	2025	2026	2027	2028	2029	2030
字码	M	N	P	R	S	T	V	W	X	Y

表1-8　表示月份的字码

月份	1月	2月	3月	4月	5月	6月	7月	8月	9月	10月	11月	12月
字码	A	B	C	D	E	F	G	H	J	K	L	M

发动机编号示例：“＊FF5H00106＊”表示2005年8月份生产的第106台联合电子电喷系统发动机。

1.2.3　汽车维护分类

按我国现行维护制度，汽车维护分为例行维护、定期维护、非定期维护，如图1-6所示。

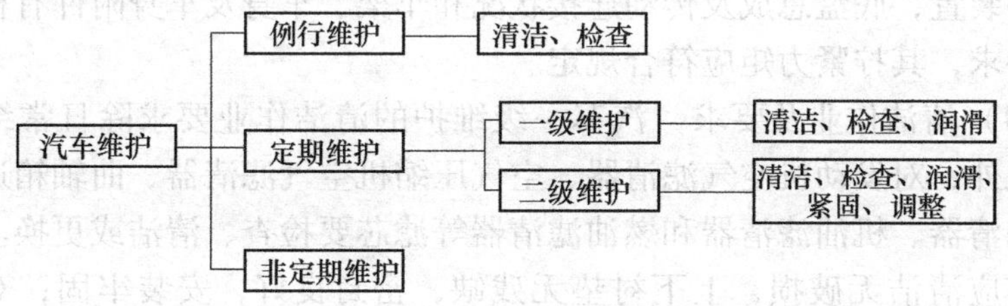

图1-6　汽车维护分类

1.2.4　汽车维护技术规范

按照GB/T 18344—2001《技术规范》的规定，汽车定期维护的内容主要包括：

1）汽车日常维护作业。

2）汽车一级维护的项目、作业内容和技术要求。

3）汽车二级维护的作业过程。

4）汽车二级维护检测、诊断及其附加项目的确定。

5）汽车二级维护过程检验。

6）汽车二级维护的基本维护项目、作业内容和技术要求。

7）汽车二级维护竣工检验项目和技术要求。

这7项主要内容的核心是汽车二级维护的检测、诊断，并根据检测结果，确定附加作业项目，以恢复汽车的正常技术状况。

1. 日常维护技术规范

（1）清洁　对车辆的外观、发动机外表进行清洁，保持车容整洁。

（2）检视补给　对汽车各部润滑油（脂）、燃油、冷却液、制动液及液压油等各种工作介质和轮胎气压等进行检视补给。

（3）检查安全装置和发动机状况　对汽车制动、转向、传动、悬架、灯光、信号等安全部位和装置以及发动机的运转状态进行检视、紧固，确保行车安全。

2. 汽车一级维护技术规范

（1）检查作业及要求　汽车一级维护作业的检查项目主要包括：

1）影响排放性能的发动机点火系和排气净化装置的工作状况检查。

2）全车各部分密封性能的检查。

3）油液液面检查。

4）发电机等传动带外观检查等。

上述检查项目一般为人工检视及仪器测量，由维修技工来完成，对检查出来的问题应作相应的小修处理。

（2）检查、调整作业及要求　对发电机传动带、轮胎气压、轮毂轴承间隙及离合器、制动踏板自由行程等检查、调整的要求，并要求所调整的数据应符合该车出厂规定。

（3）检查、紧固作业及要求　汽车一级维护技术规范中对发动机总成及各装置，底盘总成及传动连接状况和车架、车身及车身附件有检查紧固的要求，其拧紧力矩应符合规定。

（4）清洁作业及要求　汽车一级维护的清洁作业要求除日常维护的清洁之外，对发动机空气滤清器、空气压缩机空气滤清器、曲轴箱通风系空气滤清器、机油滤清器和燃油滤清器等滤芯要检查、清洁或更换。要求各滤芯应清洁无破损，上下衬垫无残缺，密封良好，安装牢固；对变速器、差速器齿轮箱和蓄电池通气孔等要求清洁畅通。

（5）润滑作业及要求　汽车一级维护技术规范对底盘转向和传动部件及全车各润滑点有润滑的要求。主要对象是万向节十字轴、横直拉杆、球头销、转向节、传动轴中间轴承及万向节。汽车一级维护的作业内容和技术要求见表1-9。

表1-9　汽车一级维护作业内容及技术要求

序号	项目	作业内容	技术要求
1	点火系	检测、调整	工作正常
2	发动机空气滤清器、空气压缩机空气滤清器、曲轴箱通风系空气滤清器、机油滤清器和燃油滤清器	清洁或更换	各滤清器及滤芯应清洁无破损，安装牢固，上下衬垫无残缺，密封良好
3	曲轴箱油面、化油器油面、冷却液液面、制动液液面高度	检查	符合规定

（续）

序号	项目	作业内容	技术要求
4	曲轴箱通风装置、三元催化净化装置	外观检查	齐全、无磨损
5	散热器、油底壳、发动机前后支垫、水泵、空气压缩机、进排气歧管、化油器、输油泵、喷油泵联接螺栓	检查紧固	各联接部位螺栓、螺母应紧固，锁销、垫圈及胶垫应完好有效
6	空气压缩机、发电机、空调机传动带	检查传动带磨损、老化程度，调整传动带松紧度	符合规定
7	转向器	检查转向器油面及密封状况，润滑万向节十字轴、横直拉杆、球头销、转向节等部位	符合规定
8	离合器	检查调整离合器	操纵机构应灵敏可靠，踏板自由行程应符合规定
9	变速器、差速器	检查变速器、差速器液面及密封状况，润滑传动轴万向节十字轴、中间轴承，紧固各部联接螺栓，清洁通气塞	符合规定
10	制动系	检查紧固各制动管路，检查调整制动踏板自由行程	制动管路接头应不漏气，支架螺栓紧固可靠，制动连接机构用灵敏可靠，储气筒无积水，踏板自由行程符合规定
11	车架、车身及各附件	检查紧固	各部螺栓及拖钩、挂钩应紧固可靠，无裂损，无窜动，齐全有效
12	轮胎	检查轮辋及压条挡圈，检查轮胎气压（包括备胎）并视情补气，检查轮毂轴承间隙	轮辋及压条挡圈应无裂损、变形，轮胎气压符合规定，气门嘴帽齐全；轮毂轴承间隙无明显松动
13	悬架机构	检查	无损坏、连接可靠
14	蓄电池	检查	电解液液面高度应符合规定，通气孔畅通，电桩夹头清洁、牢固
15	灯光、仪表、信号装置	检查	齐全有效，安装牢固
16	全车润滑点	润滑	各润滑嘴安装正确，齐全有效
17	全车	检查	全车不漏油，不漏水，不漏气，不漏电，不漏尘，各种防尘罩齐全有效

3. 汽车二级维护的技术规范

汽车二级维护是在新的汽车维护制度中规定的最高级别维护，其目的是为了维护汽车各总成、机构的零件具有良好的工作性能，及时消除故障隐患，保证汽车动力性、经济性、排放净化性、操纵性及安全性等各项综合性能指标满足要求，确保汽车在二级维护间隔内能正常运行。

目前我国的汽车维护制度实行状态检测下的二级维护制度，即车辆在二级维护前应进行检测诊断和技术评定，并根据结果确定附加作业和小修项目，结合二级维护一并进行。为此，汽车二级维护的工艺过程较一级维护增加了维护前检测诊断，以确定附加作业项目的内容。

（1）汽车二级维护检测项目　汽车二级维护检测项目共有 13 项，按检测目的和检测范围可归纳为以下 7 个方面，见表 1-10。

表 1-10　汽车二级维护检测项目

序号	检测范围	检测项目
1	发动机动力性能检测	发动机功率，气缸压力
2	排气净化性能检测	汽车排气污染物，三元催化转换装置
3	电控燃油喷射系统检测	电控燃油喷射系统
4	柴油机工作性能检测	供油提前角，供油间隔角和喷油泵供油压力
5	安全性能检测	制动性能，制动力
		前照灯
6	操纵和行驶性能检测	转向轮定位，主要检查前轮定位角和转向盘自由转动量
		车轮动平衡
7	底盘传动系统技术状况检测	操纵稳定性，有无跑偏、发抖、摆头等现象
		变速器有无泄漏、异响、松脱、裂纹等现象，换挡是否轻便灵活
		离合器有无打滑、发抖现象，分离是否彻底、接合是否平稳
		传动轴有无异响、松脱、裂纹、泄漏等现象
		后桥、主减速器有无泄漏、异响、松动、过热等现象

（2）汽车二级维护附加作业项目　根据汽车二级维护检测结果，结合汽车运行等方面的信息，对汽车技术状况进行综合评价，以确定合理的附加作业项目。其确定原则如下：

1）附加作业项目的确定，必须要依据仪器设备或观察、路试所得到的结果进行。

2）确定以消除汽车故障为目的的二级维护附加作业和作业内容，恢复汽车的正常技术状况。

3）附加作业项目确定后，与基本作业项目一并进行二级维护作业。

（3）二级维护基本作业项目　二级维护作业项目的内容和技术要求详见表 1-11。

表1-11　汽车二级维护基本作业项目

序号	维护项目	作业内容	技术要求
1	发动机润滑油，机油滤清器	1）更换润滑油 2）视情更换机油滤清器	1）润滑油规格性能指标符合要求 2）液面高度符合要求 3）机油滤清器密封良好，完好有效
2	检查润滑油油面高度	检查转向器、变速器、主减速器等的润滑油规格和液面高度，不足时按规格要求补给	符合出厂规定
3	空气滤清器	清洁空气滤清器	空气滤清器清洁有效、安装可靠，恒温进气装置真空软管安装可靠，进气转换阀工作灵敏、准确
4	1）燃油箱及油管 2）燃油滤清器 3）燃油泵	1）检查接头及密封情况 2）清洁燃油滤清器，并视情况更换 3）检查燃油泵，必要时更换	1）接头无破损、渗漏、紧固可靠 2）燃油滤清器工作正常 3）燃油泵工作正常，油压符合规定
5	燃油蒸发控制装置	检查清洁，必要时更换	工作正常
6	曲轴箱通风装置	检查、清洁	清洁畅通，连接可靠，不漏气，各阀门无堵塞、卡滞现象，灵敏有效
7	散热器、膨胀水箱、百叶窗、水泵、节温器、传动带	1）检查密封情况，箱盖压力阀、液面高度、水泵 2）检视传动带外观，调整传动带松紧度	1）散热器软管无变形、破损及渗漏；箱盖结合表面良好，胶垫不老化，箱盖压力阀开启压力符合要求；水泵不漏水，无异响，节温器工作性能符合规定 2）传动带应无裂损和过量磨损，表面无油污，传动带松紧度符合要求
8	1）进（排）气歧管、消声器、排气管 2）气缸盖	1）检查紧固，视情补焊或更换 2）按规定次序和力矩拧紧缸盖螺栓	1）无裂纹，无漏气，消声器性能良好 2）拧紧力矩符合规定
9	增压器、中冷器	检查、清洁	符合规定

（续）

序号	维护项目	作业内容	技术要求
10	发动机支架	检查、紧固	连接牢固，无变形和裂纹
11	化油器及联动机构	清洁、检查、紧固	联动机构运动灵活，联结牢固，无漏油、漏气；工作系统和附加装置工作正常
12	喷油器、喷油泵	检查喷油器和喷油泵的作用，必要时检查喷油压力和喷油状况，视情况调整供油提前角	喷油器雾化良好，无漏油现象，喷油压力符合规定；供油提前角符合规定
13	分电器、高压线	清洁、检查	分电器无油污，调整触点间隙在规定范围内，无松旷、漏电现象，高压线性能符合规定
14	火花塞	清洁、检查或更换火花塞，调整电极间隙	电极表面清洁，间隙符合规定
15	气门间隙	检查、调整	符合规定
16	电控燃油喷射系统供油管路	检查密封状况	密封良好，作业正常
17	三元催化装置	检查，必要时更换	作用正常
18	离合器	检查离合器踏板自由行程	符合规定
19	前轮制动	检查前轮制动器调整臂作用	作用正常
		拆卸前轮轮毂总成，制动蹄、支承销；清洗转向节、轴承、支承销，清洗制动底板等零件	清洁、无油污
		检查制动盘、制动凸轮轴，校紧各部螺栓	制动底板不变形，按规定力矩拧紧装置螺栓；凸轮轴转动灵活，无卡滞，转动间隙符合规定
		检查转向节及螺母、熔片及油封、转向节臂，校紧装置螺栓	转向节无裂纹、螺纹完好，与螺母配合无径向松旷，熔片作用良好，油封完好不漏油；转向节轴径与轴承的配合间隙符合要求，转向节臂装置螺栓拧紧力矩符合规定

（续）

序号	维护项目	作业内容	技术要求
19	前轮制动	检测内外轴承	滚柱保持架无断裂，滚柱不脱落，无裂纹或烧蚀，轴承内圈无裂纹和烧蚀
		检查制动蹄和支撑销	制动蹄无裂纹及明显变形，摩擦片不破裂，铆接可靠，摩擦片厚度符合规定；支承销无过量磨损，支承销与制动蹄承孔衬套配合间隙符合规定
		检查制动蹄复位弹簧	复位弹簧应无明显变形，自由长度、拉力符合规定
		检查前轮毂、制动鼓及轴承外座圈，紧固轮胎螺栓内螺母	轮毂无裂纹；轴承外座圈无裂纹、无麻点、无烧蚀；制动鼓无裂纹，轮胎螺母齐全完好，规格一致，按规定力矩拧紧
		调整前轮轴承松紧度及制动间隙	制动蹄支承销孔应涂润滑脂，开口销或卡簧齐全有效；轴承应润滑；制动鼓、制动片表面清洁无油污，制动间隙应符合规定；转动中无碰擦和异响，检视空挡板齐全；轮毂用拉力计测量可转动，且无轴向间隙；锁紧螺母按规定力矩拧紧；保险可靠，防尘罩、衬垫完好，螺栓垫圈、齐全紧固
20	后轮制动	拆半轴、轮毂总成、制动蹄、支承销，清洗各零件及制动底板、半轴套管	轮毂通气孔畅通；各零件及制动盘、后桥套管清洁无油污
		检查制动底板、制动凸轮轴、紧固联接螺栓	制动底板不变形，联接螺栓按规定力矩紧固；凸轮轴转动灵活无卡滞，轴向间隙和径向间隙符合规定
		检查后桥半轴套管、螺母及油封	套管无裂纹及明显松动，与螺母配合无径向松旷；油封完好，无损坏，无漏油；套管颈与轴承配合间隙符合规定

（续）

序号	维护项目	作业内容	技术要求
20	后轮制动	检查内、外轴承	轴承保持架无断裂，滚柱无脱落，无裂纹、烧蚀
		检查制动蹄及支承销	制动蹄无裂纹及变形，摩擦片不破裂，铆接可靠，厚度符合要求；支承销与制动蹄支承孔衬套配合间隙符合规定；支承销无过量磨损
		检查制动蹄复位弹簧	复位弹簧应无变形，自由长度符合规定，拉力良好
		检查后轮毂、制动鼓及轴承外座圈，检查拧紧半轴螺栓，检查轮胎螺栓，紧固内螺母	轮毂无裂损；轴承外座圈不松动，无损坏；制动鼓无裂纹，外边缘不得高出工作表面，制动检视孔完整，半轴螺栓齐全有效
		检查半轴	半轴无明显弯曲，不磨套管，无裂纹，花键无过量磨损或扭曲变形
		装复后轮毂，调整制动间隙	安装支承销，制动蹄片时，支承孔应涂润滑脂，开口销或卡簧齐全有效；制动蹄片和制动鼓表面应清洁，无油污；制动蹄片与制动鼓的间隙应符合规定，转动无碰擦现象或声响，检视孔挡板齐全紧固；轮毂转动灵活，拉力符合规定
21	转向器，转向传动机构	检查转向器传动机构的工作状况和密封性，紧固各部螺栓；检查调整转向盘自由行程	转向盘自由行程符合规定，转向轻便灵活，无卡滞和漏油现象。垂臂和转向节臂无弯曲及裂损；各部螺栓联接可靠
22	前束及转向角	调整	符合规定
23	变速器、差速器	检查密封状况及操纵机构，清洁通气孔	密封良好，通气孔畅通；操纵机构无异响、跳动和乱挡现象
24	传动轴、传动轴承支架、中间轴承	检查防尘罩；检查传动轴万向节工作状态；检查传动轴支架和中间轴承间隙	防尘罩不得有裂纹损坏；卡箍可靠，支架无松动；万向节不松旷，无卡滞，无异响；传动轴承支架无松动；中间轴承间隙符合规定

（续）

序号	维护项目	作业内容	技术要求
25	空气压缩机、储气筒、安全阀	清洁、紧固	清洁、连接可靠，无漏气，安全阀工作正常
26	制动阀、制动管路、制动踏板	检查制动踏板自由行程；检查、紧固制动阀和管路接头；液压制动检查制动管路中是否有空气	制动踏板自由行程符合规定；制动阀和制动管路接头可靠无漏气；液压制动管路中无空气
27	驻车制动	检查驻车制动性能，检查驻车制动器自由行程	符合规定，作业正常
28	悬架	检查、紧固、视情补焊、校正	不松动、无裂纹、无断片，按规定拧紧力矩紧固螺栓
29	轮胎（包括备胎）	检查、紧固、补气，进行轮胎换位，磨损严重时更换轮胎	气压符合规定，清洁，无裂损、老化、变形气门嘴完好；轮胎螺栓紧固，轮胎的装用符合规定
30	发动机、发动机调节器、起动机、蓄电池	清洁、润滑、补给、检查	安装牢固，清洁，符合规定；蓄电池电解液液面高度符合规定
31	前照灯、仪表、喇叭、刮水器、全车电器线路	检查、调整，必要时修理或更换	前照灯、喇叭、各仪表及信号装置功能齐全有效，符合规定；刮水器电动机运转无异响，联动杆连接可靠，全车线路齐全，连接牢固，绝缘良好
32	车身、车架、安全带	检查、紧固	性能可靠，工作良好，车架无变形、断裂、脱焊，联接螺栓、铆钉紧固
33	内装饰	检查、紧固	设备完好，无松动
34	空调装置	检查空调系统工作状况，密封情况	制冷系统密封，制冷效果良好；暖气装置工作正常
35	润滑	全车加注润滑脂的部位全部润滑	润滑脂嘴齐全有效，润滑良好

（4）汽车二级维护竣工检验　汽车二级维护竣工检验的重点主要是对二级维护及其附加作业项目的质量进行检测评定，由汽车综合性能检测站按标准进行，所出具的检测报告，作为汽车维修企业的质量检验员签发出厂合格证的依据之一。汽车二级维护竣工的具体要求见表1-12。

表 1-12 汽车二级维护竣工要求

序号	检测部位	检测项目	技术要求	备注
1	整车	清洁	汽车外部、各总成外部、三滤（机油滤清器、汽油滤清器、空气滤清器）应清洁	检视
		面漆	车身面漆、腻子无脱落现象，补漆颜色应与原色基本一致	检视
		对称	车体应周正，左右对称	汽车平置检查
		紧固	各总成外部螺栓、螺母按规定力矩拧紧，锁销齐全有效	检查
		润滑	发动机、变速器、转向器、主减速器润滑符合规定，各通气孔畅通。各部润滑点润滑脂加注符合要求	检视
		密封及电器	全车无油、水、气渗漏，电器装置工作可靠，绝缘良好	检视
		前照灯、信号、仪表、刮水器等	稳固，齐全、有效，符合有关规定	检视
2	发动机	发动机工作状况	发动机能正常起动，无异响，各种转速下运转均匀及稳定，冷却液温度正常，加速性能良好，无断缸、回火、放炮等现象	路试
		发动机功率	无负荷功率不小于额定值的80%	检测
		发动机装备	齐全有效	检视
3	离合器	踏板自由行程	符合原厂规定	检视
		离合情况	结合平稳、分离彻底、无打滑、抖动及异响	路试
4	转向系	转向盘最大转动量	符合规定	检查
		横直拉杆装置	球头销不松旷，各部螺栓、螺母紧固，锁止可靠	检查
		转向机构	操作轻便、转动灵活，无摆振、跑偏等现象，车轮转到极限位置时，不得与其他部件有碰擦现象	路试
		前束及最大转角	符合规定	检测
		侧滑	符合 GB 7258—2004/XG3—2008 中的有关规定	检测
5	传动系	变速器、传动轴、主减速器	变速器操作灵活，不跳挡，不乱挡；变速器、传动轴、主减速器各部无异响，传动轴装配正确	路试

（续）

序号	检测部位	检测项目	技术要求	备注
6	行驶系	轮胎	轮胎磨损应在规定范围内，同轴的轮胎应为相同的规格和花纹，转向轮不得使用翻新的轮胎，轮胎气压符合规定	检查
		钢板弹簧	钢板弹簧应无断裂、位移、缺片，U形螺栓紧固，前后钢板支架无裂纹及变形	检查
		减振器	稳固有效	路试
		车架	车架无变形，纵横梁无裂纹，铆钉无松动，挂车钩、备胎架齐全，无裂损变形，连接牢固	检查
		前后轴	无变形及裂纹	检查
7	制动系	制动性能	应符合GB 7258—2004XG3—2008中的有关规定	路试或检测
		制动踏板自由行程	符合规定	检测
		驻车制动性能	应符合GB 7258—2004XG3—2008中的有关规定	路试或检测
8	滑行	滑行性能	符合规定	路试或检测
9	车身车厢	车身	驾驶室装置紧固，门锁链灵活无松旷，限动装置齐全有效；玻璃窗框严密，玻璃升降器齐全有效，暖风装置工作正常	检查
		车厢	车厢不歪斜，整体不变形，底板无损坏，侧板、后门平整无变形，铰链完好，关闭严密，前后锁扣作用可靠	检视
10	排放	尾气排放测量	符合有关标准的规定	检测

1.2.5 走合期维护

1. 走合期维护定义

走合期维护是指对新车或大修后的车辆在运行初期所作的维护，其目的是改善零件表面几何形状和表层物理力学性能。

2. 汽车走合期维护项目

是确保汽车使用寿命的关键，所以在走合期内要特别注意走合前、走合中、走合后的维护。

（1）走合前的维护　该作业项目主要包括以下7项内容：

1）清洗全车外部。

2）检查、紧固外露的螺栓、螺母和锁销。

3）检查冷却液、润滑油、制动液及其他工作液液面是否正常，各结合面是否有渗漏，必要时应进行添加或更换。

4）检查变速器各挡是否能够正确啮合，检查转向机构是否灵活可靠，检查制动系统是否灵敏有效，不符合要求的应予以调整。

5）检查轮胎气压是否符合标准。

6）检查电器、灯光、仪表是否工作正常。

7）检查蓄电池的放电情况、电解液密度和质量。

（2）走合中的维护　一般是指完成走合里程一半时的汽车维护，其主要的维护项目包括下面4项内容：

1）清洗发动机润滑系，更换润滑油和滤芯，润滑全车各个润滑工作点。

2）检查制动效能和制动的稳定性，不符合要求应立即调整或更换。

3）检查、紧固发动机缸盖和进气管螺栓、螺母及其他外露螺栓。

4）检查轮胎的磨损、温度和气压等状况。

（3）走合后的维护　该作业项目应结合二级维护对汽车进行全面的清洗、检测、紧固、调整、补给和润滑作业。具体的作业项目包括如下内容：

1）清洗机油盘，更换“三滤”和润滑油。

2）检查调整离合器踏板和制动踏板自由行程，调整制动器间隙，更换制动蹄片。

3）按技术要求紧固气缸盖螺栓和外露螺栓、螺母。

4）清洗检查变速器、差速器、轮毂、转向节等总成和部件，并进行换油。

5）检查，调整或更换火花塞及调整气门间隙。

6）润滑汽车各个润滑点。

7）拆除限速装置。

1.2.6　轿车维护

根据目前我国轿车产品的质量水平、道路状况、大气环境质量以及驾乘人员技术水平，建议每行驶5000km做一次维护，每年做一次例行的安全检查。其检查内容见表1-13。

表1-13　轿车维护内容

行驶里程/km	维护内容
5000	更换润滑油及机油滤清器
10000	更换润滑油及机油滤清器
	更换汽油滤清器
	更换空气滤清器滤芯、清洁节气门
	润滑底盘
	检查车轮及轮胎、作车轮换位
	检查半轴球笼

（续）

行驶里程/km	维护内容
15000	更换润滑油及机油滤清器
20000	更换润滑油及机油滤清器
	更换汽油滤清器
	更换空气滤清器滤芯、清洁节气门
	润滑底盘
	检查车轮及轮胎、作车轮换位
	检查半轴球节
25000	更换润滑油及机油滤清器
	检修火花塞、高压线
	检修PCV及滤清器
	清洁燃油管道及喷油器
	检查燃油箱盖、油箱
	检查发动机点火正时
	检查发动机传动带
	更换制动液、离合器油、检查发动机内部
30000	更换润滑油及机油滤清器
	更换汽油滤清器
	更换空气滤清器滤芯、清洁节气门
	更换自动变速器油
	检查转向助力油
	清洗电喷油器、节气门
	润滑底盘
	检修制动系统、加注制动液
	检查前轴轴承
35000	更换润滑油及机油滤清器
	检查车轮及轮胎、做动平衡和四轮定位，车轮换位

回答下列问题

1. 解释术语“定期维护”的含义。

2. 如何确定车辆提前维修？

3. 新车走合维护的用途是什么？

完成下列任务

根据维修厂的接车岗位上的情况，与顾客交流填写顾客管理卡。

车牌号码		建卡日期	
顾客/单位名称		联系人	
顾客地址		联系电话	
车辆型号		发动机型号	
车架型号		初次入厂日期	

入厂维护记录

入厂日：	行驶公里：	接车员	
出厂日：	施工单号	主修工	
故障现象/顾客要求	作业项目内容	特别事项	合计费用

车龄：	生产厂家：	
作业项目	行驶里程间隔	上次更换间隔时间
更换发动机润滑油		
更换机油滤清器		
更换变速器油		
更换制动液		
更换发动机冷却剂		
更换空气滤清器		
更换燃油滤清器		
轮毂轴承润滑脂		

任务1.2 自测表

在教师签字前，你应在教师的帮助下找出所有的错误，进行改正

检查项目	回答
正确解释车辆识别码	
正确认识车辆维护规范	
准确回答问题	
完成车辆维护技术资料查询任务	

教师签字__________日期__________

学生签字__________日期__________

单元1学生学习目标检查表

你是否在教师的帮助下成功地完成单元学习目标所设计的学习活动

项　　目	回答
专业能力	
认识车辆技术状况变化规律及影响因素	
认识车辆维护定义、制度、主要内容	
认识车辆识别码的含义	
认识车辆维护技术规范	
关键能力	
你是否根据已有的学习步骤、标准完成资料的收集、分析、组织	
你是否通过标准，有效和正确地进行交流	
你是否按计划有组织地活动？是否朝学习目标努力	
你是否尽量利用学习资源完成学习目标	

完成情况

所有上述表格必须是肯定回答。如果不是，应咨询教师是否需要增加学习活动，以达到要求的技能

教师签字________________

学生签字________________

完成时间和日期________________

单元2　识别和选用润滑材料与车用工作液

单元学习目标

本单元学习使你在没有帮助的情况下，具有正确识别和选用润滑材料和车用工作液的能力。其具体表现为：

1）解释润滑原理。

2）列出车用润滑材料、车用工作液的性能和特点。

3）根据车辆制造厂或零件供应商的要求，正确选择润滑材料和车用工作液。

4）识别润滑材料和车用工作液。

单元学习资源

有关车辆维护的资料，可查询文字或电子文档如下：

1）车辆用户手册。

2）车辆维修手册。

3）润滑产品手册。

4）职场健康与安全法律与法规。

可提供学习的环境和使用的设备

车辆

车间或模拟车间

图书资料室

各种润滑油、润滑脂

各种车用工作液体

单元学习任务

任务 2.1　认识润滑原理

任务 2.2　识别和选用润滑材料

任务 2.3　识别和选用车用工作液

单元学习鉴定表

任务2.1　认识润滑原理

任务学习目的

通过本任务的学习，帮助你分析零件磨损形式，认识润滑原理知识。其具体表现为：

1）认识零件摩擦分类。

2）认识磨损分类及原因。

3）针对零件磨损原因，能采用适当的润滑方式。

学习信息

摩擦是发生在相互运动零件之间的一种机械咬合现象，磨损是摩擦的结果。而润滑是为了降低摩擦、减少磨损所采用的一种重要技术措施。

2.1.1　零件摩擦分类

1. 静摩擦和动摩擦

按照零件摩擦副的运动状态，摩擦分为静摩擦和动摩擦。

（1）静摩擦　物体在外力作用下相对于另一接触物体有相对运动的趋势，并处于静止临界状态的摩擦，如图2-1a所示。

（2）动摩擦　当物体在外力作用下，超越静止临界状态而沿另一物体表面发生相对运动的摩擦，如图2-1b所示。

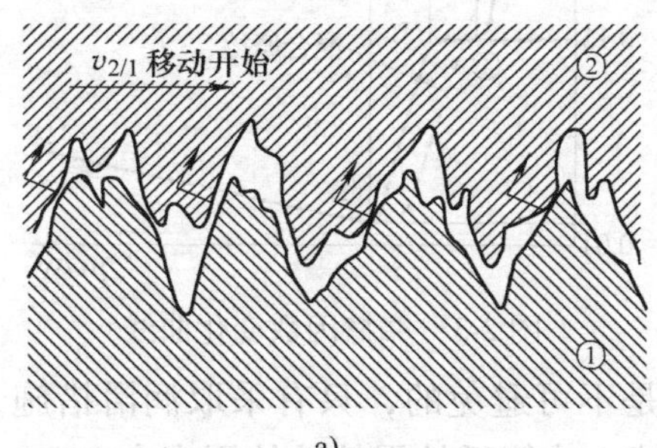

a)

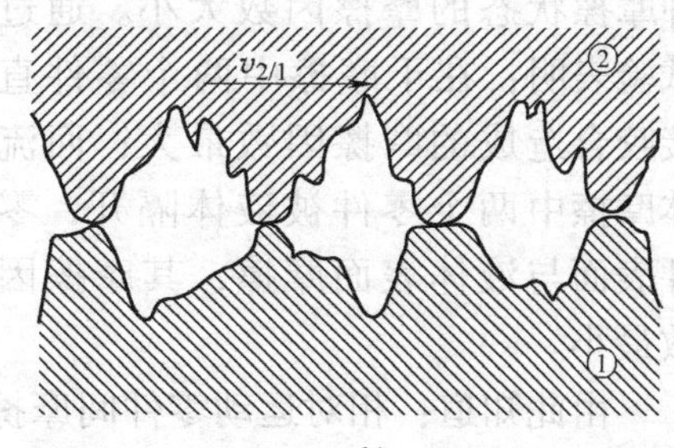

b)

图2-1　摩擦图

a）静摩擦　b）动摩擦

2. 滑动摩擦和滚动摩擦

按照零件摩擦副的运动形式分为滑动摩擦和滚动摩擦。

（1）滑动摩擦　接触表面相对滑动或具有滑动趋势的摩擦。如发动机的曲轴与轴瓦的摩擦形式。

（2）滚动摩擦　物体在力矩作用下沿接触表面滚动时的摩擦。如变速器中各齿轮轴通过轴承与箱体之间的摩擦。

3. 干摩擦、边界摩擦、流体摩擦、混合摩擦

按照零件摩擦表面状态，摩擦分为：干摩擦、边界摩擦、流体摩擦、混合摩擦，如图 2-2 所示。

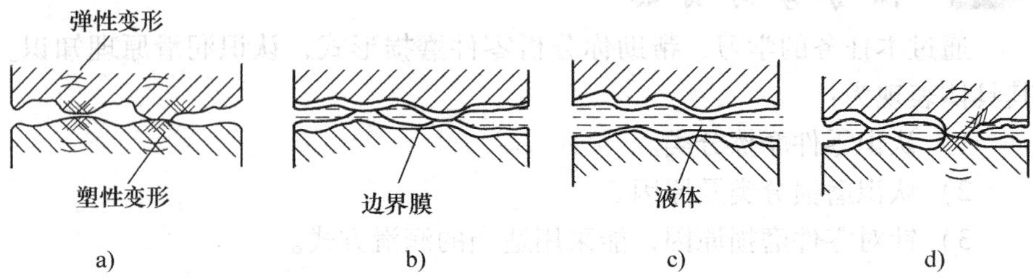

图 2-2　零件摩擦表面状态

a）干摩擦　b）边界摩擦　c）流体摩擦　d）混合摩擦

（1）干摩擦　物体表面无润滑剂存在时的摩擦。

（2）边界摩擦　两摩擦表面被吸附在表面的边界膜隔开，其摩擦性质不取决于流体黏度，而与边界膜和表面的吸附性质有关。

（3）流体摩擦　两摩擦表面被润滑油完全隔开的摩擦。由于两物体表面不直接接触，摩擦的性质取决于流体内部分子间的黏度阻力。

（4）混合摩擦　指在两摩擦表面同时存在干摩擦、边界摩擦、流体摩擦的混合状态，在实际使用中，这种摩擦状态较多。

图 2-3 所示为相对运动零件间 4 种摩擦状态的摩擦因数大小。通过试验表明：在干摩擦中两个零件直接咬合造成的摩擦因数最大；而流体摩擦中两个零件被液体隔开，零件表面与液体表面摩擦，其摩擦因数最小。

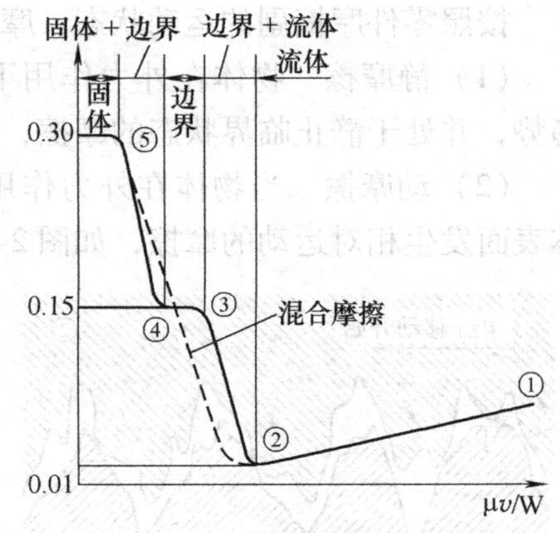

图 2-3　摩擦因数变化曲线

由此知道：相对运动零件间摩擦是不可避免的，只有采取润滑措施，降低摩擦因数，将干摩擦变成液体摩擦，才能延长零件的使用寿命。

2.1.2　磨损分类及原因

磨损是两个相对运动零件摩擦表面互相作用的结果，是摩擦表面金属不断损坏的现象。磨损是一个复杂的过程，它包括物理的、化学的、机械的、冶金的综合作用。

按零件破坏的机理，磨损可分为粘着磨损、磨料磨损、接触疲劳磨损、腐蚀磨损。而磨损经常以复合的形式出现。

1. 粘着磨损

（1）定义　粘着磨损是在摩擦表面相互接触点间发生的，由于粘着作用使一个零件表面的金属转移到另一个零件表面所引起的磨损。

零件表面负荷越大，表面温度越高，粘着现象也越严重。

（2）磨损原因　金属表面机械加工的过程中，会留下宏观和微观的不平度（见图2-4），当金属受到有一定外载荷作用而相互摩擦运动时，零件表面接触点处的单位平均压力增大，接触点产生弹性或塑性变形，将零件表面刻画出沟槽或变形，同时摩擦产生的热，使接触点温度上升，可能出现熔焊过程，在随后的运动中焊合点又被撕破，即发生粘着磨损。

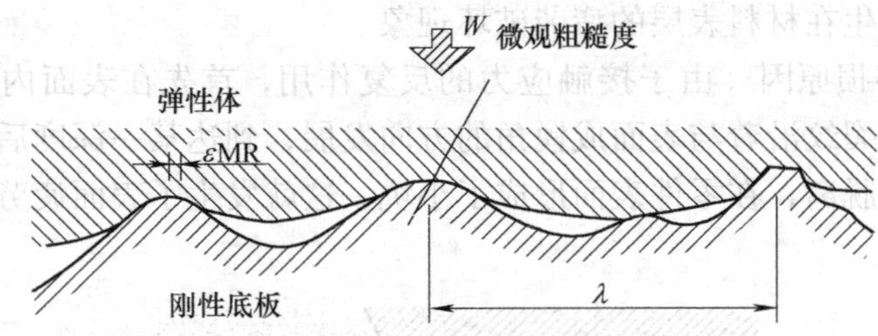

图2-4　宏观和微观粗糙度对接触面积的影响

在汽车发动机工作过程中，当配合间隙过小；运动零件表面加工纹理没有磨合，就过早地增大负荷，使发动机工作温度过高，缺乏足够的润滑油使热量散去，就会出现活塞的拉缸、烧瓦现象，这就是典型的粘着磨损。

（3）措施　在运动副零件中，选择互溶性小的材料进行配对。如活塞与气缸，活塞采用铝合金材料，气缸为铸铁。

降低零件加工的表面粗糙度值，减少微观熔焊点。

提供足够的润滑油，保证润滑油的黏度和工作温度，减少零件干摩擦的机会，就减少了发生粘着磨损的形成条件。

2. 磨料磨损

（1）定义　磨料磨损是在摩擦表面间，由硬质固体颗粒使相对运动的零件表面产生的磨损。

（2）磨料来源　磨料主要是空气中的尘埃和粘着磨损脱落的金属颗粒。

零件表面产生磨料磨损后，就会在两个工作表面上存在着一些很轻的擦痕或是很深的沟槽，如图2-5所示。

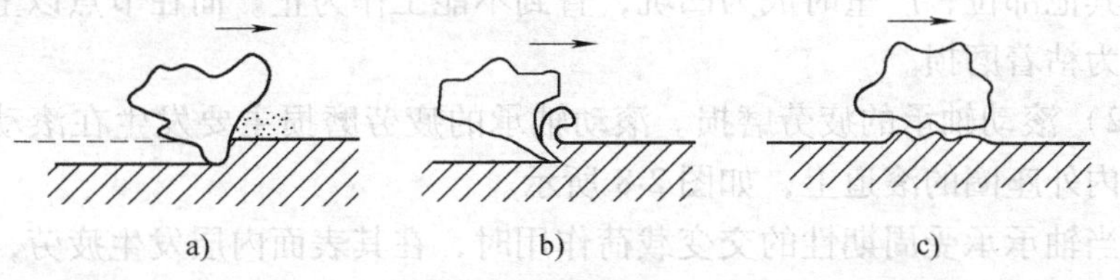

图2-5　磨料磨损

a）细小切屑　b）卷曲状切屑　c）压痕变形及剥落

（3）措施

1）定期更换发动机空气滤清器芯，阻止空气中的磨料进入气缸，造成发动机的主要磨料磨损。

2）定期更换燃油滤清器，特别是柴油机对于柴油的滤清作用要求更严。

3）定期清洗或更换机油滤清器，清除油底壳中的油泥和胶质物。

4）润滑油中添加有效添加剂，提高润滑油综合性能。

3. 表面疲劳磨损

（1）定义　表面疲劳磨损是指在纯滚动或同时带有滑动的滚动摩擦条件下，发生在材料表层的疲劳破坏现象。

（2）磨损原因　由于接触应力的反复作用，首先在表面内产生疲劳裂纹，然后裂纹沿着与表面成锐角的方向发展，到达某一深度后，又越出表面，最后脱离，在零件表面形成了小坑，这就发生了表面疲劳磨损，如图 2-6 所示。

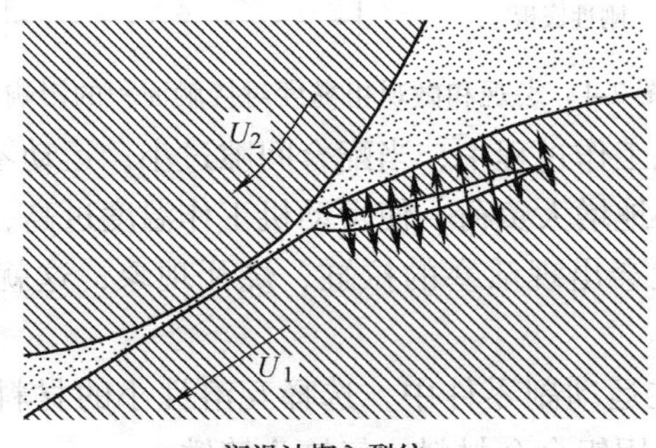

润滑油楔入裂纹

裂纹扩展　　微屑脱离母体

图 2-6　表面疲劳磨损示意图

（3）典型疲劳磨损

1）齿轮表面的疲劳磨损。图 2-7 所示为汽车主减速器内工作齿轮的疲劳磨损现象。在齿轮表面接触挤压应力的作用下，齿轮节圆线与齿根之间靠近节圆的一方，开始出现圆形或椭圆形的麻点，并逐渐扩大到齿轮表面的其他部位，严重时成为凹坑，直到不能工作为止。而在节点以上的磨损多为粘着磨损。

2）滚动轴承的疲劳磨损。滚动轴承的疲劳磨损主要发生在滚动体表面和内外座圈的滚道上，如图 2-8 所示。

当轴承承受周期性的交变载荷作用时，在其表面内层发生疲劳，直接向外表面扩展，加上润滑油的作用，促使裂纹扩大，最后造成表面金属脱落成麻坑。

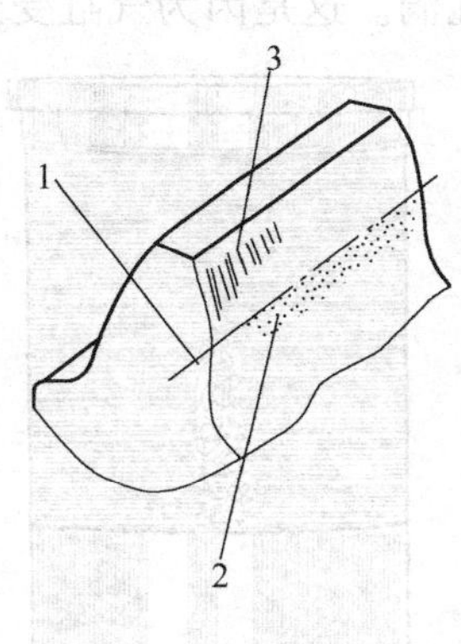

图 2-7　齿面的磨损
1—节圆节线　2—疲劳磨损
3—粘着磨损

图 2-8　滚动轴承的疲劳磨损

4. 腐蚀磨损

（1）定义　腐蚀磨损是指在摩擦过程中，由于摩擦、空气、介质等的作用与摩擦材料性能不同，将出现不同的腐蚀磨损。

（2）磨损原因　由于摩擦零件的表面在腐蚀性气体或液体环境中工作时，会产生化学反应。在零件表面上，可以产生化学反应膜，化学反应膜通常与基体金属结合不牢，当零件发生摩擦时，可能使表面反应膜分离脱落，成为微小的磨料。

（3）腐蚀磨损状态　腐蚀磨损可分为氧化磨损、微动磨损、特殊介质下磨损、穴蚀 4 种状态。

1）氧化磨损。摩擦金属表面与氧化性介质作用，形成氧化膜，在摩擦过程中脱落，又很快形成新的氧化膜。

汽车零件的磨损中普遍存在着氧化磨损。氧化磨损是汽车零件各类磨损中磨损速率最小的一种磨损。

2）微动磨损。在静配合零件的嵌合部位，受到微小的振动，使相互接触的表面凸起发生粘着和滑移，引起接触点处的氧化膜被破坏，呈细微氧化物粉末，这种磨损就是微动磨损。

微动磨损将使静配合的零件松动。如花键联接，螺纹联接，静配合、紧配合的轴与孔。

3）化学腐蚀磨损。化学腐蚀磨损是指摩擦副与酸、碱、盐等特殊介质作用使工作表面发生腐蚀，并在摩擦作用下破坏反应膜，随着腐蚀速度的增加，其磨损速度加快。

在滑动轴承上有一层耐磨合金，这些合金中含有镉、铅等元素，容易被润滑油中的酸性物质腐蚀，在轴瓦上形成黑点，逐渐扩展成为松软组织而脱落，所以在选用润滑油时应注意它的成分和性质。

4）穴蚀。穴蚀是指相对于液体运动的固体表面，因气泡破裂产生局部冲击，由高压或局部高温引起的零件表面剥落现象。

图 2-9 所示为发动机气缸的穴蚀，呈针状孔洞。这是因为气缸受到振动后，在水道内产生水气泡，当气泡流到高压区，气泡将溃灭，瞬间产生极大的冲击力和释放出巨大的能量，由于气泡反复作用使金属表面疲劳而脱落，呈现麻点状，随后逐渐发展成针状孔洞。

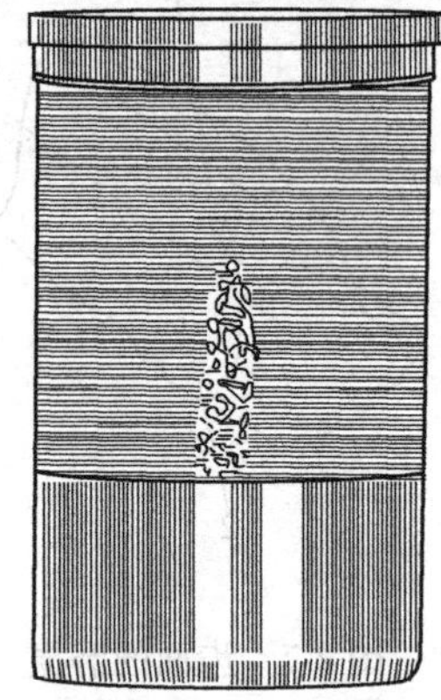

图 2-9　发动机气缸的穴蚀

2.1.3　润滑

任何运动零件的工作表面，即使经过极为精密的加工，也会存在一定的表面粗糙度，零件在相对运动中就会产生摩擦而消耗功率，同时引起发热和磨损。为了减少磨损和功率消耗，在汽车发动机各总成中都设置了润滑系统，通过该系统使润滑油将两个零件的工作表面完成隔离，即处于完全的流体摩擦状态时，磨损和功率消耗就会减少。

1. 润滑作用

为了减少各种磨损，润滑系统具有润滑、清洁、冷却、密封四大作用。

（1）润滑　润滑是系统不断地将清洁的润滑油送到运动零件的工作表面，以便形成一层薄的润滑油膜，用流体摩擦替代零件间的干摩擦，减少零件磨损和功率消耗。

图 2-10 所示为润滑表面间的 3 种润滑状态。轴在重力的作用下与轴瓦直接接触，处于干摩擦状态；当轴开始运转后，粘附在轴表面的润滑油便随轴一起转动。由于轴与轴承的间隙成楔形，使润滑油产生一定压力，在此压力作用下，轴被推向一侧，处于边界摩擦状态；当轴转速达到一定时，轴被油压抬起，这样轴与轴瓦完全分离，处于流体摩擦。

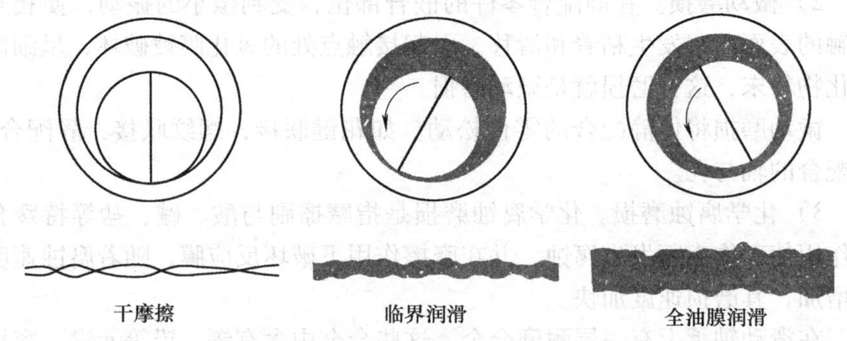

图 2-10　滑动表面间的三种润滑状态

图 2-11 所示为直线运动零件（滑动表面）利用油楔作用形成润滑油膜的原理图。它是利用零件前端的倒角，使润滑油也可楔入摩擦表面而形成油膜。

图 2-11 滑动表面间的润滑油膜形成的原理图

（2）清洗 通过润滑油的流动将运动零件表面之间的“磨料”冲洗走，从而达到减轻零件的磨损。

（3）冷却 通过润滑油带走运动零件摩擦产生的热量，破坏发生粘着磨损和化学磨损的条件，保证正常工作。

（4）密封 通过润滑油粘附在零件表面上，避免零件与水、空气、燃气等的直接接触，起到防止或减少零件受到化学侵蚀的作用。

例如，在发动机的气缸壁与活塞、活塞环之间，活塞环与环槽之间，都留有一定的间隙；而且上述零件不可避免地存在一定的几何形状误差，使运行面之间存有空隙，从而导致气体泄漏。因此，需通过润滑油填满这些间隙和空隙，减少气体的泄漏，保证气缸的气体压力。

2. 润滑方式

由于汽车上各种运动副零件的工作条件不同，其润滑强度要求取决于零件工作环境好坏、承受载荷大小和相对运动速度的大小。因此，常用的润滑方式有 3 种。

（1）压力润滑 压力润滑方式主要用于负荷大、相对运动速度高的摩擦面。

图 2-12 所示为发动机的润滑系统。通过压力供油装置，把油底壳的润滑油送到发动机的曲轴主轴承、连杆轴承、凸轮轴承和气门摇臂轴，保证轴与轴承处于液体润滑状态。

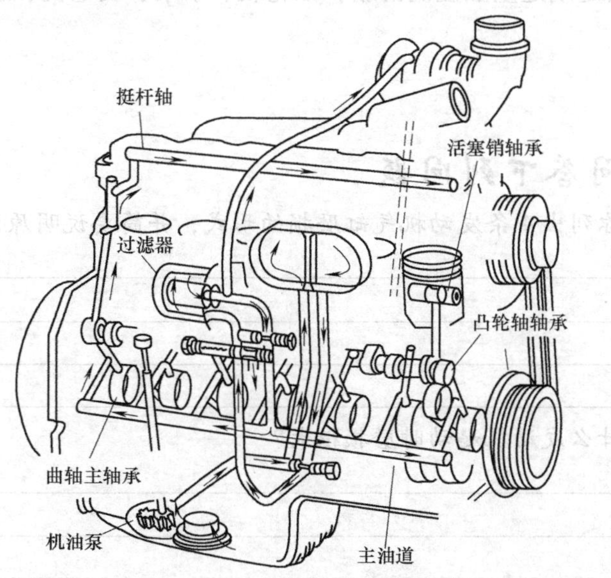

图 2-12 发动机的润滑系统

（2）飞溅润滑　飞溅润滑方式主要用于外露表面，负荷较小的摩擦表面。常用在变速器、差速器以及其他一些有较大存量的设备上，利用旋转零件回转使润滑油飞溅到零件表面。

图 2-13 所示为变速器中油浴飞溅润滑系统。让齿轮回转带动润滑油飞溅到齿轮表面以及支撑的轴承表面，使齿轮表面粘附一层润滑油膜，避免齿轮挤压、滑动过程中产生的疲劳磨损和粘着磨损。

图 2-13　变速器中油浴飞溅润滑系统

（3）定期润滑　定期润滑方式主要对一些分散的、负荷较小的摩擦表面，需要定期定量加注润滑脂，如轮毂、水泵、发电机、起动机等轴承处。

问答下列问题

1. 请你列出 4 条发动机气缸磨损的形式，并简要说明原因。

2. 为什么发动机起动时磨损很大？

请你画出曲轴主轴承在发动机起动时的摩擦状态？

3. 通常发动机采用哪些润滑方式？

4. 轮毂轴承加注的润滑脂具有清洁的作用吗？为什么？

任务2.1自测表

在教师签字前，你应在教师的帮助下，找出所有的错误，进行改正

检查项目	回　答
认识零件摩擦分类	
认识零件磨损分类及原因	
认识润滑的作用和方式	

教师签字＿＿＿＿＿＿＿＿　日期＿＿＿＿＿＿＿＿

学生签字＿＿＿＿＿＿＿＿　日期＿＿＿＿＿＿＿＿

任务2.2　识别和选用润滑材料

任务学习目的

本任务帮助你具有正确识别和选用润滑材料的能力。其具体表现为：

1）认识润滑材料性能指标。

2）根据车辆使用情况，正确选用润滑材料。

3）识别润滑材料。

学习信息

车用润滑材料包括发动机润滑油、车辆齿轮油以及润滑脂。

2.2.1　选用和识别发动机润滑油

1. 发动机润滑油使用性能

发动机润滑油在发动机中的工作条件非常苛刻，因此，要求发动机润滑油具有良好的使用性能。

（1）润滑性　在各种条件下，发动机润滑油降低摩擦，减缓磨损和防止金属烧结的能力，称为发动机润滑油的润滑性。

影响因素：润滑油黏性、黏温性、润滑油吸附性、油膜分散性，稳定性和抗极压性等。

（2）低温操作性　发动机润滑油能保证发动机在低温条件下容易起动和可靠供油的性能，称为发动机润滑油的低温操作性，包括有利于低温起动和降低起动摩擦两方面。

影响因素：发动机润滑油低温动力黏度、边界泵送温度和倾点。

1）低温动力黏度。润滑剂在低温状态下为非牛顿流体，其黏度为低温动力黏度或表观黏度。低温动力黏度是划分冬用发动机润滑油黏度级别的依据之一。

2）边界泵送温度。能将发动机润滑油连续、充足地供给发动机油泵入口的最低温度，称为发动机润滑油的边界泵送温度，是划分冬用发动机润滑油黏度级别的又一依据。

3）倾点。倾点是指试油在规定的条件下冷却时，能够流动的最低温度。

（3）黏温性。发动机润滑油黏温性是评价发动机润滑油性能好坏的重要性能参数。

温度对油品的黏度影响如图2-14所示。温度升高，黏度降低；温度降低，黏度升高。润滑油随温度升降而改变黏性的性质称为润滑油黏温性。良好的黏温性是指油品的黏性随温度的变化程度小。

发动机润滑油所接触到的各润滑表面的温度差别很大。因此，既要求发动机润滑油能在高温条件下工作，能保持一定的黏性，以形成足够厚度的油膜，确保润滑效果，又要求在低温条件下工作时，黏性又不至于过大，以维持一定的流动性，使发动机低温时容易起动和减小零件的磨损。

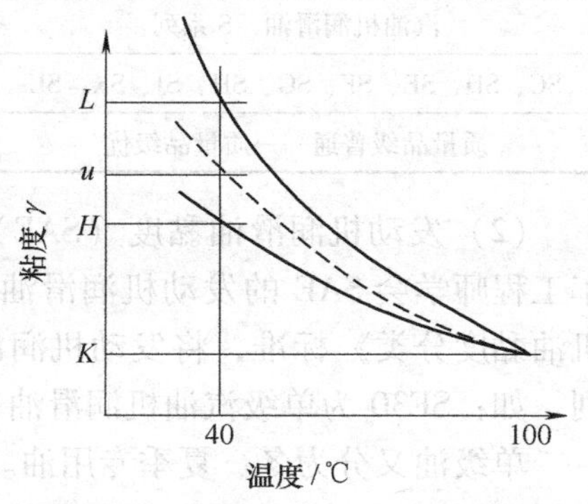

图2-14　温度对油品的粘度影响

（4）抗腐蚀性　发动机润滑油抵抗腐蚀性物质对金属腐蚀的能力称为发动机润滑油的抗腐蚀性。其评价指标是中和值，通过相应的发动机试验测定。

（5）清洁分散性　发动机润滑油拥有抑制积炭、漆膜和油泥生成或将这些沉积物清除的性能，称为发动机油的清洁分散性。其评价指标是硫酸盐灰分和残炭，通过相应的发动机试验予以评定。

1）硫酸盐灰分。指试样炭化后的残留物用硫酸处理，加热至质量恒定时的残留物。硫酸盐灰分还可以用来表明新润滑油中已知的合金金属添加剂的浓度。

2）残炭。指油品在规定条件下受热蒸发后剩下的黑色残留物。残炭占油品总质量的百分数称为油品的残炭值。

（6）抗泡沫性　指油品生成泡沫的倾向及生成泡沫的稳定性，由于曲轴的强烈搅动和进行飞溅润滑，容易生成泡沫而影响润滑，同时导致润滑油泵抽空。发动机润滑油消除泡沫的性质称为发动机润滑油的抗泡沫性。一般在发动机润滑油中添加抗泡沫剂，以提高润滑油的抗泡沫性。

（7）氧化安定性　指油品抵抗大气的作用而保持其性质不发生永久变化的能力。发动机润滑油在储存、运输过程中接触空气中的氧气氧化后生成的酸性物质和胶质使金属腐蚀和润滑不良，在高温条件下氧化速度更快。为提高油品的氧化安定性，通常在油中加入抗氧化剂等。

2. *发动机润滑油分类*

发动机润滑油的分类通常有发动机润滑油使用性能（质量品级）分类、黏性等级分类两种。

（1）发动机润滑油使用性能分类（质量品级分类）　目前，国际上广泛使用的是美国石油学会（API）的发动机润滑油使用性能分类法。API按发动机性能强化程度和工作条件的苛刻程度，将汽油机润滑油定为S系列，柴油机润滑油定为C系列。其质量品质分类见表2-1，字母越往后，质量品级越高。

S系列——反映汽油机润滑油系列中的各个级别，依次反映汽车汽油机润滑油不同年代产品性能和结构特点及其对润滑油的不同要求。

C系列——反映了汽车柴油机强化程度和性能提高的过程。

表 2-1 发动机润滑油使用性能（API）分类

汽油机润滑油 S 系列	柴油机润滑油 C 系列
SC、SD、SE、SF、SG、SH、SJ、SK、SL	CC、CD、CD-Ⅱ、CE、CF-4、CG-4、CH-4
质量品级普通——→质量品级优	质量品级普通——→质量品级优

（2）发动机润滑油黏度（SAE）分类　国际上广泛使用的是美国汽车工程师学会 SAE 的发动机润滑油黏度分类法，SAEJ 300—1987《发动机油黏度分类》标准，将发动机润滑油分为多级油和单级油两组黏度系列。如：SE30 为单级汽油机润滑油；CC10W/30 为多级柴油机润滑油。

单级油又分为冬、夏季专用油。冬季润滑油用黏度等级号加冬季英文字母 W 表示，以最大低温黏度、最高边界泵送温度以及 100℃时的最小运动黏度划分；夏季用润滑油不加字母 W，仅以 100℃时运动黏度划分，其等级见表 2-2。

表 2-2 黏度等级（SAE）分级

冬季用（低温型）	夏季用（高温型）
0W、5W、10W、15W、20W、25W	20、30、40、50、60
黏度小——→黏度大	黏度小——→黏度大

3. 发动机润滑油正确选择与使用

（1）发动机润滑油选择　发动机润滑油选择应与发动机说明书的要求相符。

1）根据发动机冲程数、燃料类型、技术强化程度选择发动机润滑油的类型。一般情况下，四冲程发动机润滑油与二冲程发动机润滑油，汽油机润滑油与柴油机润滑油不通用。

2）根据压缩比、排量、最大功率、最大转矩、发动机负荷，即发动机功率与曲轴箱润滑油容量之比选择发动机润滑油的质量品级。

3）根据气温、汽车负荷条件、汽车平均速度，使用时选择合适的黏性等级及黏性指数。冬季使用冬季发动机润滑油。夏季用夏季发动机润滑油，或冬、夏季通用油。严寒季节、发动机走合期应使用低黏度发动机润滑油。重载低速和高温下，应选择高黏度发动机润滑油。轻载高速应选择黏度较小的发动机润滑油。

（2）发动机润滑油使用注意事项

1）错误地认为高黏度有利于润滑和减少磨损。

2）选择润滑油的品种时，切勿将低级的润滑油用在要求较高的发动机中，否则会加速发动机磨损，严重时使发动机损坏。高级润滑油可在要求较低的发动机使用，但成本较高。

3）汽油机润滑油、柴油机润滑油、机床用润滑油、航空润滑油等性能不一样，切勿代用。

4）要保持正常的油面。油面过低时，不仅加速润滑油变质，而且会因缺油而引起零件烧坏；油面过高时，使燃烧室积炭增多，发动机功率下降，排气污染严重。

5）保持曲轴箱通风良好。燃烧室串入曲轴箱的气体通过曲轴箱通风系统及时排出大气，可减少润滑油的氧化变质。

6）定期更换润滑油。发动机润滑油在使用一段时间后，质量变差，会导致零件快速磨损，严重时发生故障，因此要及时换油。

7）定期检查、清洗、维护机油滤清器，必要时予以更换，充分保持润滑油清洁。

2.2.2 车用齿轮油的使用性能

车用齿轮油是用于润滑汽车齿轮变速器和前、后桥减速器（即主减速器）的齿轮润滑油。

1. 齿轮油工作条件及性能要求

（1）工作条件 汽车变速器、减速器齿轮大多数为斜齿，齿面相对滑动速度及齿面接触应力大（2000～3000MPa）、轮齿逐个啮合，设有专门的润滑装置。齿轮工作时温度范围比发动机小，不受高温废气影响。

（2）车用齿轮油性能要求 较高的黏性和润滑性，良好的高抗极压性和耐磨性，对黏温性、抗氧性的要求相对较低。

2. 车辆齿轮油分类

（1）使用性能分类 我国车用齿轮油分类采用美国石油学会（API）的分类法，根据其特性和使用要求分为GL—1、GL—2、GL—3、GL—4、GL—5、GL—6等6个质量品级。

（2）黏度等级分类 根据美国汽车工程师学会（SAE）的SAEJ 306—1991《驱动桥和手动变速器润滑黏度分类》标准，将车用齿轮油分为单级（冬、夏季用）齿轮油和多极化（冬夏通用）齿轮油。

冬季用齿轮油黏度等级：70W、75W、80W、85W。

夏季用齿轮油黏度等级：90、140、250。

3. 车用齿轮油选择和使用

（1）车用齿轮油选择 按车辆使用说明书的规定要求，选择齿轮油的种类、质量品级和黏度等级。基本原则如下：

1）根据齿轮油的工作条件苛刻程度选择齿轮油的种类和质量品级。

一般情况下，变速器用变速齿轮油，主减速器用减速器齿轮油，准双曲面齿轮用准双曲面专用齿轮油。工作条件越苛刻，齿轮油的质量品级越高。

①普通车用齿轮油（GL—3）：80W/90、85W/90、90。

②中负荷车用齿轮油（GL—4）：75W、80W/90、90、85W/140。

③重负荷车用齿轮油（GL—5）：75W、80W/90、85W/90、85W/140、90、140。

2）根据温度条件和车辆负荷选择齿轮油的黏度牌号。

车用齿轮油的低温黏度（150000Pa·s）决定传动机构低温下的操作

性能。75W、80W、85W、90号的最低使用温度分别为-40℃、-26℃、-12℃、10℃。

①天气特别热、负荷特别重的车辆选用140号油。

②长江以南冬季气温不低于10℃的地区，可全年使用90号油。

③东北及西北地区，可全年使用80W/90号油。

④其余地区可全年使用85W/90号油。

（2）车用齿轮油使用注意事项

1）不能将质量品级较低的齿轮油用于要求较高的机械上，以免加快齿轮损坏；质量品级较高的齿轮油可用于要求较低的机械上，但经济上不划算。

2）齿轮油油面要适当，一般与齿轮箱加油口下缘平齐。

3）按规定换油周期换油。

2.2.3　选用和识别汽车润滑脂

1. 润滑脂使用性能

润滑脂是在基础油（润滑油）中加入稠化剂和添加剂后，形成的一种稳定的在常温下呈半固体状态的润滑材料，用于汽车及其他机器上不宜采用液体润滑油的部位，如轮毂轴承，各拉杆球头，发电机、水泵、离合器等轴承及传动轴花键等。

润滑脂的基本性能有稠度、高温和低温性能、抗水性、防锈性、防腐性和安定性。

（1）稠度　即润滑脂的稀稠程度，用针入度号表示。

图2-15为针入度测定仪。重锤下行冲击润滑脂的深度即为针入度。适当的稠度可使润滑脂易于加注并保持在零件润滑表面，以保持持久的润滑作用。

根据GB/T 7631.1—2008的规定，润滑脂的稠度分为000、00、0、1、2、3、4、5、6等9个等级，数字越大，表示稠度等级越高。

（2）高温性能　润滑脂耐热性好可使润滑脂在较高的工作温度下不变软，不流失，不失去润滑作用。润滑脂的高温性能主要用滴点表示。

滴点为润滑脂装入图2-16装置中加热后，第一滴润滑脂滴入脂杯时的温度。

（3）低温性能　润滑脂在低温条件下仍保持良好润滑性能的能力，取决于润滑脂在低温条件下的黏度和黏温性。

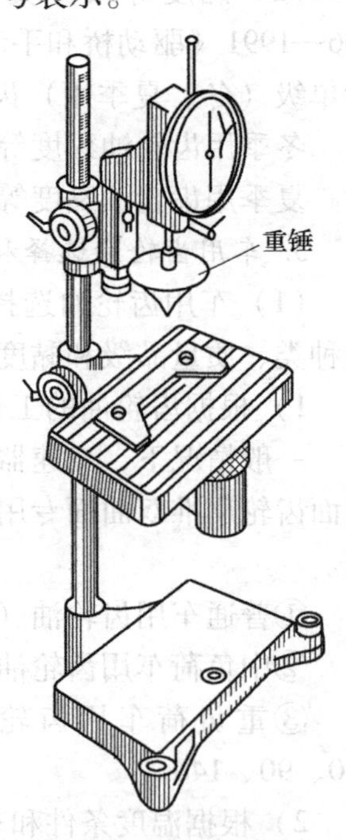

图2-15　针入度测定仪

(4) 抗水性 指润滑脂在大气温度条件下的吸水性能，抗水性差的润滑脂遇水后稠度下降，甚至发生乳化流失现象。

(5) 防腐性、防锈性 指润滑脂阻止与其接触的金属被腐蚀和生锈的能力。

(6) 胶体安定性 指润滑脂在储存和使用中避免基础油与稠化剂分解，防止基础油析出的能力，又称分油性。

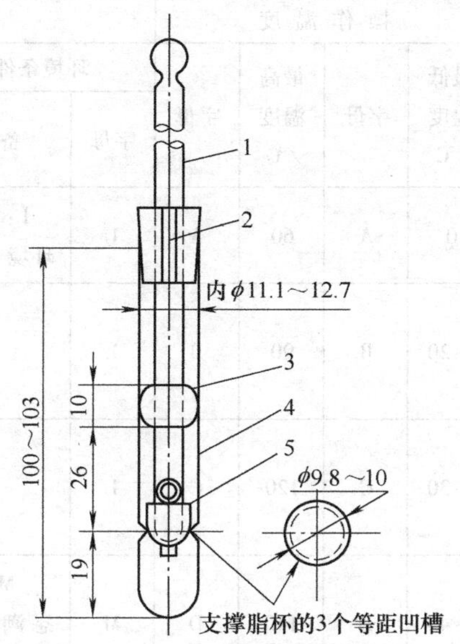

图2-16 滴点测定

1—温度计 2—软木塞上的透气槽口 3—软木塞导环 4—试管 5—脂杯

2. 润滑脂分类

润滑脂通常按照名称分类和操作条件分类。

(1) 名称分类 名称分类将润滑脂分为钙基润滑脂、钠基润滑脂、钙钠基润滑脂、汽车通用锂基润滑脂、石墨润滑脂5种。每种润滑脂的特性和用途见表2-3。

表2-3 各种润滑脂的特性和用途

润滑脂类型	特　性	适用最高温度/℃	用　途
钙基润滑脂	抗水性能好、耐热性能差	60	转向横直拉杆球头销、离合器、制动器踏板轴
钠基润滑脂	耐热性能好、抗水性能差	120	不太适合汽车上使用
钙钠基润滑脂	耐热性和抗水性介于钙基和钠基润滑脂之间	100	轮毂轴承、传动轴滑动叉及轴承、转向传动轴轴承、制动器凸轮轴
汽车通用锂基润滑脂	具有良好的抗水性和耐热性（高低温性能良好）和安定性	120	适用汽车各个部分的润滑，应用极为广泛
石墨润滑脂	具有良好的抗水、耐压性能，耐热性能稍差	60	钢板弹簧的片间润滑，其他低速、大负荷部位的润滑

(2) 操作条件分类 根据GB/T 7631.8—1990的规定，采用国际(ISO标准）分类方法，按照温度、水污染和负荷等操作条件进行分类。润滑脂属于L类（润滑脂和有关产品）的X组，每一种润滑脂用一组大写字母及稠度级别组成的代号表示，见表2-4。

表 2-4　润滑脂按操作条件分类

操作温度				水污染					负荷条件
最低温度/℃	字母	最高温度/℃	字母	环境条件		防锈性		综合字母	字母和备注
				字母	备注	字母	备注		
0	A	60	A	L	L：干燥环境	L	L：不防锈	A	
-20	B	90	B	L		M	M：淡水存在下的防锈性	B	
-30	C	120	C	L		H	H：盐水存在的防锈性	C	
-40	D	140	D	M	M：静态潮湿环境	L		D	
< -40	E	160	E	M		M		E	
		180	F	M		H		F	
		>180	G	H	H：水洗	L		G	
				H		M		H	
				H		H		I	
	(1)		(2)					(3)	(4)

3. 汽车润滑脂牌号、规格

汽车用润滑脂规格有 GB/T 5671—1995《汽车通用锂基润滑脂》、SH/T 0369—1992《石墨钙基润滑脂》、GB 7324—1994《通用锂基润滑脂》、SH 0039—1990《工业凡士林》。

（1）润滑脂稠度

1）钙基润滑脂：1，2，3，4 个规格。

2）钠基润滑脂：2 号和 3 号。

3）汽车通用锂基润滑脂：2 号。

4）极压复合锂基润滑脂：高负荷机械设备的齿轮和轴承润滑。如 L—XBEHB1、L—XBEHB2、L—XBEHB3。

5）石墨钙基润滑脂：由钙基润滑脂 68 号加 10% 的鳞片石墨。

（2）汽车润滑脂牌号含义

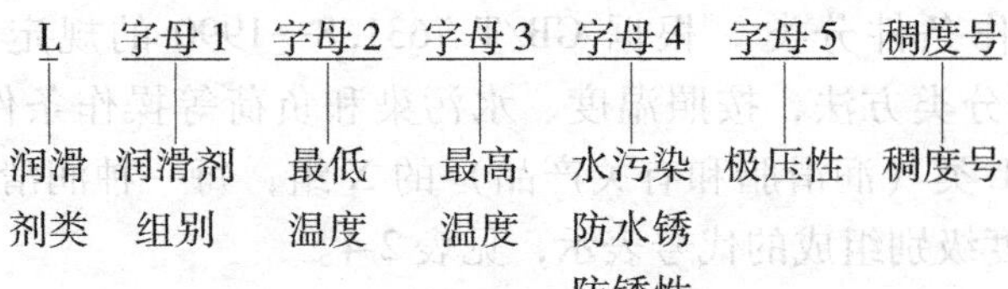

例如，润滑脂的代号为L—XCCHA2，表示：

润滑脂的使用条件为：最低操作温度为－30℃，最高操作温度为＋120℃。

环境条件：经受水洗；防锈性为淡水存在下防锈。

负荷条件：低负荷（非极压型）。

稠度等级：2。

相当于汽车通用锂基润滑脂（GB/T 5671—1995）。

4. 润滑脂的选择和使用

（1）润滑脂的选择 选择润滑脂时应着重考虑摩擦副的温度、速度、负荷及摩擦所处的环境等因素对润滑脂的影响。

1）温度。每当轴承温度升高10～15℃，润滑脂使用寿命降低二分之一。选高温润滑脂时，最高使用应高于滴点20～30℃；选低温润滑脂时，润滑脂的使用温度应略高于润滑脂的最低操作温度。

2）速度。摩擦副高速运转时，可选用钙钠基脂、锂基脂、复合润滑脂。低速时，一般选用以高黏度、抗极压性高的润滑脂。

3）负荷。根据负荷大小选用润滑脂的抗极压性。负荷是指单位摩擦面积上承受的压力，大于5000MPa称为重负荷，宜用抗极压型润滑脂；3000MPa以下为轻负荷，宜用非抗极压型润滑脂。

4）环境。在选择润滑脂时应充分考虑润滑部位所处的工作环境，如气温、工作温度、灰尘、腐蚀性介质等。潮湿或与水接触的情况下应选用抗水性好的钙基、锂基润滑脂。防锈性要求严格时，应选用加防锈剂的润滑脂。

（2）润滑脂使用注意事项

1）轮毂轴承的润滑，对抗水性、耐磨性、抗极压性要求高，宜选用性能优越的汽车通用锂基润滑脂。

2）其他润滑部位，如水泵轴承、离合器踏板轴、制动踏板轴、传动轴各点，前、后钢板弹簧销、转向节主销、转向横拉杆、直拉杆等处，润滑脂的用量少，对润滑脂要求相对较低，为减少润滑脂种类，也使用汽车通用锂基润滑脂。

3）石墨钙基润滑脂含有固体鳞片状石墨，不易从摩擦面挤出，可起到持久的润滑作用，适宜用在汽车钢板弹簧等负荷大，滑动速度低的部位。

4）基础油、稠化剂、添加剂不同的润滑脂不能互相掺混使用。

回答下列问题

1. 发动机润滑油为什么加入添加剂？并分别说明列出的添加剂作用。

抗磨添加剂＿＿＿＿＿＿＿＿＿＿＿＿＿＿＿＿＿＿＿＿

防腐蚀添加剂＿＿＿＿＿＿＿＿＿＿＿＿＿＿＿＿＿＿＿

防氧化添加剂＿＿＿＿＿＿＿＿＿＿＿＿＿＿＿＿＿＿＿

分散剂＿＿＿＿＿＿＿＿＿＿＿＿＿＿＿＿＿＿＿＿＿＿

抗泡沫剂＿＿＿＿＿＿＿＿＿＿＿＿＿＿＿＿＿＿＿＿＿

降凝剂＿＿＿＿＿＿＿＿＿＿＿＿＿＿＿＿＿＿＿＿＿＿

2. 润滑油有哪四个作用？

3. 为什么某些多用途润滑脂适应盘式制动器轮毂轴承？

4. 发动机润滑油与手动变速器油的区别？

完成下列任务

1. 使用润滑手册解释“SAE”和“API”标准中规定的“20W—40”、“20W”、“40”以及“GL—1”、“GL—4”、“GL—5”牌号的含义，填入表2-5中。

表 2-5　各牌号含义

牌　号	牌　号　含　义
20W—40	
20W	
40	
GL—1	
GL—4	
GL—5	

2. 使用润滑剂产品说明书查出8个发动机润滑油牌号，并按照给出的例子说明发动机润滑油每个牌号的性能和用途，填入表2-6中。

表2-6　产品性能和用途

产品名称	性能	用途
壳牌CD40	SAE：40	单用途发动机润滑油 大部分用于柴油机
	API：CD	
1		
2		
3		
4		
5		
6		
7		
8		

查询资料地点：
使用资料名称：
管理者签字：　　　　　　　　日期：

3. 根据教师提供的润滑材料进行识别，并将观察到的填写在表中。

名称	物体状态	颜色	气味
汽油机润滑油			
柴油机润滑油			
齿轮油			
钙基润滑脂			
钠基润滑脂			
钙钠基润滑脂			
通用锂基润滑脂			
石墨润滑脂			

任务 2.2 自测表

在教师签字前，你应在教师的帮助下找出所有的错误，进行改正

检 查 项 目	回　答
认识润滑材料性能指标	
根据车辆使用情况，正确选用润滑材料	
识别润滑材料	

教师签字________________　日期________________

学生签字________________　日期________________

任务2.3 识别和选用车用工作液

任务学习目的

本任务帮助你正确识别和选用车用工作液的能力，其具体表现为：

1）认识车用工作液的类别。

2）认识每种车用工作液体的性能指标。

3）根据车辆使用情况，正确选用车用工作液材料。

4）识别车用工作液。

学习信息

为了保证汽车正常运行，除了燃料、润滑材料之外的其他液体统称为车用工作液。车用工作液的种类包括：冷却液、制动液、液力传动油（自动变速器油）、液压油、制冷液等。

2.3.1 选用和识别发动机冷却液

冷却液是用于发动机冷却系统的冷却介质。

冷却液的作用是散发发动机热量，保证发动机正常的工作温度。

1. 发动机冷却液使用性能

（1）冰点低，沸点高　冰点低能保证在低温条件下较长时间停放不发生冷却水套和散热器冻裂。沸点高能保证在满载、高负荷、高速条件下不发生发动机过热、冷却液沸腾现象。

发动机冷却要求：冬天防冻、夏天防沸。

（2）不产生水垢，抗泡沫性好　冷却液生成水垢后，其导热阻力急剧上升（水垢的导热阻力为铝合金材料的100～300倍）。冷却液产生泡沫，使传热效率下降，加剧气蚀，同时造成冷却液外溢。

（3）防腐蚀性好　冷却液与多种金属、非金属材料接触，要求冷却液具有较低的腐蚀性，其pH值应控制在7.5～11.0之间，不至于损坏汽车有机涂料。

2. 发动机冷却液规格

汽车冷却液规格：乙二醇、丙二醇两种化学物质。

常添加各种添加剂如防腐剂、抗泡剂、稳定剂、清洁剂、阻垢剂、着色剂、芳香物质后与水按一定比例混合而成成品液或浓缩液。

注意：

成品液可直接加车使用；浓缩液则应根据使用条件与去离子水或蒸馏水按说明书要求的比例调配。

3. 发动机冷却液选择与使用

发动机冷却液的选择与使用应注意以下几点：

1）应根据当地冬季最低气温选用适当冰点牌号的成品冷却液。如果是浓缩液，应按产品说明书规定的比例加入蒸馏水或去离子水进行配制，冰点应比常年极端低温低5～10℃。

2）发动机冷却液对人体有毒，使用中应严防入口。

3）乙二醇的沸点很高，不易蒸发，且有防腐剂，一般可使用1年以上。在无渗漏的条件下，使用中冷却液面下降，只需从补水桶中补充蒸馏水或去离子水即可。

4）使用过程中，应保持冷却系的清洁，防止石油产品混入，以免在受热后产生泡沫。

2.3.2 选用和识别制动液

汽车制动液是用于液压制动系统的工作介质。

制动液的作用是液压制动系统中传递制动力，实现车轮制动。

1. 制动液使用性能

（1）优良高温抗气阻性　汽车制动液的工作温度范围相当宽。低温时制动液黏度增大，低温流动性变差，导致制动滞后。现代汽车行驶速度越来越高，制动时的温度达150℃或更高。若制动液沸点太低，制动液在制动系管路中会产生气阻，导致制动失灵。

要求：高沸点、低挥发性，高温时不易产生气阻。

评价指标：平衡回流沸点、湿平衡回流沸点和蒸发性。

（2）良好的运动黏度和黏温性　制动液应在使用温度范围内具有良好的流动性，使系统内的压力能随制动踏板的动作迅速上升和下降，橡胶皮碗能在制动缸内顺利滑动。

要求：制动液在很宽的温度范围内保持适当的黏度。

评价指标：-40～100℃对应的最大运动黏度和最小运动黏度。

（3）与橡胶良好的配合性　要求制动液对液压制动系中的橡胶皮碗及密封件不产生明显的溶胀、软化或硬化等不良影响。

（4）对金属的腐蚀性要小　要求制动液对液压制动系统中的主缸、轮缸、活塞等金属元件不产生腐蚀。

（5）良好的稳定性　制动液的稳定性包括高温稳定性和化学稳定性，即制动液在高温和与相溶液体混合后平衡回流沸点的变化要小。

（6）良好的溶水性　要求制动液吸水后能与水互溶，不产生分离和沉淀，以免在高温时形成水蒸气产生气阻，在低温时形成冰栓，堵塞制动管路。

（7）良好的抗泡性 制动液还必须有良好的抗泡性等一般液压油应具备的性能。

2. 制动液规格

（1）国外典型制动液 国外典型的制动液有：按美国联邦政府运输安全部（DOT）制订的联邦机动车辆安全标准（FMVSS）生成的DOT系列DOT3、DOT4、DOT5等典型产品；按美国汽车工程师学会（SAE）标准生产的SAE系列J1073e、J1073f等典型产品。其中，DOT标准已被国际标准（ISO）所采用。

（2）国产制动液 我国目前生产的制动液是按GB 12981—2003《机动车辆制动液》生产的HZY3、HZY4、HZY5 3种典型产品，分别与DOT3、DOT4、DOT5性能相当，可替换使用。

3. 制动液选择与使用

（1）制动液选择

1）选择制动液时，应与车辆使用说明书的要求一致。

2）当没有与说明书要求相同的制动液时，应选择性能更好，品级更高的代用品。

3）在炎热的夏季，在山区多坡或高速公路，特别是经常在湿热条件下行驶的车辆，制动强度大，制动液工作温度高，应选用高性能的HZY3或HZY4制动液。

（2）使用制动液的注意事项

1）不同品牌的制动液不宜混合使用，以免造成制动液分层、乳化变质。

2）经常检查制动液质量，数量。如果数量不足，制动系统进气，导致制动不良或失效；制动液质量异常，应即时更换。

注意：

更换制动液时应用新制动液彻底清洗制动系（严禁用汽油、煤油等作为清洗液），特别要防止水分、矿物油和机械杂质混入。

3）制动液多以有机溶液制成，易挥发、易燃，应注意防火，存放时应密封，力求避免阳光直射和雨淋。

2.3.3 选用和识别液压油

液压油是用于自卸汽车、汽车起重机、装卸机械等工程车辆以及维修机具的液压系统的工作介质。

液压油的作用是实现能量传递和转换，完成预期的工作和实现对工作目标的控制。

1. 液压油使用性能

1）合适的黏度及良好的黏温特性。良好的黏温特性能保证液压油在较宽的工作温度范围均具有良好的使用性能。

2）良好的润滑性。良好的润滑性能使液压油在液压系统中起到能量传递、转换、润滑液压元件的作用。

3）良好的抗氧化性。良好的抗氧化性能抵抗液压油氧化后产生的酸性物质对金属的腐蚀性，减少油泥产生，使液压系统工作不正常。

4）良好的抗剪切性。良好的抗剪切性能降低液压油流经泵、阀的节流口时，液压油产生强烈的剪切作用，导致黏度降低。

5）良好的抗泡沫性。抗泡沫性是指液压油避免气泡生成和破灭气泡的能力。

良好的抗泡沫性能减轻液压油中气泡的形成、破灭，避免系统振动、噪声、穴蚀等故障产生。

6）良好的防腐性。

7）良好的缓蚀性。

8）良好的抗乳化性。

9）与橡胶良好的配伍性。

2. 液压油分类及适用范围

（1）液压油分类　液压油可分为矿物油型、合成油型和含水型三大类。

根据其产品特性和组成，矿物油型和合成油型液压油型共 7 个品种，含水型液压油有 8 个品种。

（2）液压油适用范围　按照国标规定，液压油属于 L 类（润滑剂和有关产品）中 H 组（液压系统），并采用统一的命名方法。

L—HL 液压油：适用于机床和其他设备，有抗氧防锈要求的低压液压系统和传动装置，在 0℃以上环境下使用。

L—HM 抗磨型液压油：可用于低、中、高压液压系统，也可用于中等负荷机械设备的润滑部位，适应的环境温度为 5～60℃。

L—HV 液压油：曾被称为工程液压油或低温抗磨液压油，被广泛应用于野外和恶劣环境下工作的液压设备。通过自卸车和装载机使用试验表明，L—HV 液压油具有较长的换油周期，可在寒区工程机械上使用。

L—HR 液压油：是在 L—HL 基础上改善其黏温性制造的一种低温液压油，但在抗磨性上不及 L—HV 油，可用 L—HV 油代替。

L—HS 液压油：以合成烃油或与精制矿物油混合调配的半合成油为基础油，添加各种抗磨剂和黏度指数改进剂制成，在低温性能上优于 L—HV 油，适合在严寒地区（环境温度为 -40℃以上）野外作业的工程机械使用。

L—HG 液压油：是在 L—HM 油基础上，改善其黏性和润滑性能而制成，可用于液压系统和导轨润滑系统合用的机床，使导轨在低速下的振动和间断滑动（黏滑）减至最小。它不适用于高压液压系统。一些维修机具推荐使用 L—HG 液压油。汽车起重机和工程机械液压系统常用 L—HL、L—HM、L—HG、H—HV 等液压油。

3. 液压油选择与使用

（1）液压油的选择

1）根据液压设备的类型、工作环境和运行工况选择液压油的品种。

2）根据液压系统的负荷、运行速度和工作温度选择液压油的牌号。在其他性能相同的条件下，主要考虑液压油的动力黏度和黏温特性。

（2）液压油使用注意事项

1）特别注意保持液压油的清洁，严防沙尘等固体污染物侵入，否则将显著缩短液压系统的寿命。

2）经常检查液压油的质量，数量，不足时应及时添加，质量发生变化应及时更换。

3）不同品种、不同牌号的液压油不得混合使用，新油在加入前和使用后，均应进行取样化验，以确保油液质量。

2.3.4 选用和识别液力传动油

液力传动油是用于汽车自动变速器、液力控制系统的液压传动和液压控制的工作介质。

液力传动油的作用是承担传递动力、变矩、变速，实现控制、润滑及冷却的多种任务。

1. 液力传动使用性能

液力传动油和液压油在作用和性能上有很多相同或相似之处，但液力传动油以传递运动为主，在使用性能上更侧重于运动黏度和黏温性。

2. 液力传动油分类及适用范围

（1）液力传动油分类

1）美国液力传动油分类：按照美国材料及试验学会（ASTM）和石油学会（API）的分类方案，将液力传动油分为 PTF—1、PTF—2 和 PTF—3 3 类。

2）中国液力传动油分类：按中国石油化工总公司企业标准分为 6 号、8 号液力传动油和拖拉机液力传动、液压两用油。

（2）液力传动油适用范围

PTF—1 类液力传动油：主要用于轿车和轻型货车的液力传动系统，其特点是低温起动性好，对油的低温操作性有很好响应。

PTF—2 类液力传动油：具有良好的极压抗磨性，主要用于重负荷的液力传动系统，如重型货车、大型客车、越野车和工程机械的自动变速器。

PTF—3 类液力传动油：具有比 PTF—2 类油高的极压抗磨性和负荷承载能力。主要用于低速下运转的拖拉机及野外作业的工程机械的传动、差速器和齿轮的润滑，以及液压转向、制动、分动器和悬架装置的工作介质。

8 号液力传动油：外观为红色透明体，使用性能相当于国外的 PTF—

1液力传动油。适用于各种具有自动变速器的汽车（主要是轿车）。

6号普通液力传动油：其使用性能接近于PTF—2液力传动油，适用于内燃机车、载货汽车的液力变矩器。

3. 液力传动油选择和使用

（1）液力传动油选择

1）按车辆使用说明书规定，选用适当品种的液力传动油。

2）当没有与说明书要求相符的液力传动油时，可用性能相当或更高一级的液力传动油替代。

（2）液力传动油使用注意事项

1）注意保持油温正常。长时间重载低速行驶，将使油温上升，加速油的氧化变质，将形成沉积物和积炭，阻塞细小的通孔和油液循环的管路，这又使自动变速器进一步过热，最终导致变速器损坏。

2）经常检查液力传动油平面高度和液力油的质量。检查油平面应将车辆停在平地上，发动机停止运转，油温正常时进行，液力传动油平面应在自动变速器量油尺上下两刻线之间，不足时及时添加。若质量变化应予以更换。

3）液力传动油应避免与其他油品相混。

2.3.5 选用和识别制冷剂

目前汽车空调器制冷剂主要为R134a，是用于车辆空调制冷系统的工作介质。

R134a是属于氟利昂系列的制冷剂，其蒸发潜热大，易液化；在含水的场合，除了侵蚀镁和铝之外，不侵蚀其他金属；能溶化天然橡胶，但不侵蚀合成橡胶；对于水的溶解度极小，在循环中存在水分易结冰，需使用吸湿剂；无毒且不易燃烧，但遇火会产生有毒物质。

完成下列任务

1. 根据教师指定车型，在下表中列出所指部件维修后，所需润滑材料、车用工作液体的种类、类型、及牌号，填入表中2-7中。

车辆型号＿＿＿＿＿＿＿＿＿＿ 车辆识别码＿＿＿＿＿＿＿＿＿＿

运行地区＿＿＿＿＿＿＿＿＿＿

表2-7 各部件所用润滑剂及车用工作液

部件名称	润滑材料、车用工作液体 种类、型号、牌号
发动机	
自动变速器（或手动变速器）	
动力转向泵	

（续）

部件名称	润滑材料、车用工作液体种类、型号、牌号
冷却系	
液压制动系	
空调制冷剂	
主减速器	
车门铰链	
前后轮毂轴承	
驻车制动器拉索	
等速万向节	

2. 对教师提供的车用工作液体进行识别，并将观察到的填写在表中。

名　　称	物体状态	颜　　色	气味（有或无）
自动变速器油			
动力转向机油			
齿轮油			
制动液			
制冷剂			
液压油			
冷却液			

任务2.3 自测表

在教师签字前，你应在教师的帮助下找出所有的错误，进行改正

检查项目	回　　答
认识车用工作液体使用性能	
认识车用工作液的性能指标	
根据车辆使用情况，正确选用车用工作液体	
识别车用工作液体	

教师签字________________ 日期________________

学生签字________________ 日期________________

单元2学生学习目标检查表

你是否在教师的帮助下成功地完成单元学习目标所设计的学习活动

项　目	回　答
专业能力	
正确解释润滑原理	
列出车用润滑材料、车用工作液的性能和特点	
根据车辆制造厂或零件供应商的要求，正确选择润滑材料和车用工作液	
认别润滑材料和车用工作液	
关键能力	
你是否根据已有的学习步骤、标准完成资料的收集、分析、组织	
你是否通过标准，有效和正确地进行交流	
你是否按计划有组织地活动？是否朝学习目标努力	
你是否尽量利用学习资源完成学习目标	

完成情况

所有上述表格必须是肯定回答。如果不是，应咨询教师是否需要增加学习活动，以达到要求的技能

教师签字________________

学生签字________________

完成时间和日期________________

单元3　选用、维护和更换密封件与轴承

单元学习目标

本单元学习使你在没有帮助的情况下，具有正确选用、维护、更换车用密封件和轴承的能力。其具体表现为：

1）认识密封件类型、作用及密封原理。

2）认识轴承类型、受力情况、支撑原理。

3）根据车辆制造厂或零件供应商的要求，正确选择密封件和轴承。

4）识别密封件和轴承。

5）按照操作规程，正确维护、更换密封件和轴承。

单元学习资源

有关车辆维护的资料，可查询文字或电子文档如下：

1）车辆用户手册。

2）车辆维修手册。

3）轴承手册。

4）职场健康与安全法律法规。

可提供学习的环境和使用的设备

车辆

车间或模拟车间

图书资料室

各种密封件、轴承

单元学习任务

任务3.1　正确选用、维护和更换密封件

任务3.2　正确选用、维护和更换轴承

单元学习鉴定表

任务3.1　正确选用、维护和更换密封件

任务学习目的

通过本任务的学习，帮助你完成选用、维护和更换密封件的能力。其具体表现为：

1）认识密封件的类型、作用及密封原理。

2）根据车辆制造厂或零件供应商的要求，正确选择密封件。

3）识别各种密封件。

4）按照操作规程，维护和更换密封件。

学习信息

所有现代设备都在用密封装置，汽车也不例外。密封件看起来似乎非常简单，但使用时是非常复杂的和精确的部件。

3.1.1　密封件作用

1）防止两零件表面之间的润滑油、润滑脂、燃料、冷却液、空气或混合气体的泄漏。

2）排斥外来杂质和水的侵入。

3）有时需要用它保持设备内部的工作压力和真空。

3.1.2　密封件基本类型

（1）运动密封件　运动密封件对运动零件之间进行密封。它包括唇形密封圈，防尘密封件，间隙密封件，环状密封件，端面密封件，压缩密封圈，模压密封圈，膜片密封装置几种类型。

（2）固定密封件　固定密封件是在固定零件之间进行密封。通常有衬垫（金属、非金属）、胀圈、密封胶等。

3.1.3　车辆常用密封件

1. 唇形密封圈

唇形密封圈又称“油封”。用在旋转的运动轴的设备上以防止润滑油的泄漏。

图3-1所示是典型的唇形密封圈。

（1）适用范围　用于防止液压油泄漏，适应广泛的温度范围和中等液体压力，能承受一般的同心度和轴的径向圆跳动误差，以及适应轴的各种转速。

（2）类型　唇形密封圈根据唇口形式分类（见图3-2）如下：

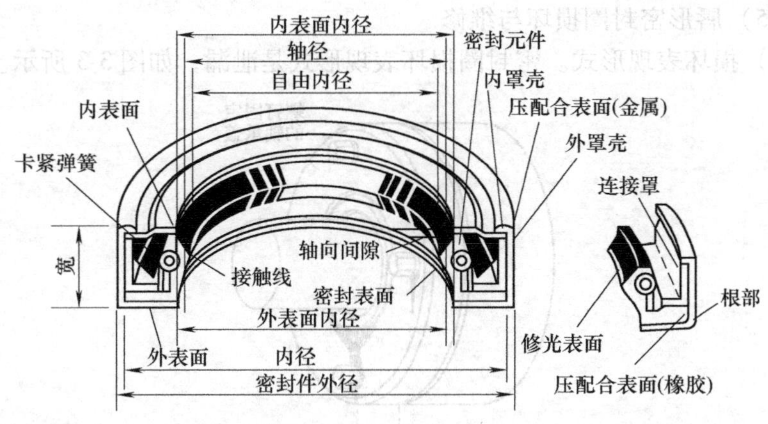

图3-1 径向唇形密封圈

1）单唇口：唇口无弹簧压力。

2）单唇口弹簧加载。

3）双唇口：有两道唇口，只有一面有弹簧。

4）复式唇口：有两道唇口，均有弹簧加载。

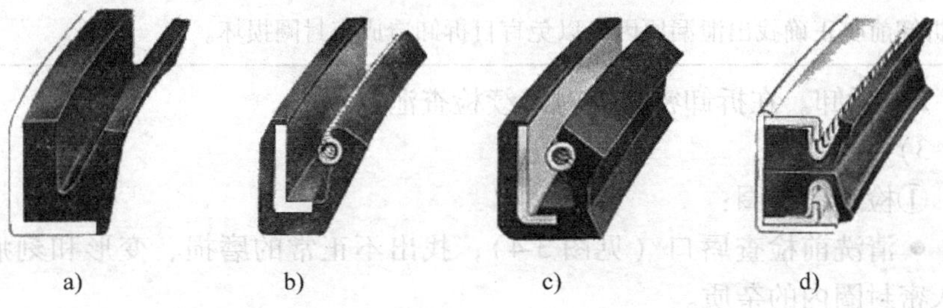

图3-2 径向唇形密封圈基本形式

a）单唇口密封圈无弹簧 b）单唇口密封圈弹簧加载

c）双唇口密封圈一个唇口弹簧加载 d）复式唇口密封圈两唇口均有弹簧加载

（3）密封原理 唇形密封圈通过唇口后面的弹簧施加压力，使弹性密封圈原件和轴之间紧配合，唇口与轴贴在一层很薄的油膜上，这层油膜起到了密封作用。

如果唇口油膜太厚就会引起泄漏，太薄唇口将磨损并产生摩擦、发热，引起唇口振动。

（4）唇形密封圈的选择

1）单唇口用于低转速的轴，可存留较稠的油，如润滑脂。

2）单唇口弹簧加载可储存低稠度润滑油，用于环境清洁、转速较高的设备上。

3）双唇口的两道唇口上，有弹簧一面储存润滑油，另一面用来防尘。

4）复式唇的两道唇口，一面用来储存润滑油，另一面用来隔断液体。

（5）唇形密封圈损坏与维修

1）损坏表现形式。密封圈损坏表现形式是泄漏，如图 3-3 所示。

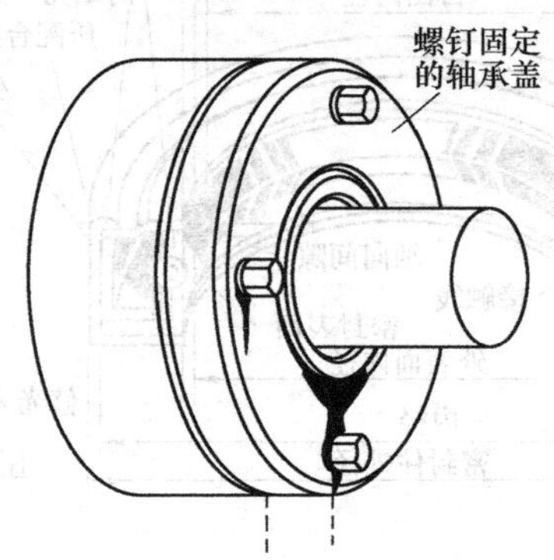

图 3-3　密封圈损坏漏油

注意：

垫片损坏、螺母松动、箱体裂缝、管道接头松动等情况也会引起泄漏。因此，在拆卸前应正确找出泄漏原因，以免盲目拆卸造成密封圈损坏。

2）拆卸。在拆卸密封圈时继续检查泄漏原因。

3）检查。

①检查密封圈：

● 清洗前检查唇口（见图 3-4），找出不正常的磨损、变形和刻痕或嵌入密封圈内的杂质。

● 在有弹簧的唇形密封圈上，检查弹簧是否压在唇口周围，唇口是不是在安装时就已损坏。

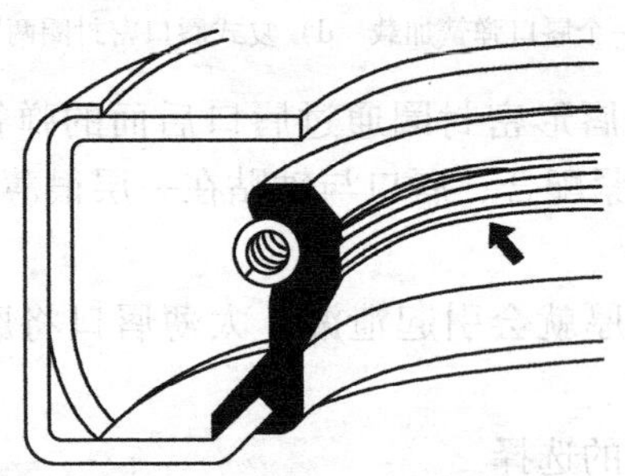

图 3-4　密封圈唇口损坏

②检查轴与孔：

● 在密封圈接触区，检查轴上是否存在着加工面粗糙、尖利的键槽或花键、锈皮，这些易引起密封圈的刮伤和裂痕，如图 3-5 所示。花键和键槽上以及端面上的毛刺，易造成密封圈安装时刮伤油封（见图 3-6）。

● 检查密封圈压入的孔中是否存在裂痕和凹坑，其引起密封圈损坏和泄漏的状况如图 3-7 所示。

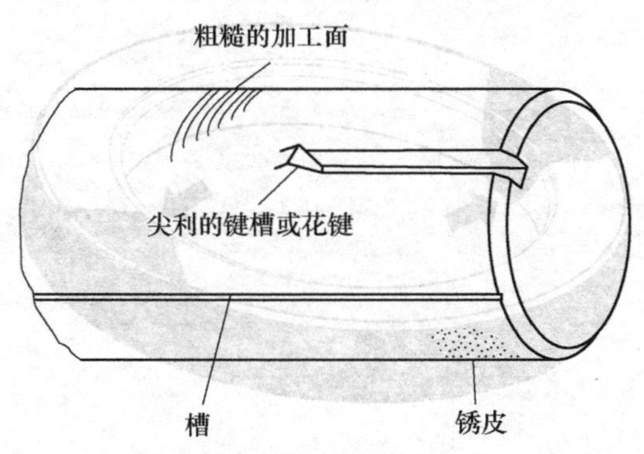

图 3-5 引起密封圈损坏和泄漏的轴的状况

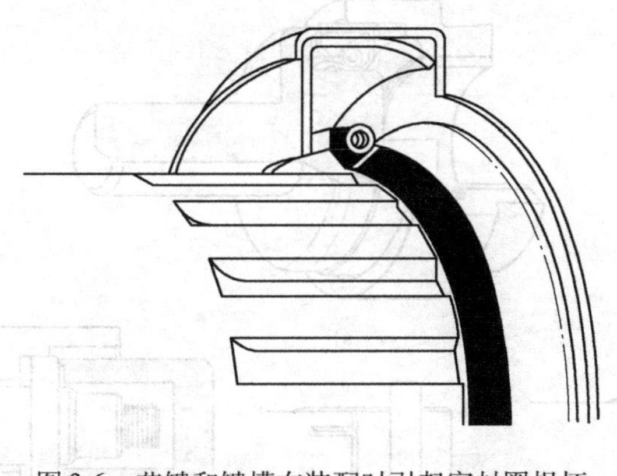

图 3-6 花键和键槽在装配时引起密封圈损坏

4）安装。

①安装密封圈前，应擦净轴和孔，并进行检查。锉平或磨去任何毛刺或刻痕，再用金刚砂布抛光，擦去金属细末。

②在单唇口密封圈上，唇口应该朝着箱体中润滑油一边（通常在卡紧弹簧一边）。

③为了便于安装，密封圈的唇口和轴应当用箱体中的润滑油进行润滑。

④为了防止孔处泄漏，金属外壳的密封圈在密封圈的外径上涂上一层很薄的衬垫密封胶，但不能涂得过量而进入密封圈唇口（见图 3-8）。

⑤使用专用工具安装密封圈，安装工具如图 3-9 所示。

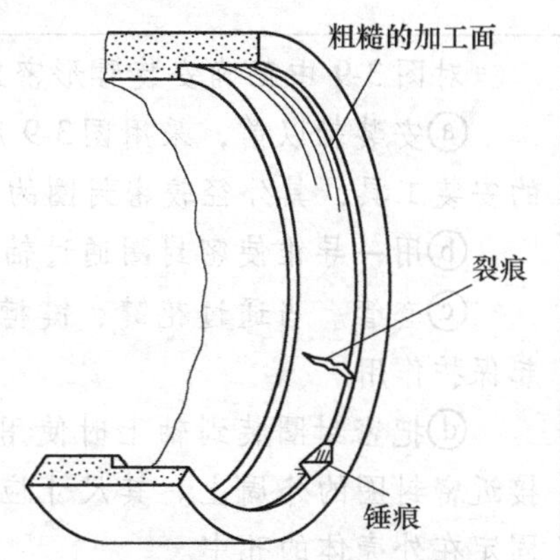

图 3-7 孔中引起密封圈损坏和泄漏的状况

也可采用以下方法装配：

● 用一圆环，如旧轴承圈，使其与密封圈外径接触。

● 用方木块，只能压在外圈金属壳上（决不允许用尖的工具，也不能压在唇口）。

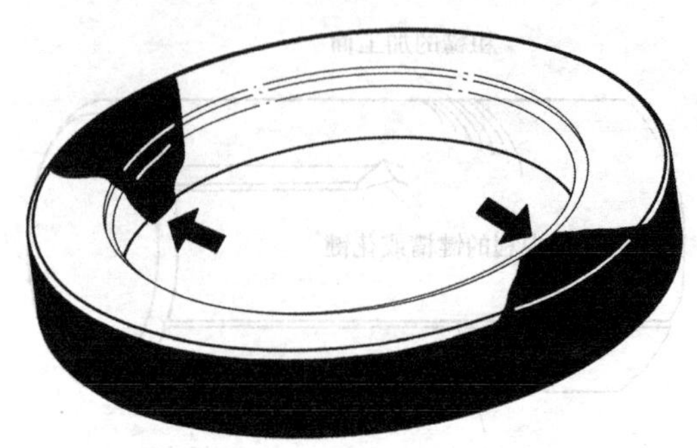

图 3-8　外壳密封剂过多进入唇口

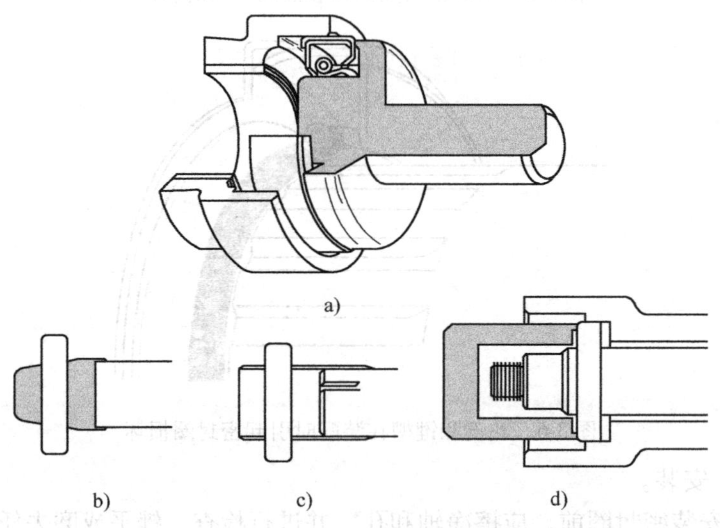

图 3-9　安装唇形密封圈工具

> 对图 3-9 中正确安装唇形密封圈所使用的部分工具说明：
>
> ⓐ安装轴以前，采用图 3-9 所示的安装工具。把密封圈压入座孔中的安装工具，其外径较密封圈的外径略小。
>
> ⓑ用一导锥使密封圈通过轴两端的尖角。
>
> ⓒ套管。当通过花键、键槽、尖锐的边缘或粗糙表面时，套管可起保护作用。
>
> ⓓ把密封圈装到轴上时使用的专用工具，必须将压力均匀地加到接近密封圈的外周上。其尺寸应考虑轴和孔的间隙，使密封圈很好地固定在外壳体的孔中。

⑥当要通过轴的尖角、键槽或花键时，必须使用导锥或套管，以保护密封圈唇口（见图 3-9b、c）。

⑦当通过尖锐的棱角（如在轴和花键安装密封圈时），可用很薄的衬片，以保护密封圈不受损伤。

⑧安装时一定要防止密封圈歪斜（见图 3-10），这样会使润滑油泄漏和灰尘进入。应防止密封圈金属外壳弯曲和凹陷，否则会引起唇口变形。

⑨装完后，在设备开动前应用手检查装置的转动灵活性。

⑩防止轴上污物和杂质进入密封圈，加速油封损坏及引起金属表面损伤。

5）磨合检查。新的唇形密封圈装在干净轴上后，对唇口需要几个小时的磨合。在磨合期内，也许会出现轻微的漏油，磨合后，密封圈与轴应很好配合，没有任何可测出的泄漏。

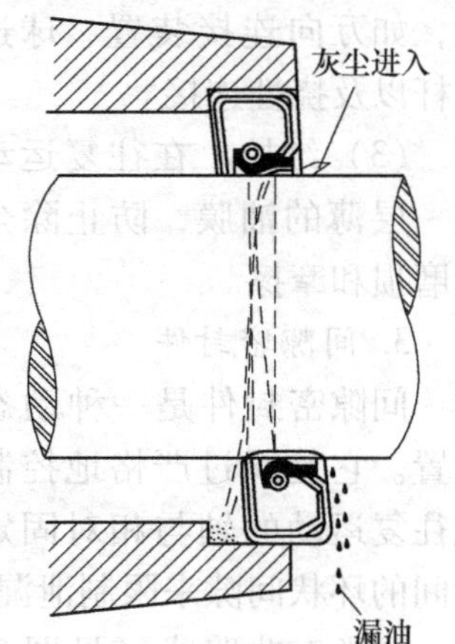

图 3-10 密封圈歪斜使灰尘进入和润滑油泄漏

2. 防尘密封圈

（1）作用 防尘密封圈是用来防止杂质进入机器运动部件，避免灰尘污染润滑油而加速零件磨损和腐蚀。

（2）类型 防尘密封圈可分为擦净器、刮除器、轴向密封件、保护罩 4 种类型。

1）擦净器。唇口采用皮革、橡胶材料。最典型的是径向唇形密封圈，其安装位置如图 3-11 所示，大多数用在回转轴上。

2）刮除器。唇口采用金属材料。用来刮去往复轴上稠厚的或粘着的东西，如图 3-12 所示。

3）轴向密封件。轴向密封件用来密封两个相互作回转运动的两个平面，具有排除内部和外部异物的能力。它的使用限于径向密封件不能满足要求的地方。图 3-13 所示为轴向密封件。

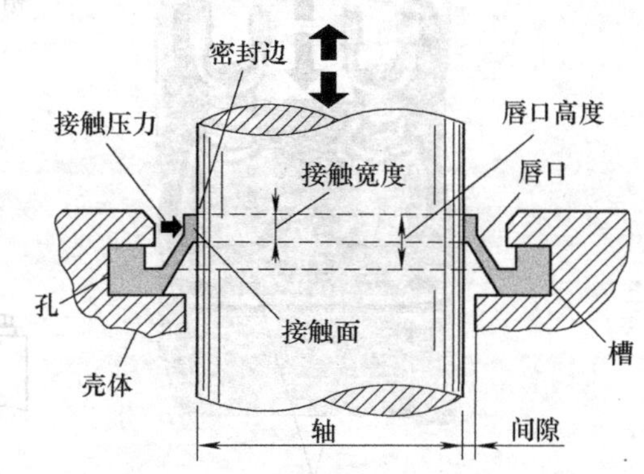

图 3-11 径向唇形密封圈安装位置

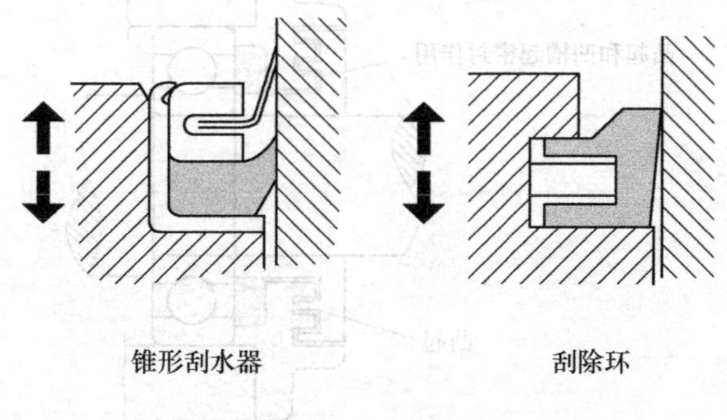

图 3-12 刮除器

4）保护罩。保护罩用来防止异物进入机器。它通常做成折叠式（见图3-14），主要用于往复运动件的密封，如万向连接装置、球连接、变速杆以及挠性连接。

(3) 维护　在往复运动轴上加注一层薄的油膜，防止除尘唇口过量磨损和摩擦。

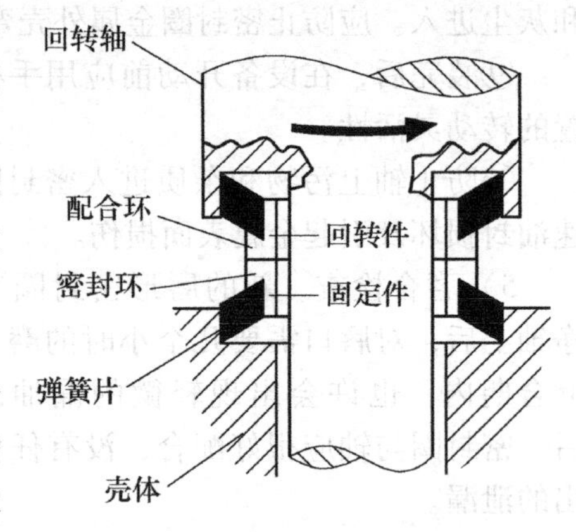

图3-13　轴向密封件

3. 间隙密封件

间隙密封件是一种动态的密封装置。它是通过严格地控制作回转或往复运动的轴与相对固定的壳体之间的环状间隙来限制泄漏量的。

通常有曲路式（见图3-15）和衬套式（环式）两种基本形式。在汽车上最典型的衬套式间隙密封件是发动机活塞环（见图3-16）。

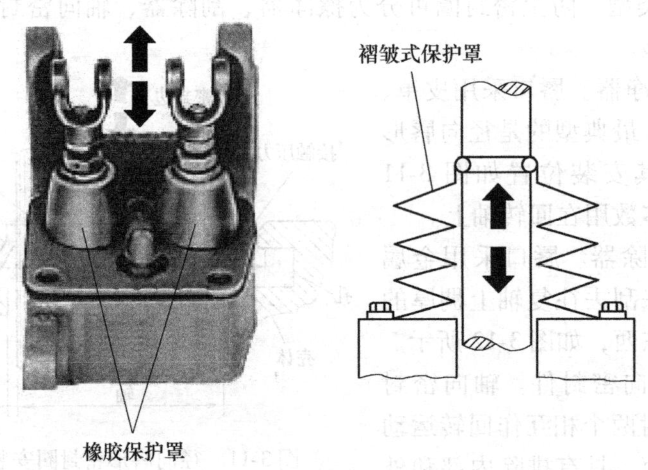

图3-14　保护罩

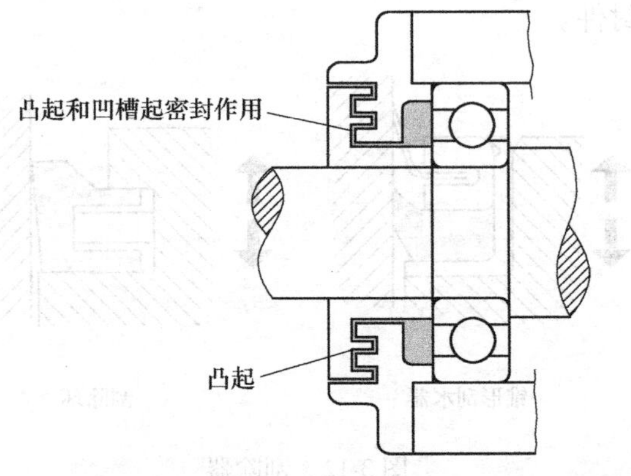

图3-15　曲路式密封

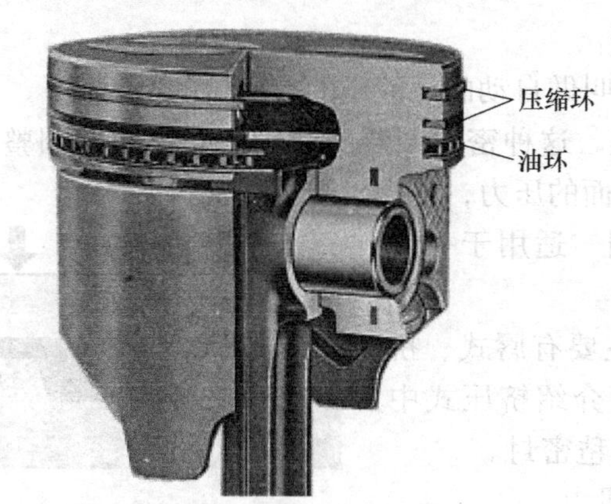

图3-16 发动机活塞环

4. 压缩密封垫

（1）结构 压缩密封垫端面一般做成正方形或长方形，如图3-17所示。其材料有纤维、金属、塑料3种。

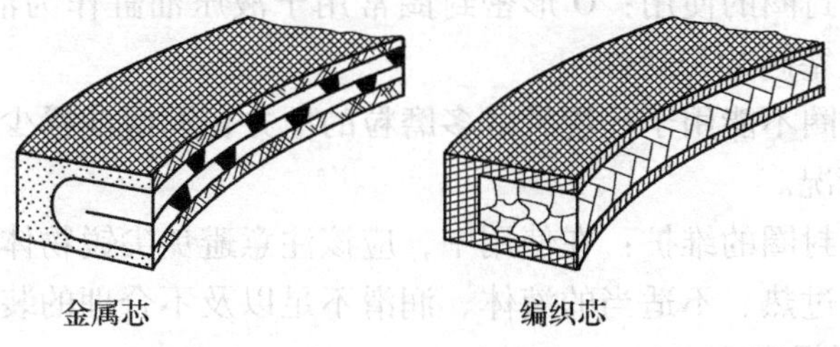

图3-17 常用压缩性密封圈

（2）密封原理 在填料盒颈部和其压盖之间压紧时，压缩性密封垫产生密封作用。由于这种压力，使密封材料向外流动，封住盒孔，而向内侧压在运动轴或杆上，起到密封作用。

（3）密封垫的选择 按照厂商规定的尺寸选择与轴或杆相对应的尺寸。如果使用尺寸过小的密封垫，无法填满密封空间，会造成泄漏；如果使用尺寸过大，为了将其装入，必须打入或压入，这样密封垫过紧将引起过热。

（4）维护 安装前进行润滑，有些则在油或其他液体中浸泡。更换旧垫时，应选择尺寸正确的新垫。

5. 模压密封件

模压密封件常叫做自动的、液压的或机械的密封圈。

(1) 密封原理　这种密封圈装配后，压盖不需要调整，由被密封液体提供压向磨损表面的压力，使密封圈进行密封。

(2) 适用范围　适用于一般运动密封。

(3) 类型　主要有唇式、挤压式两种。这里只介绍挤压式中的O形密封圈和毛毡密封。

1) O形密封圈。

①密封原理：由于O形密封圈在装配时就受到挤压（密封圈受挤压情况见图3-18），主要靠封闭的介质压力引起O形密封圈变形而起密封作用。

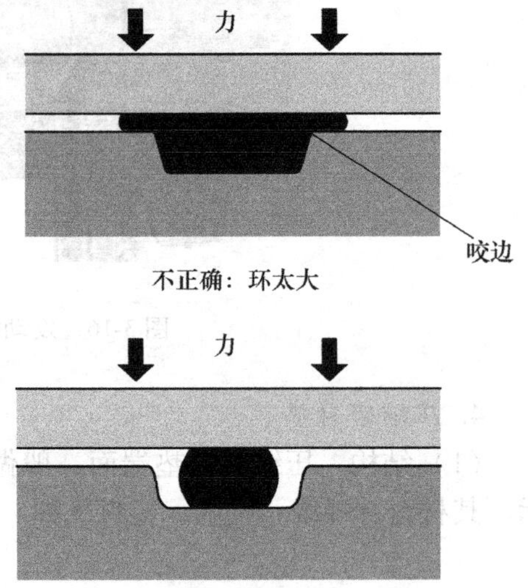

图3-18　O形密封圈受挤压情况

②适用范围：

- 往复运动所引起的密封作用，如活塞环或绕在活塞杆周围的密封件。
- 摆动密封件来回转动一定的角度或几个整圈。
- 回转运动轴至O形密封圈的内径中转动。

③O形密封圈的使用：O形密封圈常用于液压油缸作为活塞密封件，如阀门座或柱塞阀的密封件。

O形密封圈不能用于环境脏或多磨粒的地方，润滑油稀少，转速极高的密封处等情况。

④O形密封圈的维护：在使用中，应该注意避免尖锐物体损伤或割伤O形密封圈。过热、不适当的液体、润滑不足以及不合理的装配等，都会使O形密封圈报废。

图3-19所示为O形密封圈的各种损坏情况及原因。

⑤O形密封圈的安装：

- 新O形密封圈一定要与所使用液体相适应，否则就会在使用中很快被腐蚀，龟裂或膨胀。
- 装配前，擦净各部件的灰尘和铁屑。
- 仔细检查环槽，用细磨石打去锐边、尖角和毛刺，然后擦净该区域，除去一切金属屑。
- 用细磨石去除轴或轴套上的锐边、尖角和毛刺，用细砂布抛光，重新清理并擦去一切金属屑。
- 安装前，O形密封圈应用和设备中相同的油进行润滑，并用相同的油液润湿槽和轴。

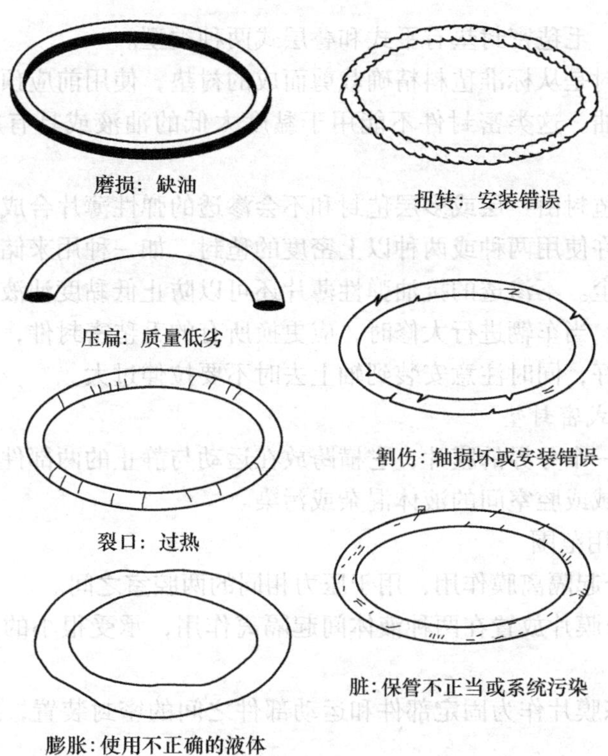

图3-19 O形密封圈的各种损坏情况及原因

- 安装时，应保护它免被尖锐或缺口损坏，并仔细地防止拉伸过大超出需要的量。
- 装配时，应准确地对准各零件，避免扭曲和损坏O形密封圈。
- 检查O形密封圈尺寸是否准确，在装配位置上，只应有轻微挤压。在动态密封时，O形密封圈在槽中能滚动。

2）径向毛毡密封垫

①材料。毛毡由毛织纤维交织编织而成，它可以由一种纤维或者由动物、植物及人造纤维等混合制成。

②密封原理。

- 油心作用：由于毛毡的毛细管作用，在长期停用后还能保证润滑作用。
- 吸油作用：毡封体积的78%左右可用来储存油液。
- 过滤作用：毛毡封在干燥时可像效率为99% ~100%的过滤器一样清除微尘。在吸足润滑油后，对更细微灰尘也能捕集。
- 弹性：不管磨损情况及轴向间隙，微量同心度误差或金属部件的圆度误差等情况如何，毡密封都能保持恒定的密封压力。
- 抛光作用：毡密封能收集磨粒，然后渗入毡封，金属表面起到有益的抛光作用，而不刻伤表面。

③类型。毛毡密封垫有平式和叠层式两种类型。

平式毡封是从标准毡料精确裁剪而成的衬垫，使用前应预先吸足黏度略大的润滑油。这类密封件不能用于黏度太低的油液或具有压力的油液中。

叠层式毡封由一层或多层毡封和不会渗透的弹性薄片合成。在一个密封装置中允许使用两种或两种以上密度的毡封，如一种用来储存油液，另一种用于防尘。不渗透的抗油弹性薄片还可以防止低黏度油液的泄漏。

④维护。当车辆进行大修时，应更换所有的毛毡密封件，一定保障密封件润滑良好，同时注意安装到轴上去时不要拉伸过大。

6. 隔膜式密封垫

隔膜是一个分界的膜片，它横跨放在运动与静止的两部件之间。用来防止两个区域或腔室间的液体混杂或污染。

（1）适用范围

1）完全起隔离膜作用，用于压力相同的两腔室之间。

2）静止膜片放置在两种液体间起隔离作用，承受很小的运动，有时是不动的。

3）动态膜片作为固定部件和运动部件之间的密封装置，通常传递力或压力。

（2）材料　一般由纤维织品掺杂橡胶制成，使其能长期经受弯曲，但是伸长就会引起材料的疲劳破坏。

（3）类型　动态隔膜有平板式和滚翻式两种形式。

1）平板式隔膜。图 3-20a 所示为平板式隔膜。平板式隔膜四周压在壳体边缘，其中心用两块平板固定，推杆一端与平板连接，另一端由壳体导向，把运动传递给隔膜，在隔膜后面压力作用下运动。隔膜常常与弹簧共同作用，以保证隔膜返回压力控制提供所需的辅助力量。发动机上的汽油泵就是这样一个装置。

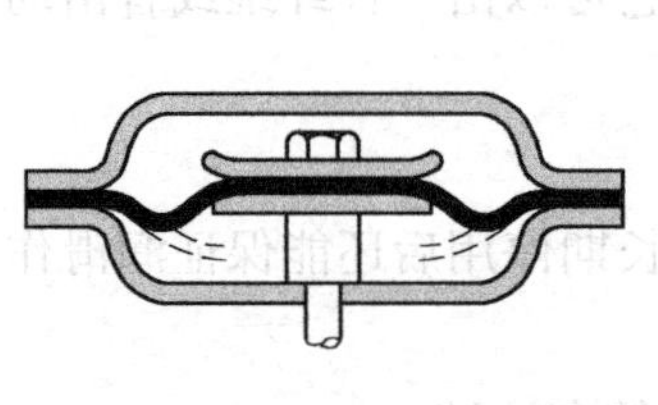

a)

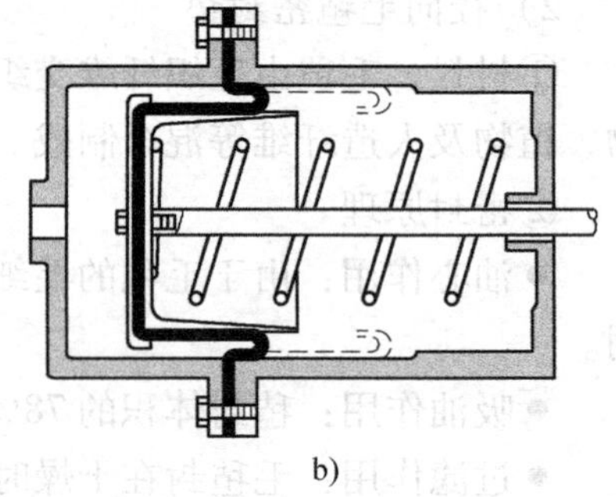

b)

图 3-20　隔膜密封类型

a）平板式　b）滚翻式

2）滚翻式隔膜　图 3-20b 所示为滚翻式隔膜。滚翻式隔膜用于要求无泄漏的径向密封的液压活塞上。

滚翻式隔膜可以在工作中翻转180°，当负荷中压力增加时，活塞向另一侧运动，使薄膜脱离活塞侧边，无摩擦地翻滚到缸体上，几乎全部压力作用在活塞顶部，仅很少部分由隔膜承受，这小部分压力使薄膜翻转并贴紧侧壁。

滚翻式隔膜用于中压或高压设备上，但在任何时候（工作状态）高压侧的压力不能高于低压侧的压力的3.4kPa，如果高压与低压换向，则会引起侧壁变形、受力过度和折皱。

7. 衬垫

（1）非金属衬垫

1）密封原理。非金属衬垫是一种固定密封装置，放置在机器上两个无相对位移的表面之间，以防止液体从结合面泄漏，如图3-21所示。

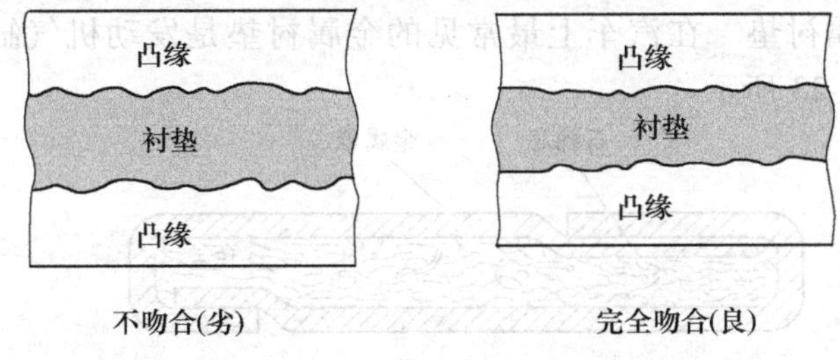

图3-21　非金属衬垫与凸缘结合

2）非金属衬垫的设计。衬垫与结合面的接头通用形式如图3-22所示。

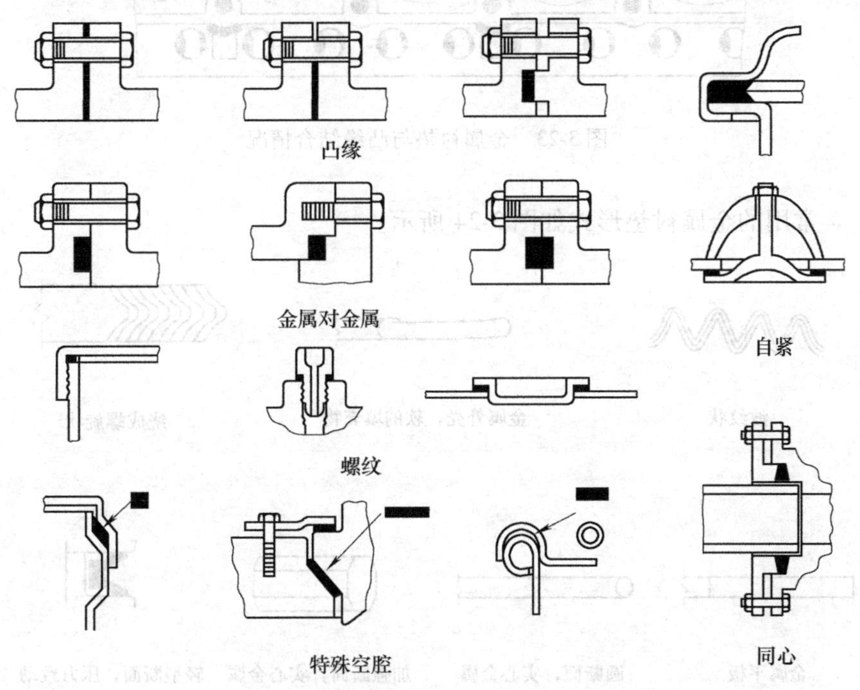

图3-22　衬垫与结合面的接头通用形式

衬垫密封效果的成败决定于最小密封压力。最小密封压力由下列因素决定：

①衬垫材料：石棉、软木、橡皮、塑料、砂纸或这些材料的混合物。

②内部压力。

③被密封液体。

④衬垫宽度和厚度之比。

⑤衬垫形状。

⑥凸缘面的表面粗糙度。

3）衬垫维护。当衬垫结合面变形时，应更换衬垫。

通常引起衬垫结合面变形的原因是分布在衬垫上的不均匀力。当凸缘表面不平行以及螺钉拧紧力矩不正确而造成变形，都会使结合面变形。

（2）金属衬垫　在汽车上最常见的金属衬垫是发动机气缸垫，其结合情况如图 3-23 所示。

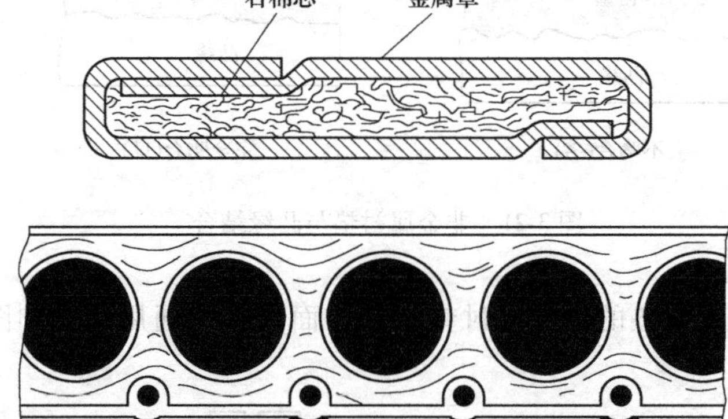

图 3-23　金属衬垫与凸缘结合情况

常用的金属衬垫形式如图 3-24 所示。

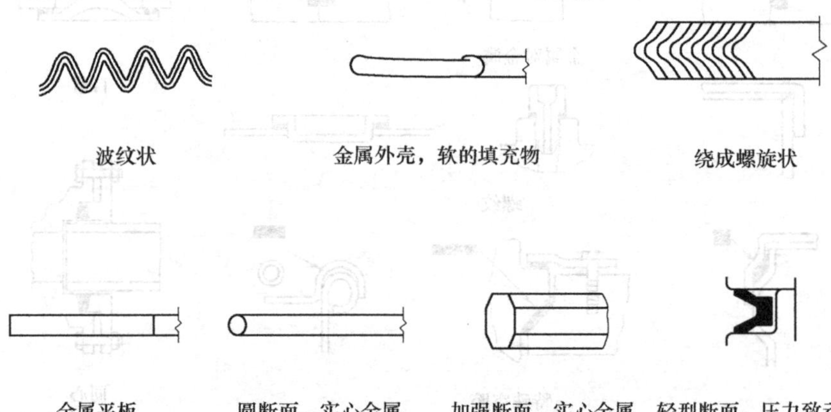

图 3-24　金属衬垫形式

8. 密封胶

密封胶与衬垫有相似之处，但密封胶使用时呈液体或胶状，而衬垫通常是预先制成并放置在两配合表面之间。密封胶一般用在温度和压力状况不是很恶劣的场合，但它比衬垫更耐化学腐蚀，同时更经济。

(1) 密封原理　密封胶是粘剂，它是用来粘接物体，利用它的结合力而不是起密封作用。

(2) 作用

1）用作密封，用来防尘、防土和防潮，或防止密封气体和液体泄漏。

2）用作保护层，减少噪声，改善外观及连接作用。

(3) 种类　密封胶是固态还是非凝固态是根据它的化学成分和处理特性而定，而不是根据其最初形态而定。

1）凝固态密封胶。这类密封胶又分成坚硬的、固化的或做成薄膜状的和柔软的、处理后呈柔软状的两种。

坚硬的密封胶的特点：不能弯曲，如果一旦弯曲，就不能再起密封和连接作用。这类材料有环氧树脂、聚酯、聚丙烯、尼龙和聚醋酸乙烯酯（PVA）。

柔软的密封胶的特点：挠曲后仍可回复原状；或者在变形和延伸后不损坏，但不能完全恢复原状。

2）非凝固态密封胶。这类软的凝结密封胶使用后保持“湿润”，不会完全干燥。它一般不能起连接作用，有些可作为非常低强度连接中的粘接剂。

3）胶带。胶带有各种敷层和粘接剂，通常用压敏胶或溶剂激活胶作敷层，也做成自动粘接的胶带。

(4) 密封胶连接　密封胶连接方法很大程度上取决于密封胶种类。常见的连接方法是对接和搭接，如图3-25所示。

对接：如板有足够厚度可用密封胶连接如①；如薄板可用堆接如②；也可用胶带如③。如接头用动载荷或热胀冷缩，则应采用黏性强而有弹性的密封胶。如接头会活动则采用弹性胶带对接。

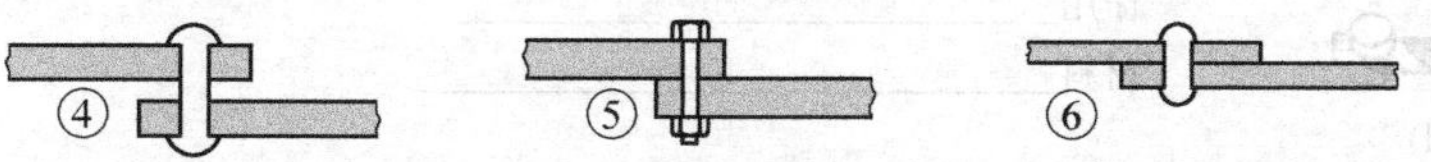

搭接：在两接合面间施用密封胶并可用铆钉、铆点或者点焊加固接头如④；厚板可用堆缝来密封如⑤；如搭边够宽可以粘住胶带，也可用胶带密封如⑥。

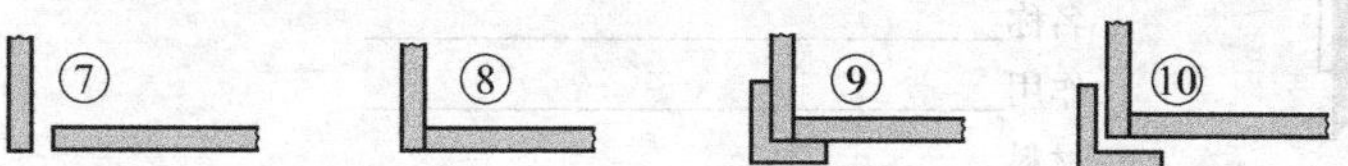

角接：若材料较厚可用简单的角接如⑦，不过以用密封胶堆缝较为适宜如⑧，这样不受厚度的影响。最好是用加强角接如⑨，及夹层密封如⑩。

图3-25　密封胶密封连接方法

1）用普通密封胶粘接的地方，密封材料可以用刷子，挤压或按贴等方法固定；而搭接还用铆钉或螺钉机械固定。

2）如果搭接不能使用夹层式密封接头处，可做成带槽孔的以便容纳密封胶。

3）在操作过程中应仔细，否则在接头中会出现气隙，往接头上涂敷胶粘剂而气隙不可避免时，应在胶粘剂固化以前用工具把胶粘剂填塞到气隙中去。

回答下列问题

1. 图3-26所示是各种型号密封件的横截面图。指出密封件的名称，材料，每种类型的作用和密封圈安装面的朝向。

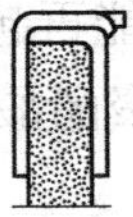

名称________________

作用________________

材料________________

a)

名称________________

作用________________

材料________________

b)

名称________________

作用________________

材料________________

c)

名称________________

作用________________

材料________________

d)

名称________________

作用________________

材料________________

e)

图3-26　各密封件截面图

f) 名称________
作用________
材料________

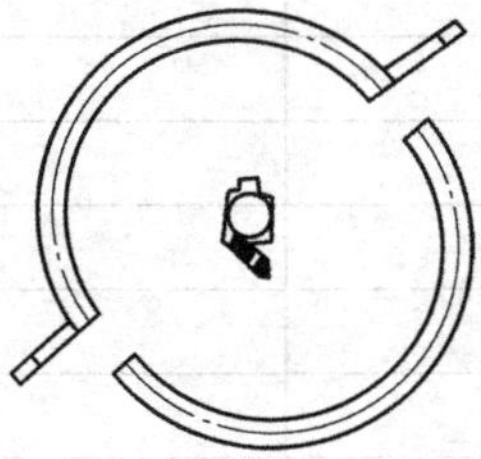

g) 名称________
作用________
材料________

h) 名称________
作用________
材料________

图3-26 各密封件截面图（续）

2. 叙述螺旋线穿过一些密封圈唇部的目的。

____

3. 弹簧安在密封圈唇部后面有什么目的？

____

4. 叙述安装密封圈时“背朝前”的作用。

____

完成下列任务

1. 请你按照表3-1中要求填写车辆密封件相关信息。

表 3-1 一辆车上密封件材料与密封组件的作用

密封装置	密封件材料类型	部件温度	密封装置承受压力	密封装置运动形式	密封装置接触的物质
例如：散热器软管	合成橡胶	高温	中等压力	发动机运动	水
排气管突缘垫片					
气缸盖罩垫片					
火花塞垫片					
发动机油底壳密封垫片					
发动机活塞环					
曲轴飞轮端密封件					
发动机气缸垫					
车窗密封圈					
液压制动轮缸皮碗					
车轮轮毂轴承油封					
主减速器叉形凸缘油封					

2. 拆卸后桥半轴油封

在拆卸和安装油封时，很容易将油封损坏，这将导致密封的轴或壳体的损坏。所以，必须知道密封设备的正确操作步骤、知道设备适用于不同类型密封件的安装需求，才能减少或避免密封件的损伤或损坏。

（1）查询资料。按照教师提供的车辆，从维修手册中查找该车辆后桥壳半轴所用的油封类型和型号。

车辆型号	
后桥半轴密封件作用	
油封类型	

（2）准备拆装工具。把它们的名称和作用分别填写在表格中。

序号	工具名称	工具作用
1		
2		
3		
4		
5		
6		
7		

（3）拆装后桥壳半轴密封件。请将拆装过程及检查结论填写在报告中。

<table>
<tr><td colspan="2">损坏密封件拆装报告</td></tr>
<tr><td>拆卸</td><td>安装</td></tr>
<tr><td colspan="2">检查结论：</td></tr>
<tr><td colspan="2">维护建议：

学生签字：　　　　　　　　　　日期：</td></tr>
<tr><td colspan="2">教师检查意见：

教师签字：　　　　　　　　　　日期：</td></tr>
</table>

当密封件拆卸和安装维护完毕后，把你的作业单给你的教师检查。如合格，表示你完成了学习目标。

任务3.1 自测表

在教师签字前，你应在教师的帮助下，找出所有的错误，进行改正

检查项目	回答
认识密封件的类型、作用及密封原理	
正确选择密封件	
识别各种密封件	
按照操作规程，维护和更换密封件	

教师签字________________ 日期________________

学生签字________________ 日期________________

任务3.2　正确选用、维护和更换轴承

任务学习目的

通过本任务的学习，帮助你完成选用、维护和更换轴承的能力。其具体表现为：

1）认识轴承的类型、作用及支撑原理。

2）根据车辆制造厂或零件供应商的要求，正确选择轴承。

3）识别各种轴承。

4）按照操作规程，维护和更换轴承。

学习信息

汽车各总成内许多轴或零件在旋转，它们在工作时需要保持相对的工作位置，以减少摩擦。由于轴承既能支撑，又能减少摩擦磨损，在维修时只需要更换磨损轴承，这要比更换被轴承支承的齿轮、轮子或轴要经济得多。

1. 轴承作用

- 支承运动部件
- 减少摩擦力
- 减少磨损

2. 轴承类型

- 滑动轴承（见图3-27a）
- 滚动轴承（见图3-27b）

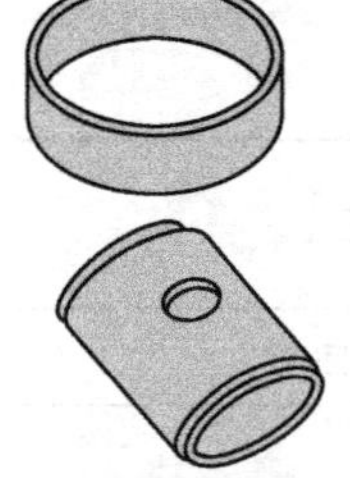

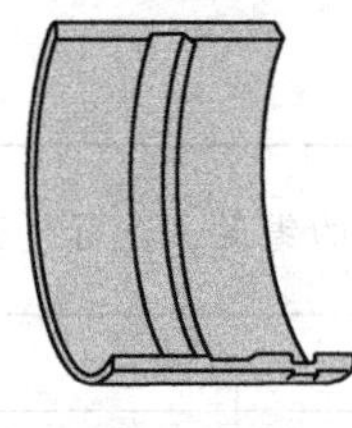

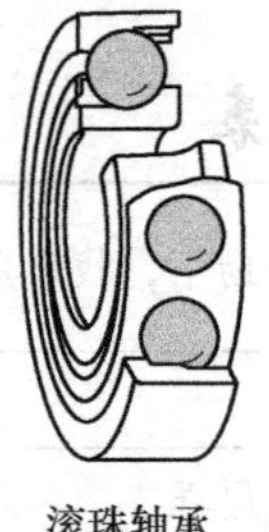

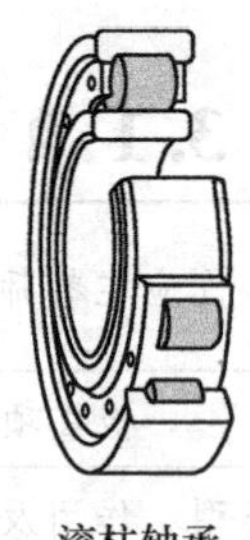

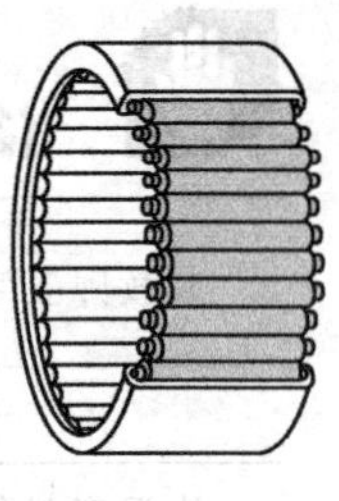

图3-27　轴承的两种基本类型

a）滑动轴承（衬套）　b）滚动轴承

滑动轴承的配合表面是滑动接触，其又称“衬套”，如青铜衬套，发动机连杆大头轴承。

滚动轴承的配合表面是滚动接触。轴承内装有滚珠或滚柱，以产生滚动摩擦，如球轴承和滚柱轴承。

3. 作用在轴承上的负荷

由于轴承可以承受轴向负荷或径向负荷（见图3-28），所以必须根据它们的特定用途进行设计。

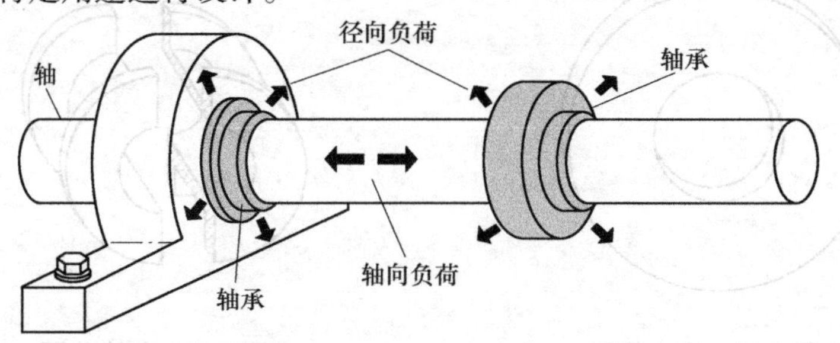

图3-28 作用在轴承上的力

轴承承受负荷类型：

1）径向轴承只能承受径向负荷（侧向力）。

2）推力轴承只能承受轴向负荷（端面力）。

3）有些轴承则同时承受径向和轴向负荷。

4. 各类轴承的优缺点

（1）滑动轴承

1）优点：体积小，成本低，操作平稳无噪声，结构坚固。

2）缺点：摩擦力大，需要润滑剂来减少摩擦。

（2）滚动摩擦

1）优点：摩擦力小，可以装填润滑剂，减少润滑次数，通用性好。

2）缺点：体积大，噪声较大，成本高，不如滑动轴承坚固。

3.2.1 滑动轴承

1. 滑动轴承上的负荷

1）承受径向力的径向轴瓦如图3-29所示，如发动机连杆大头轴承。

2）承受轴向力的推力垫圈如图3-30所示，它一般用在手动变速器中。

3）承受径向力和轴向力的组合垫圈如图3-31所示，它通常用在发动机主轴轴承上。

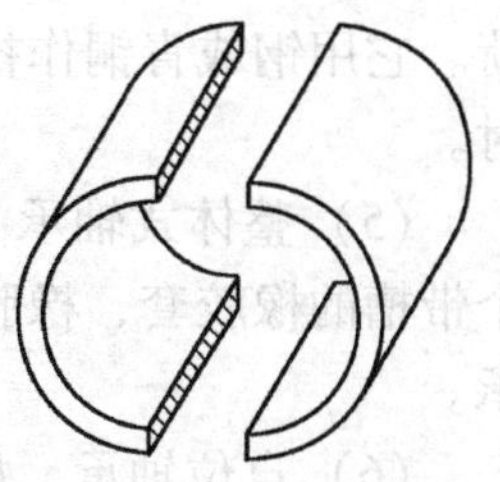

图3-29 径向轴瓦

2. 滑动轴承类型

图3-32所示为部分典型的滑动轴承。

（1）整体式轴承或轴套 如图3-32a所示。其只能承受径向负荷，通常由铜、黄铜、青铜、塑料等材料制成。

（2）缝隙型轴承　如图 3-32b 所示。其承受径向负荷，一般由铜、青铜、钢料等材料制成。

（3）推力轴承　如图 3-32c 所示。其同时承受径向力和轴向推力，常用材料为青铜或塑料。

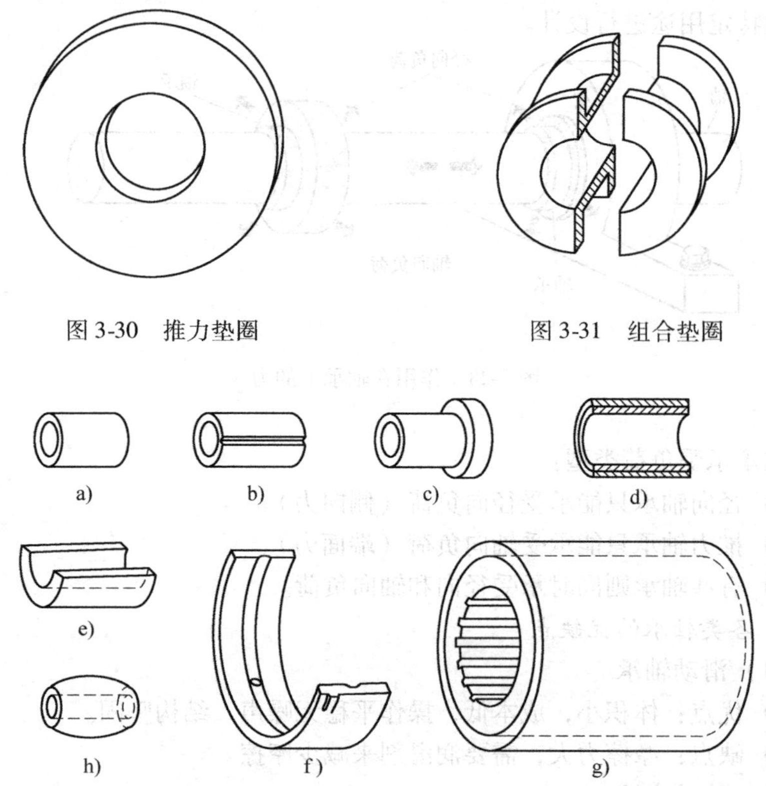

图 3-30　推力垫圈

图 3-31　组合垫圈

图 3-32　部分典型滑动轴承类型

（4）剖分式轴承　图 3-32d 所示的剖分式轴承只能承受径向负荷。常有一钢衬垫，其上衬有青铜或巴氏合金。

图 3-32e 所示的剖分式轴承只能承受径向负荷。可用木材、塑料、橡胶式粉末金等材料制成，也可用铸铁。

图 3-32f 所示的剖分式轴承常用作发动机曲轴轴承，能承受径向负荷。它用钢或青铜作衬垫，表面浇铸巴氏合金、铜铅合金、锡或银作为轴衬。

（5）整体式轴承　如图 3-32g 所示。其只能承受径向负荷。它具有一个带槽的橡胶套，橡胶套形成一系列通道，使通常作为润滑剂的水流过轴承。

（6）自位轴承　如图 3-32h 所示。其外表面成球形，因此可以改变位置，故可以自动对准。其可安装在球形轴承座内或弹性支架中，如橡胶。通常上面有一槽以防止轴承转动。

3. 滑动轴承安装

滑动轴承和轴承座之间通常用压配合或热压配合，以防止轴承在轴承座内转动，同时保证有良好的导热性能，这对延长轴承寿命非常重要。

图 3-33 所示为安装在发动机连杆内的两种滑动轴承装配形式。

通常剖分式轴承都要固定，以防止和轴一起旋转，其固定方法如图 3-34 所示。

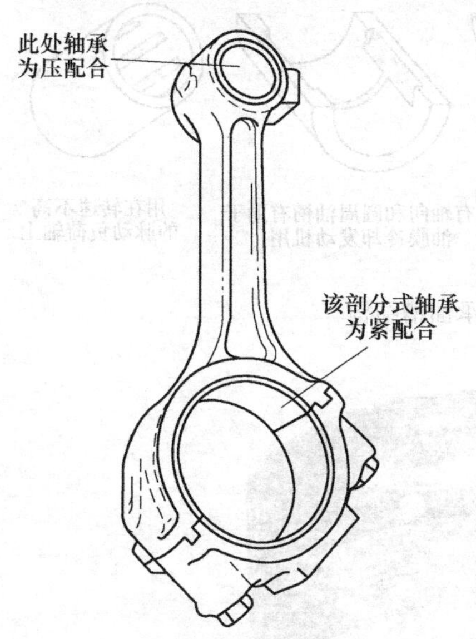

图 3-33　滑动轴承两种装配形式

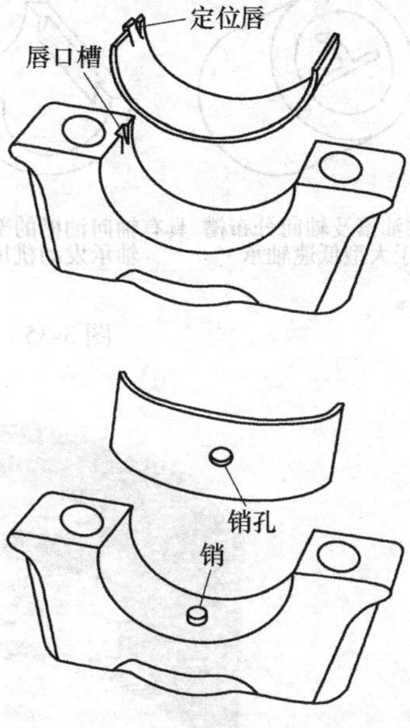

定位唇
唇口槽
销孔
销

图 3-34　剖分式轴承两种固定方法

4. 滑动轴承润滑

由于滑动轴承在工作中与零件之间有摩擦，故需要采用润滑减少轴承摩擦和磨损，摩擦愈少，磨损也相应减少。

（1）滑动轴承摩擦形式　滑动表面间的摩擦或者润滑状态有干摩擦、临界摩擦和液体摩擦 3 种。

（2）润滑油分布　为了使轴承良好工作，必须具有以下性能：

1）必须有分配润滑油的措施。

2）必须有正确的润滑油的间隙以便与轴相结合

3）轴承表面粗糙度必须与轴、润滑油以及回转速度相适应。

因此，在轴承上分布了油槽（见图 3-35），保证轴承获得充分润滑油。并且选择恰当的轴承间隙、合适的润滑油黏度，以保证滑动表面润滑正常。

5. 滑动轴承故障

大部分轴承损坏主要有缺油、脏、腐蚀、不同轴、过热等方面的原因。

（1）缺油　图 3-36 所示是由于缺油引起轴承损坏的情形。即使刚检修过的总成，也会发生缺油现象。

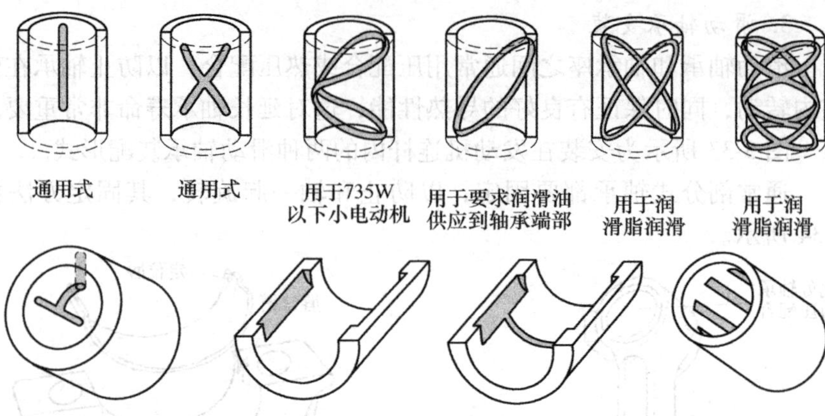

图 3-35 滑动轴承油槽结构

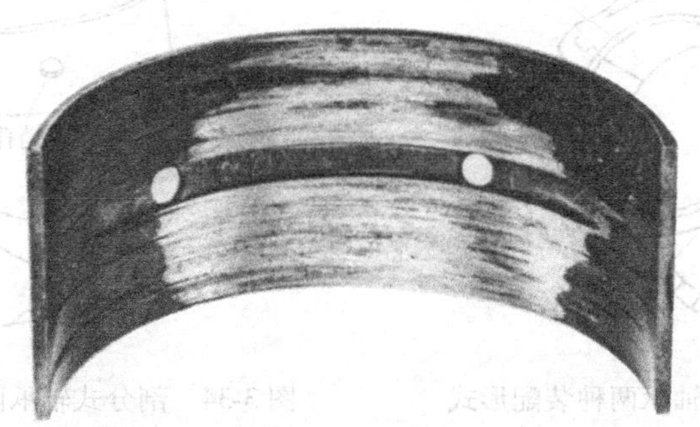

图 3-36 缺油引起的滑动轴承损坏

造成缺油现象的主要原因：

1）外部泄漏及供油系统故障。

2）滤油网阻塞。

3）油泵故障。

4）油道阻塞或泄漏。

（2）脏 图3-37所示是由于轴承脏引起轴承损坏的情形。软质轴承材料上如果嵌入颗粒很大的杂质，会使轴承和轴颈缩短使用寿命。

图 3-37 轴承脏引起的损坏

为了防止杂质进入轴承，必须在安装轴承时保持周围环境清洁，正确地保养空气和润滑油的过滤装置。在装配轴承时，如果清洗不干净，留下杂物附在轴承瓦片背后（见图3-38箭头所示），当压紧盖时，杂物就在轴承上压出一个小凸点，增加局部压力和发热。

（3）腐蚀 图3-39所示是由润滑油中酸性物质造成的轴承腐蚀情况，在轴承表面出现细小的坑槽或大片斑痕。因此，为了防止发动机轴承的腐蚀，应按规定周期更换润滑油，选用规定型号的润滑油。

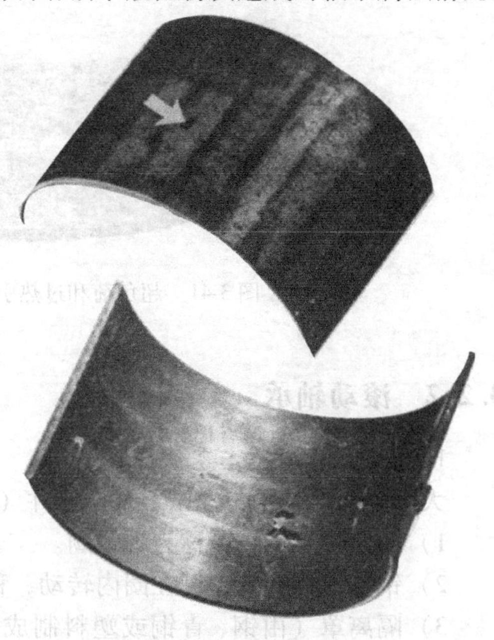

图3-38 清洗不净留下的杂物

（4）不同轴 图3-40所示是由同轴度误差引起轴承磨损的情况。同轴度误差在轴承上产生集中磨损，倾斜受力使轴承上半部的一边和下半部一边严重磨损。发现这种情况后，就应检查轴和轴承的同轴度。

（5）过热 图3-41所示是由超负荷和过热引起轴承损坏的情况。由于机器超负荷引起材料疲劳，使轴承表面剥落造成轴承损坏。

图3-39 油中酸性物质引起的腐蚀情况

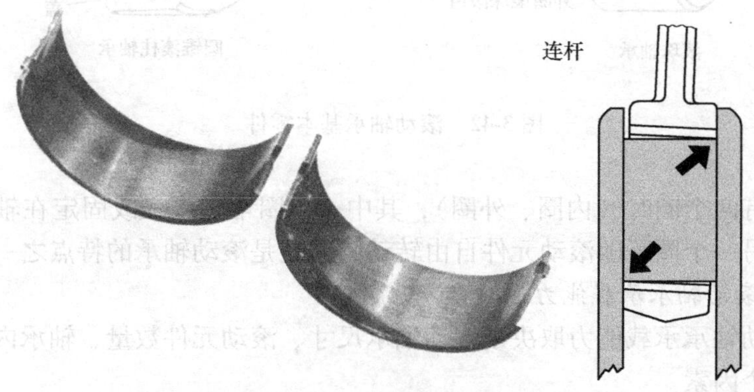

图3-40 不同轴引起过渡磨损

图 3-41　超负荷和过热引起的轴承损坏

3.2.2　滚动轴承

1. 滚动轴承的基本零件

大部分滚动轴承包括以下基本零件（见图 3-42）：

1）两个轴承钢环，称为轴承圈。

2）钢珠、柱或针，可在圈内转动，称为滚动轴承元件。

3）隔离罩（由钢、青铜或塑料制成），在整个轴承圈内由它隔离滚动元件。

有些轴承上没有内圈和外圈，滚动元件与轴或其他装配件直接接触（如在很多滚针轴承上）。

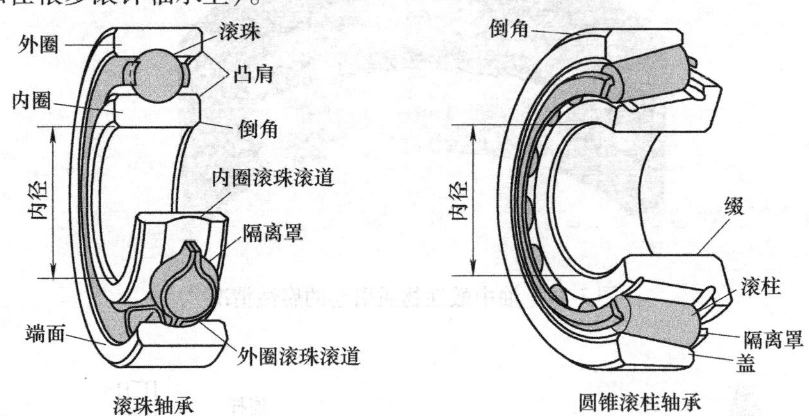

图 3-42　滚动轴承基本零件

当有两个圈时（内圈、外圈），其中一个圈常是压入或固定在轴或孔上，而另一个圈可随滚动元件自由转动，这就是滚动轴承的特点之一。

2. 滚动轴承承载能力

滚动轴承承载能力取决于滚动轴承尺寸、滚动元件数量、轴承内外圈形式 3 个因素。

（1）滚动轴承尺寸　轴承尺寸是决定轴承承载能力的主要因素。尺寸大的轴承较同样结构的尺寸小的轴承承载能力要大。

（2）滚动元件数量 图3-43所示是非满型滚动轴承和满型滚动轴承两种形式轴承。非满型滚动轴承滚珠数目少于满型滚动轴承。

1）满型滚动轴承比非满型滚动轴承能承受更大的径向负荷。

2）非满型滚动轴承较满型滚动轴承能承受更大的轴向推力。

3）使用双列滚动或滚柱轴承可使其承载能力加倍。

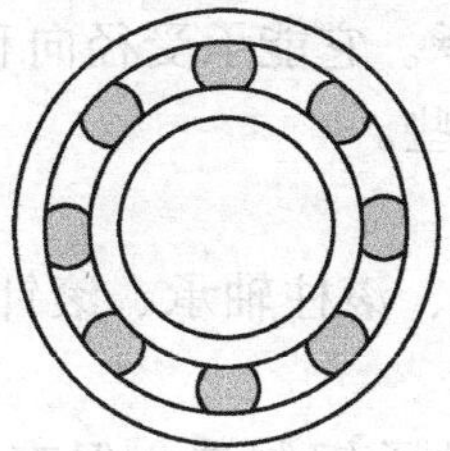

非满型(珠粒少)

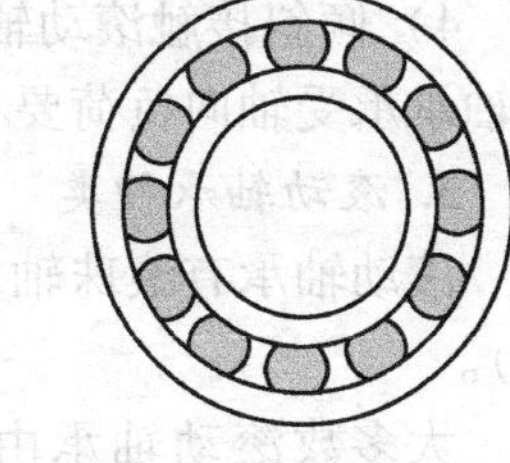

满型(珠粒多)

图3-43 滚动元件数量

（3）轴承内外圈形式 在滚珠轴承中，轴承内外圈形式影响着轴承承载能力。滚柱轴承和滚针轴承的内外圈只有两种形式，即双半式和整体式，它们对轴承承受载荷影响不大。

滚珠轴承内外圈有4种基本形式（见图3-44）：

1）非满型滚动轴承。

①其具有一个和圈肩连着的深槽，能承受轴向负荷的能力。

②在装配时，内圈先偏向一侧，滚珠装入后，内圈回到中心，使滚珠均匀分布，再装上隔离罩。

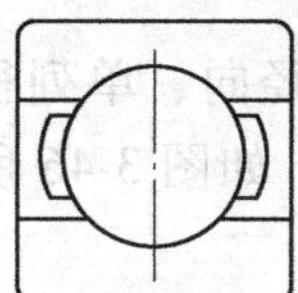

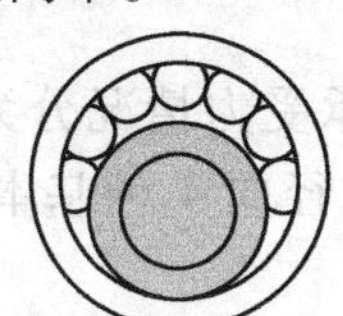

非满型轴承:安装时内圈偏向一侧
能承受径向和轴向负荷

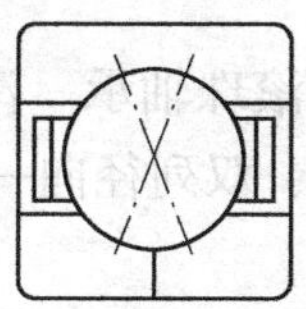

双半圆滚动轴承:
内圈沿中心切开,只承受轴向负荷

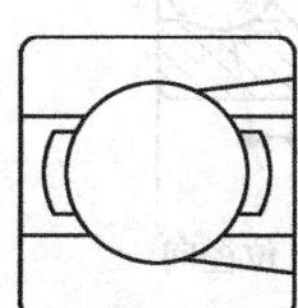

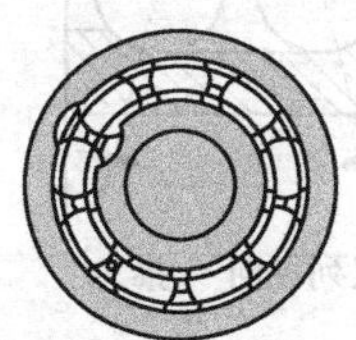

满型轴承:有装入槽,
可装更多珠粒,只承受径向负荷

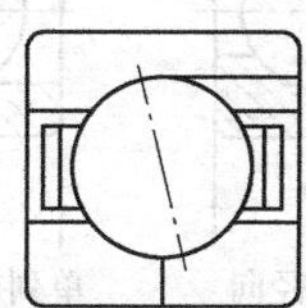

倾斜接触滚动轴承:
外圈凸肩一侧除去
承受单向轴向负荷

图3-44 滚动轴承内外圈的4种基本形式

2）满型滚动轴承。

①该轴承有一装入槽，使它比非满型装有更多滚珠。

②由于装入槽不能承受轴向负荷，因此，只能承受径向负荷。

3）双半圈滚动轴承。

①该轴承内外圈具有较高的凸肩，可移动半圈使滚珠装满。

②由于基本上倾斜接触轴承，它能承受较高的双向轴向推力，不能承受较大的径向负荷。

4）倾斜接触滚动轴承。它能承受径向和单向轴向负荷，比非满型滚动轴承承受轴向负荷要小些。

3. 滚动轴承种类

滚动轴承有滚珠轴承、滚柱轴承、滚针轴承三种基本形式（见图 3-45）。

大多数滚动轴承由轴承钢制造，但有些轴承可用其他材料，如塑料。

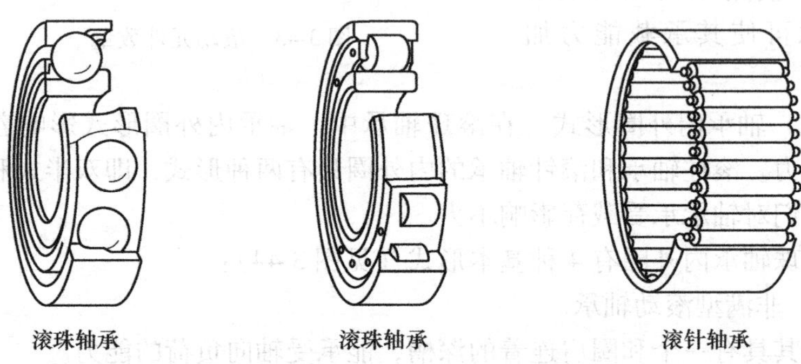

图 3-45 滚动轴承 3 种基本形式

（1）滚珠轴承 滚珠轴承根据轴承受力情况分为单列径向、单列径向—推力、双列径向—推力、双列自位径向 4 种基本结构，如图 3-46 所示。

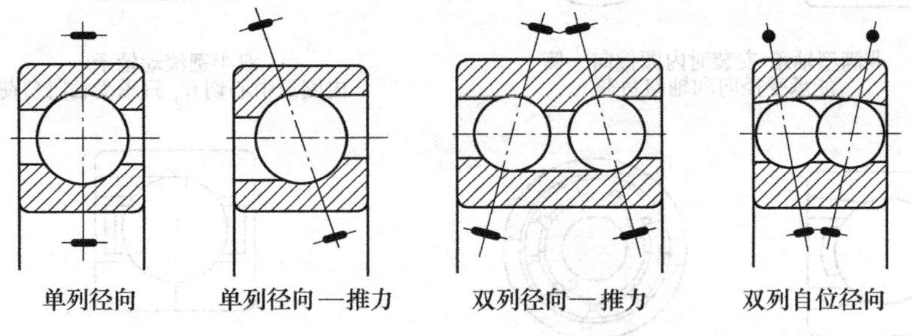

图 3-46 滚珠轴承受力的 4 种基本结构

1）径向负荷滚珠轴承。

结构：这类轴承常用单列或双列，有的轴承还具有防护罩以防止异物进入轴承，以及密封装置储藏润滑油和隔离灰尘。

用途：主要用来承受径向负荷，承受不大的轴向推力。

2）径向和轴向负荷滚珠轴承。

结构：常见的有单列或双列的。也可选购防护罩和通用的密封装置。

用途：单列滚珠轴承，只能承受径向负荷和单向的轴向推力（外圈有较高轴肩）。当单列轴承结合成对使用时，它能承受双向轴向推力，和双列结构一样。

3）自位径向负荷滚珠轴承。

结构：既能作内侧自位，也能作外侧自位；既能允许安装时的不同心（因为有球状的外圈）也能允许运转中的不同心（由于有球状的滚珠槽）。

用途：这种轴承一般在密封处使用。

4）轴向推力滚珠轴承。

结构：一般为单列的，可有防护罩或密封装置。

用途：它能承受全部的轴向负荷和少量的径向负荷，通常和径向负荷轴承一同使用。图3-47所示为3种通用的轴向推力滚珠轴承。

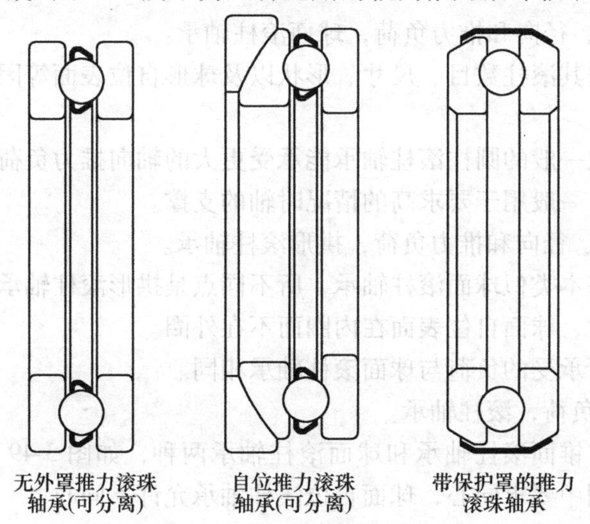

图3-47 轴向推力滚珠轴承

（2）滚柱轴承　当负荷较大时可以用滚柱轴承代替滚珠轴承。

滚柱轴承有以下5种基本形式，如图3-48所示。

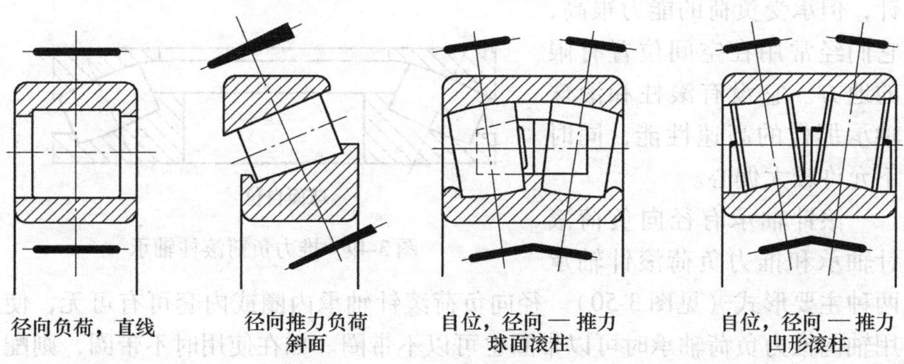

图3-48 滚柱轴承基本形式

1）径向负荷，圆柱滚柱轴承。

结构：这种轴承有双列或多列的滚柱；有些内圈和外圈是不可分开的，有些则是可分开的。

用途：能够承受大的径向负荷，但没有自动调心和承受轴向推力的能力。它们常用于高速和负荷大的地方。

2）径向和推力负荷，圆锥滚柱轴承。

结构：它是滚柱轴承中最通用的形式。常成对地或双列地组合使用，并可以通过分离的外圈或者圆锥进行调整，有些双列轴承已经预先调整好预紧度。

用途：能承受重大径向和推力负荷，用于中等负荷和低速的机器上。

3）自位、径向和推力负荷，球面滚柱轴承。

结构：因其滚柱数目、尺寸、形状以及球形自位表面等因素，能自动调整圆心。

用途：比一般的圆柱滚柱轴承能承受更大的轴向推力负荷，但较圆锥滚柱轴承差。一般用于要求高的情况时轴的支撑。

4）自位、径向和推力负荷，拱形滚柱轴承。

结构：基本类似球面滚柱轴承，所不同点是拱形滚柱轴承是凹的而不是凸的，同时，球面自位表面在内圈而不在外圈。

用途：所承受的负荷与球面滚柱轴承相同。

5）推力负荷，滚柱轴承。

结构：有锥面滚柱轴承和球面滚柱轴承两种，如图 3-49 所示。圆锥滚柱轴承使用中要求同心，球面自位滚柱轴承允许不同心。

用途：能承受重大的轴向推力，但不能承受任何径向负荷。

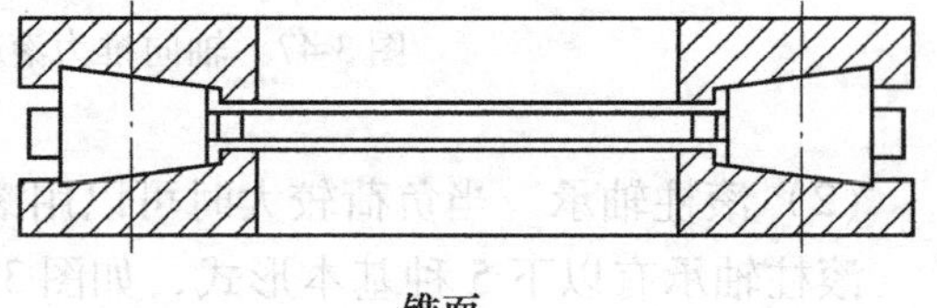

球面自位

图 3-49　推力负荷滚柱轴承

（3）滚针轴承　滚针轴承具有很小直径的滚柱或滚针，但承受负荷的能力很高，它们经常用在空间位置有限的地方。它没有滚柱和滚珠轴承那样的高速性能，同时不允许较大偏心。

滚针轴承有径向负荷滚针轴承和推力负荷滚针轴承两种主要形式（见图 3-50）。径向负荷滚针轴承内圈或内套可有可无，使用轴向推力负荷轴承时可以带圈也可以不带圈。如在使用时不带圈，则配合表面必须修磨平整并经过淬头。滚针定位用隔离罩，由润滑脂粘住或者用松散的流针用手工进行装配。

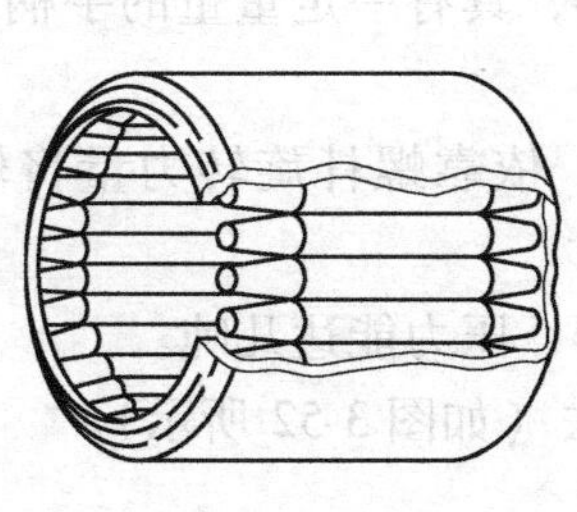
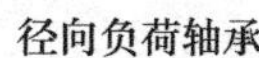

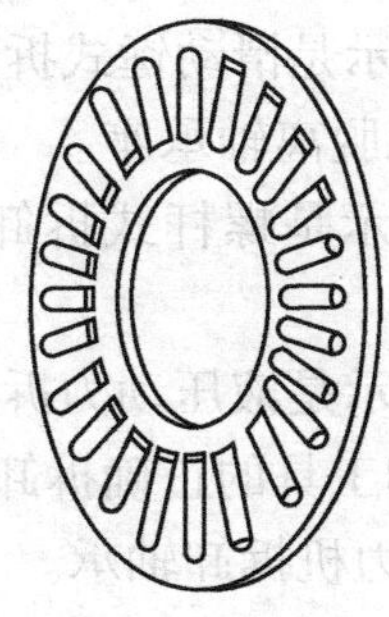

图3-50 滚针轴承的基本形式

4. 滚动轴承保养

良好的轴承包括合理的润滑、维修、故障判断以及安装和调整。表3-2列出了滚动轴承的维护要点。

表3-2 滚动轴承的维护要点

必须做到的要点	不准违反的要点
1）在清洁环境中并使用干净合适的工具操作 2）打开轴承之前应清洗轴承 3）用清洁干燥的手进行操作，最好带干净的帆布手套 4）在金属的或有金属板覆盖的工作台上操作 5）应像对待新轴承一样，精心处理用过的轴承，除非证明这个轴承只能报废 6）使用清洁的溶剂和洗涤油清洗轴承 7）轴承安装应安放在干净的表面上 8）防止拆开的轴承受灰尘和潮湿 9）如有需要应用干净的不起毛的布擦拭轴承 10）不用时把轴承用油纸包好 11）安装轴承前应彻底清洗轴承座内部 12）如新轴承原是保存在密封容器内，安装时不必清洗 13）保持润滑油清洁，不用时容器应盖好	1）不要用木锤或在工作台上操作 2）不要用脏的和潮湿的手拿轴承 3）不应旋转不清洁的或干的轴承 4）不要用压缩空气吹动任何轴承 5）在清洁轴承时不应使用同一容器去清洗第一遍和最后一遍 6）不要用棉纱和脏布去擦轴承 7）不要刻划轴承表面 8）不要使用含有四乙铅的汽油，它的蒸汽有害健康，也会引起火灾 9）不要用不正确的润滑油型号和用量

（1）拆装轴承　在拆卸任何轴承之前，应清洗轴承座和轴，可查阅技术手册或维修手册，如果没有有关程序，应仔细研究轴承安装方法，然后决定拆卸步骤。

拆卸轴承的三种基本方法为：使用机械的或液压的拆卸器；使用机械的或液压的压力机；用锤子和适合的拆卸工具。

1）用拆卸器拆卸轴承。

①拆卸工具：拆卸器（见图3-51）。

图 3-51a 所示是滑动锤式拆卸器，具有一定重量的手柄上下滑动对挡块冲击，使轴承脱离轴承座。

图 3-51b 所示是螺杆式拆卸器，依靠螺杆旋转力量将轴承从轴上拆下。

图 3-51c 所示是液压动力拆卸器，压力能达几吨。

②各种拆卸工具的正确拆卸方法（如图 3-52 所示）。

2）使用压力机拆卸轴承。

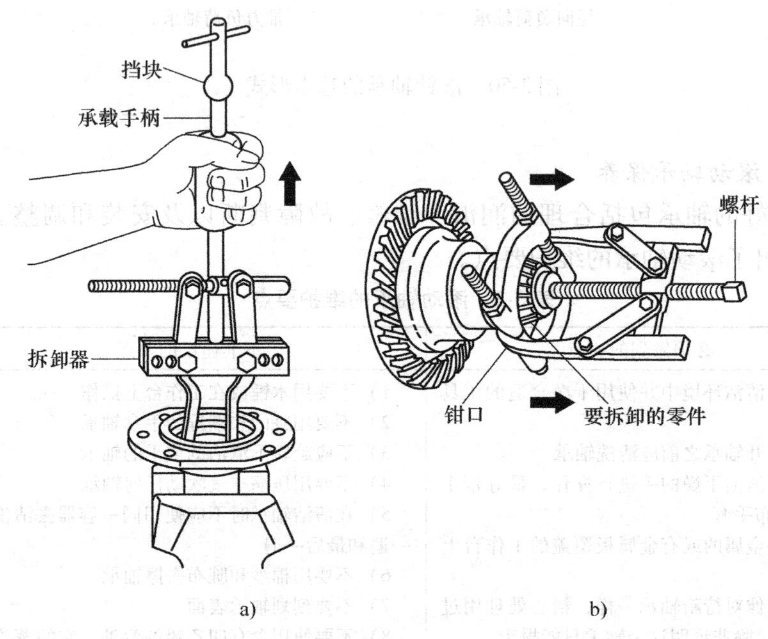

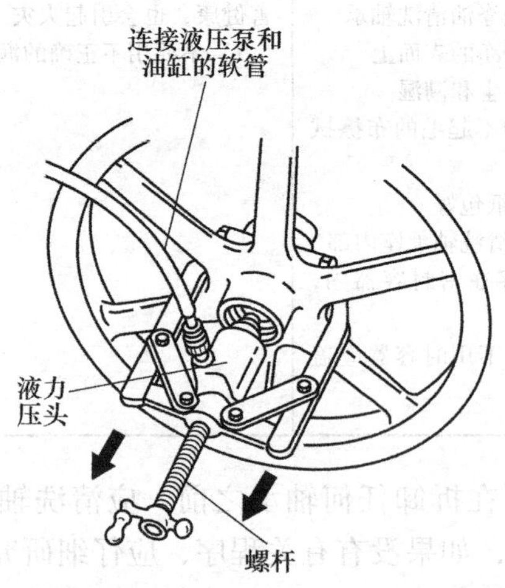

图 3-51　常用轴承拆卸器

a）滑动锤式拆卸器　b）螺杆式拆卸器　c）液压动力拆卸器

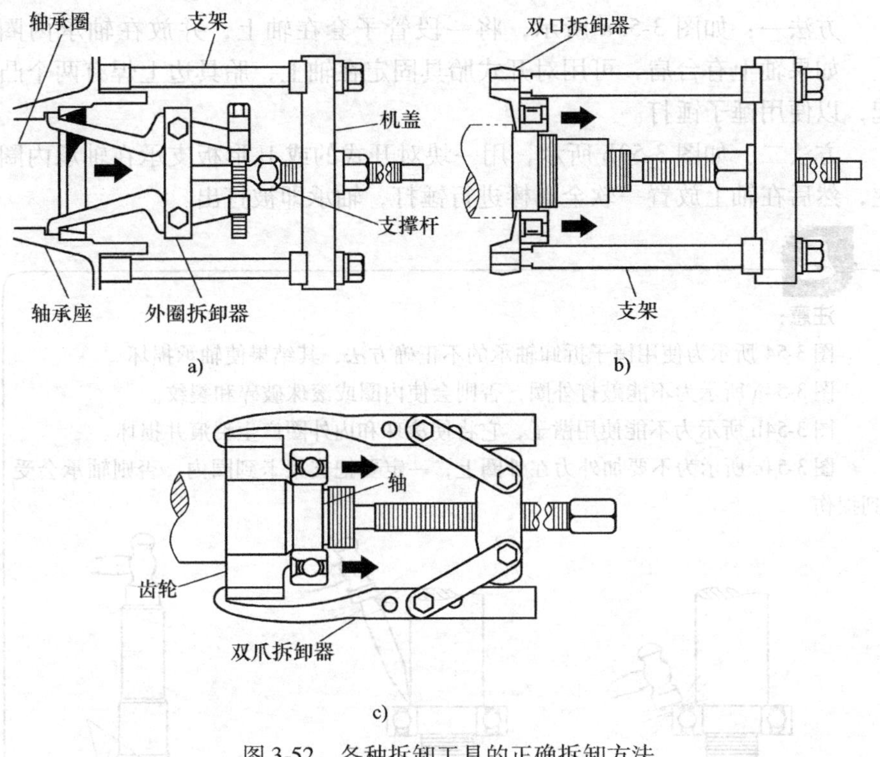

图 3-52　各种拆卸工具的正确拆卸方法

a）带支架的内拆卸器　b）带支架的刃口状拆卸器　c）螺杆式外拆卸器

①拆卸工具为压力机。

② 拆卸方法：当轴承从轴上拆下时，必须保证压力压在内圈上，使外圈不受载荷。如果压力通过外圈传递，容易损坏轴承。

3）用锤子和其他工具拆卸轴承。

①拆卸工具：锤子。

②拆卸方法：如果轴承拆卸器和压力机都没有的情况下，则可用锤子和其他工具来进行拆卸。图 3-53 所示为从轴上拆卸轴承的两种方法。

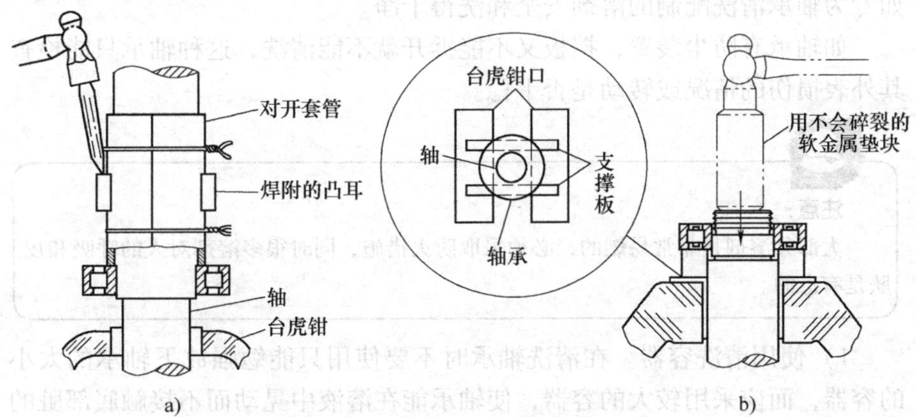

图 3-53　拆卸轴承的两种正确方法

a）锤子敲击　b）在台虎钳上支撑被拆卸轴承

方法一：如图 3-53a 所示，将一段管子套在轴上，并放在轴承内圈上，如果轴上有台肩，可用对开式胎具固定在轴上，胎具边上焊有两个凸起，以便用锤子锤打。

方法二：如图 3-53b 所示，用一块对开式的或 U 形板支承在轴承内圈上，然后在轴上放置一软金属棒进行锤打，轴承即被打出。

注意：

图 3-54 所示为使用锤子拆卸轴承的不正确方法，其结果使轴承损坏。

图 3-54a 所示为不能敲打外圈，否则会使内圈或滚珠破碎和裂纹。

图 3-54b 所示为不能使用凿子，它将使滚珠和内外圈产生裂痕并损坏。

图 3-54c 所示为不要加外力在外圈上，一定要把支架卡到圈内，否则轴承会受到损伤。

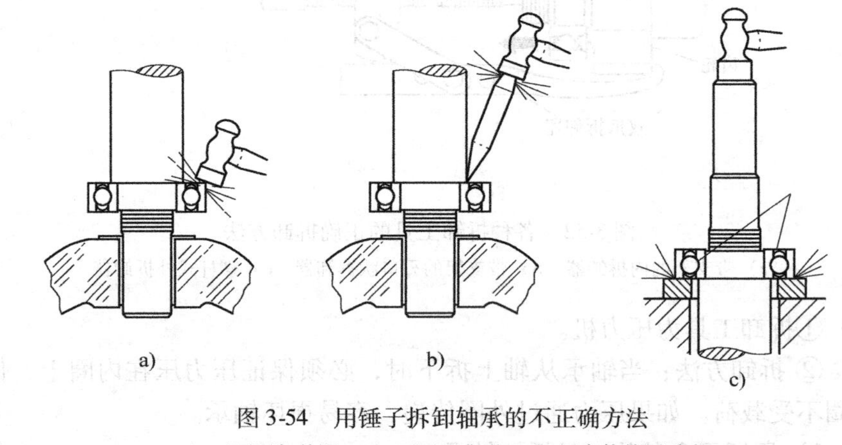

图 3-54　用锤子拆卸轴承的不正确方法

a）不要锤打外圈　b）不要用凿子　c）不应使外圈受力

（2）清洗和检查轴承　通常根据制造厂建议清洗轴承，清洗时，应先采用石油溶剂，也可以用如汽油、挥发油等其他一些溶剂，但这些都不如专为轴承清洗配制的溶剂安全和洗得干净。

如轴承有防尘装置，挡板又不能拆开就不能清洗，这种轴承只能检查其外表损伤的情况或转动是否平稳。

注意：

大部分溶剂是非常易燃的，必须采取防火措施，同时很多溶剂对人的呼吸和皮肤是有毒的。

1）使用清洗容器。在清洗轴承时不要使用只能勉强放下轴承的太小的容器，而应采用较大的容器，使轴承能在溶液中晃动而不接触底部脏的沉淀，如图 3-55 所示。

不允许轴承接触容器的底部，因为这样会被刚洗下的杂质所玷污。

图3-55 在安全溶剂的容器中清洗轴承

2）浸泡轴承润滑脂。把轴承浸在汽油中浸泡几小时或一夜，泡掉润滑脂和油。用不掉毛的短硬毛刷进行洗刷，当所有可能去除的脏物都洗掉后，再在干净的溶液中冲洗，最后将它泡在油中。

3）检查轴承。仔细检查轴承，确定是否能够再用。

①更换轴承的原则：

● 如果轴承在装配的位置能经常检查到、容易更换，即使发生故障，危险性也不大。

● 如果轴承处于不能经常检查、拆装轴承又很困难的位置，则应及早更换新的轴承。

● 如果轴承具有防尘装置和挡板，也应检查其故障和磨损。

● 如防尘装置不可拆开并且已经损坏或磨损则应更换整个轴承。失效的防尘装置如可以更换则一定要更换，否则脏物和潮气进入轴承，会缩短使用寿命。

②检查方法：

● 可用肉眼检查轴承外表面的裂痕，防尘装置凹陷及隔离罩、滚珠、滚柱的破裂和损坏等情况。如果轴承曾经过热，会呈现出蓝褐色或蓝黑色，存在以上这些迹象时必须更换新的轴承。

● 可拆开轴承检查，看是否有凹坑、乱痕，滚珠和滚柱或内外圈是否有裂纹情况，如果有这些情况应更换新轴承。

● 拆不开的轴承的内表面和滚动元件可用手电筒或者用从一强光源来的反射光线照在滚珠或滚柱间进行检查，如有任何可见的凹陷或乱痕等，这都是损坏的症状，应更换新的轴承。

● 如没有直接可见的损坏和磨损的痕迹，可拿住轴承并慢慢地转动外圈（见图3-56a），千万不要猛转，如发现有“咔咔”声或粘住应再次清洗，清洗后这种情况仍然存在，则应更换新轴承。

● 用同样方法检查轴向推力或圆锥滚柱轴承（见图 3-56b）。此外，还可把轴承放在干净表面上用手轻轻加压，转动轴承进行检查。

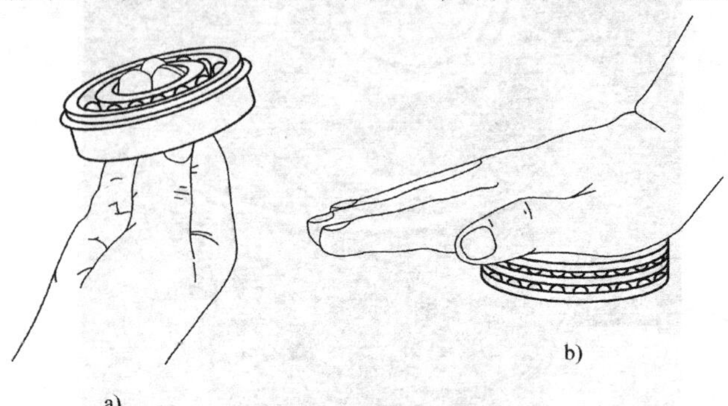

图 3-56　检查轴承

如轴承不立刻安装，擦干净后应用油纸包好放在清洁的盒子里，储存在干燥和防尘的地方。

（3）故障分析　当轴承已经发现损坏，必须找出原因，防止新轴承装好后再次发生类似故障。

滚动轴承发生故障原因可能是多方面的，正常情况下损坏形式是因材料的疲劳损坏而报废。如果轴承不是由于正常情况下的疲劳损坏，则被认为是过早损坏。轴承过早损坏原因有以下几种：

1）污染。

原因：在轴承内的杂质是外来物质、潮湿、磨料（如灰尘、脏物）都会使轴承过早损坏，如图 3-57 所示。

结果：磨料使轴承圈产生刻痕和凹痕，潮湿引起轴承圈的锈斑。

措施：如润滑良好，搬运时保持轴承清洁以及使用新的或未损坏的密封装置等。

图 3-57　杂质引起轴承损坏

2）变形。

原因：轴或轴承座孔变形将引起轴承过早损坏，如轴和轴承座孔不圆，在间隙小的一边滚动元件受到挤压，如图3-58所示。

结果：将引起像正常疲劳损坏时一样的轴承圈表面剥落。

措施：重新磨圆轴和轴承座使它们同心；如不能修复则应更换已被磨损的零件。

图3-58 变形引起轴承过早损坏

3）不同心。

原因：轴的弯曲、轴肩不成直角、轴承座孔间不平行或不成一直线及在轴承和座之间有外来杂质等都会使轴和轴承不同心，图3-59所示是不同心引起轴承过早损坏的典型例子，显示在轴承圈上磨出凹槽和滚珠上磨损的痕迹。

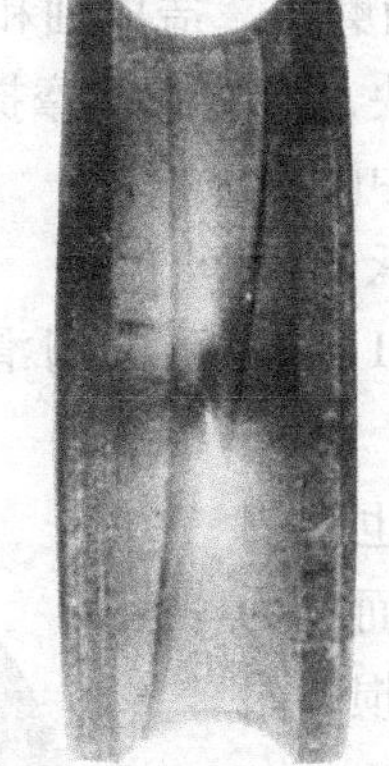

图3-59 不同心引起轴承过早损坏

结果：滚柱或滚针轴承不同心会对轴承圈和滚柱产生极大压力，引起过早疲劳损坏。

措施：应当很好判断损坏原因并予以纠正，否则当换上新轴承后还会产生同样后果。

4）装配不合适。

原因：不合适的装配使轴承过早损坏，图3-60所示为由于装配不合适引起过早损坏的3种形式。

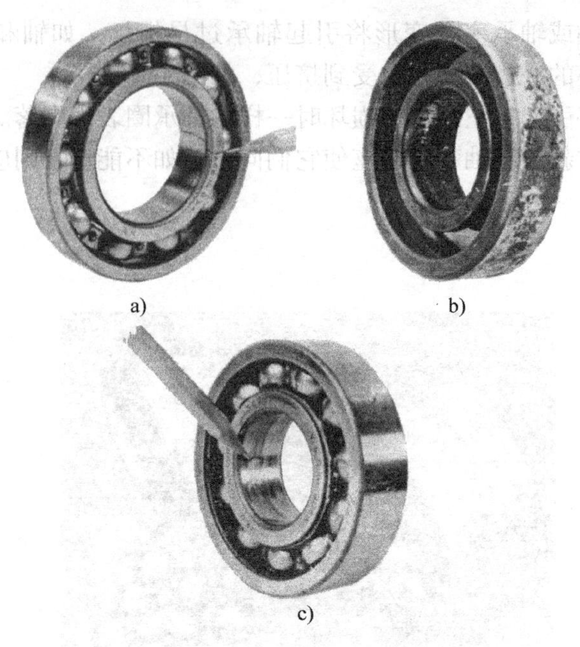
a)　b)　c)

图 3-60　不合适装配引起轴承过早损坏

a）内圈裂开　b）装配锈蚀　c）蠕动磨损

图 3-60a 中，由于轴的外径对于轴承孔径来讲太大了，装配后太紧，使轴承内圈裂开。

图 3-60b 中，由于轴承外圈“装配锈蚀”或摩擦磨损引起损坏。

图 3-60c 中，由于微动磨损，造成轴和轴承内圈间配合过于松动。随着磨损发展，内圈转动更快，产生大量摩擦和热，从而导致轴承损坏。

结果：外圈在轴承座中配合太松。

措施：应更换新的轴承。

5）润滑不良。图 3-61 中可看出润滑不良造成的轴承过早损坏情况。

原因：润滑油不足时也会引起轴承滚动元件不能滚动而变为在表面上滑动从而造成磨损，金属表面被辗压后磨损加快。

结果：金属表面被辗压。

措施：更换轴承，保证润滑。

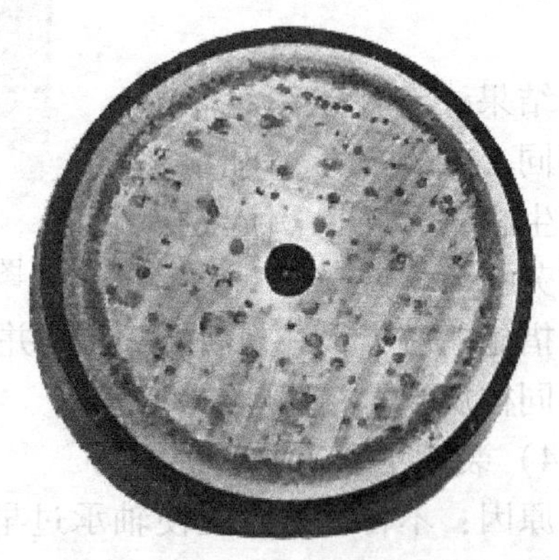
图 3-61　润滑不良引起轴承过早损坏

6）不合理的修配工艺。

原因：在拆卸和装配时使用不合理的修配工艺会引起轴承损

坏。图3-62所示为由于工艺不合理引起过早损坏的一些实例。

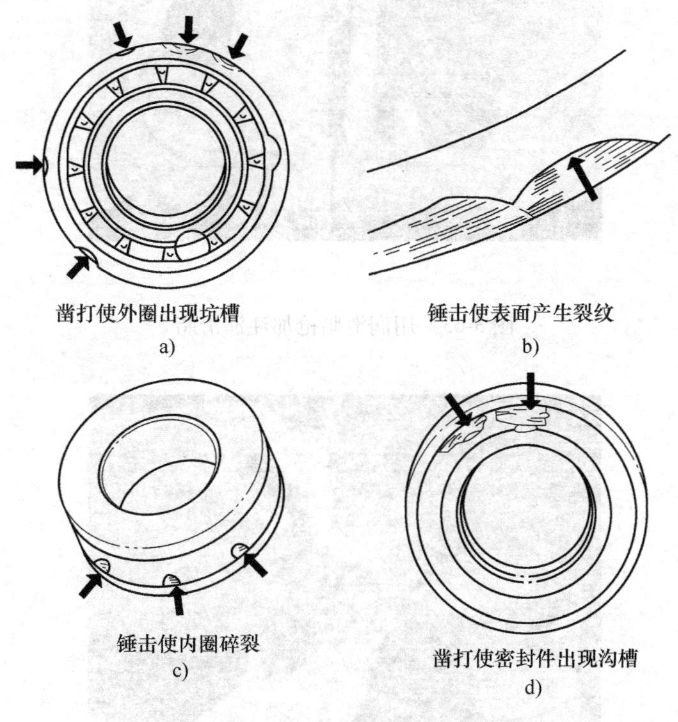

图3-62 不合适修配工艺引起轴承过早损坏

图3-62a所示是用凿子凿打轴承，在轴承外表面留下凹坑。

图3-62b所示为锤子打击使得轴承圈表面产生裂纹。

图3-62c所示为用锤子打击使轴承内圈损坏。

图3-62d所示为其他一些损坏，是由于使用不合适的工具引起轴承上防尘装置损坏。

结果：外表面留下凹坑，轴承圈裂纹，隔离罩损坏等现象。

措施：更换新轴承。

（4）润滑轴承 应根据轴承结构和使用情况确定润滑剂种类和润滑次数。可参考制造厂说明书，了解润滑要求以保证轴承有较长的使用寿命。

1）加注润滑脂的润滑方法。有些轴承（如车轮上的轴承）不需经常润滑，通常是用润滑脂枪（见图3-63）或手工填塞（见图3-64）。

根据制造厂要求确定润滑脂添加量。加注润滑脂一般规则为：在滚动轴承中润滑脂填塞至半满即可。擦去过多润滑脂，图3-65中表示正确的润滑脂添加量。不管滚珠或滚柱轴承，应填塞轴承两边并和隔离罩平齐，然后转动几次内外圈，再擦去过多的润滑脂。

图 3-63　用润滑脂枪加注润滑脂

图 3-64　手工填塞润滑脂

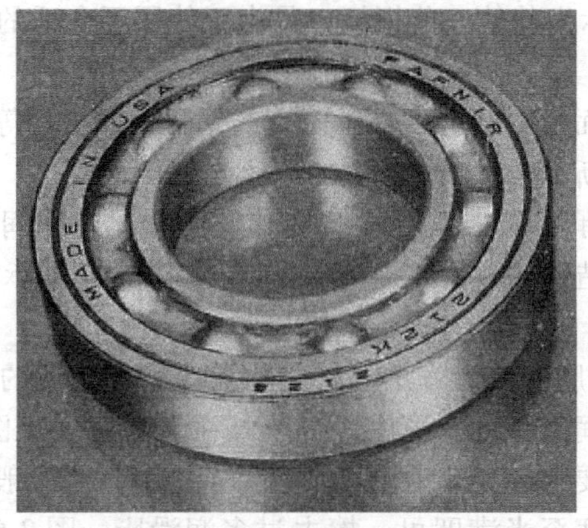

图 3-65　正确的润滑脂添加量

在轴承装入轴承座前，用润滑脂部分地填满轴承座孔（见图 3-66），不要全部涂满，否则会引起润滑脂搅拌产生过热现象，使轴承报废。只添加够用的润滑脂防止稀的润滑脂从轴承中溢中即可。

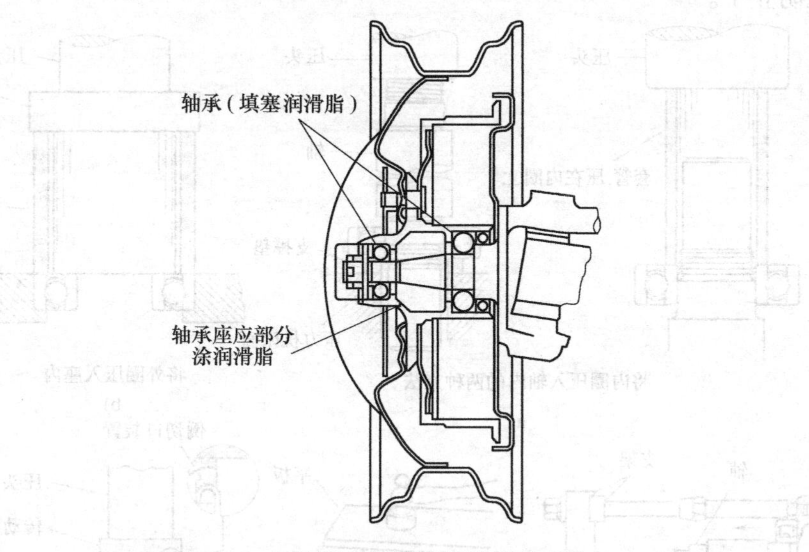

图 3-66　用润滑脂部分地填满轴承座孔

2）飞溅式润滑。在汽车上的变速器、主减速器中的轴承通常采用飞溅式润滑方式润滑轴承。采用飞溅式润滑时的润滑原则是：

①应保证在壳体内保持足够的润滑油。

②使用规定的润滑油。

③在规定时间间隔内更换润滑油。

④通常有注油塞或盖来灌注润滑油到壳体内。

（5）安装轴承　预防轴承损坏，正确安装是十分重要的。图 3-67 所示为正确安装而不损坏轴承的一些工艺方法。

图 3-67a 所示是将轴承内圈压到轴上去的两种正确方法，注意压力不能用在外圈上。

图 3-67b 所示是当把外圈压到座上时，这时压力只能作用在外圈上。

图 3-67c 所示是安装轴承也可使用拆卸器。

图 3-67d 所示是如果认真操作，也可使用锤子和套管把轴承圈打入轴内。

图 3-67e 所示是滚针轴承安装需要特殊的设备，使用有倒切口的装置，表示在移出图上。倒切口把作用力传递到外壳，防止轴承外壳扭弯。

有些轴承装在轴上需要很紧的配合，为了易于安装必须预先加热。如轴承较小，可以在一个油温不大于 149℃的容器内加热，这时轴承不允许接触容器底部，否则轴承会直接从容器吸收热量而损坏，因为这些轴承是经过热处理淬硬，温度过高就会使硬度有所降低。

安装轴承时加热的较好方法是在轴承孔中（如果轴承孔较大）点一

功率较大的灯泡，并用罩盖住轴承，一直保温到轴承能装配为止。这种方法是比较安全的，因为失火的危险消除了，温度过高而使轴承损坏的可能也防止了。

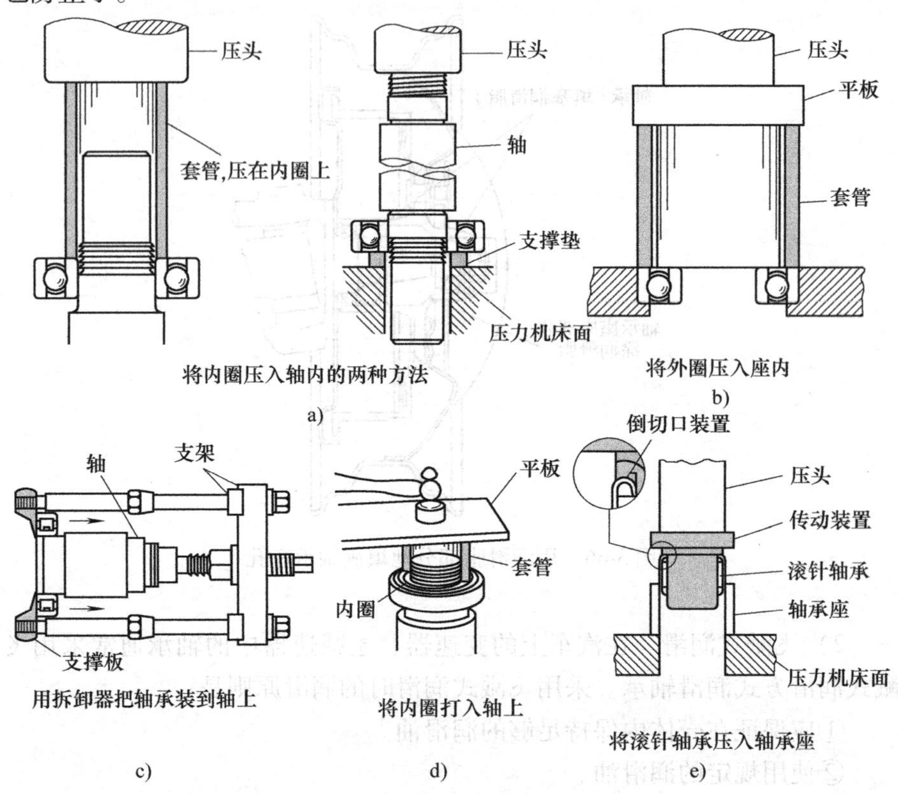

图 3-67　滚动轴承正确安装工艺

注意:

当加热或接近火焰时，油蒸气会点燃，应特别小心。

粗心大意地安装轴承会使轴承报废。图 3-68 所示为滚动轴承的错误安装工艺。

图 3-68a、d 所示是在压配合轴承圈上，不应在间隙配合圈上使用压力。

图 3-68b 所示为轴承落座不正确，造成轴承和轴上凸肩不配合。

图 3-68c 所示为轴和轴承孔擦洗不干净，装配时有污物和铁屑。夹入杂物使轴承受到很高的预加载荷，使轴承过早损坏。

图 3-68e 所示为轴承装配时，不应采用锤子、凿子打击，这会使轴承圈和滚动表面损伤。

图 3-68f 所示为安装轴承时没有使外圈和轴承座垂直，造成其歪着压入座孔，轴承严重损坏。

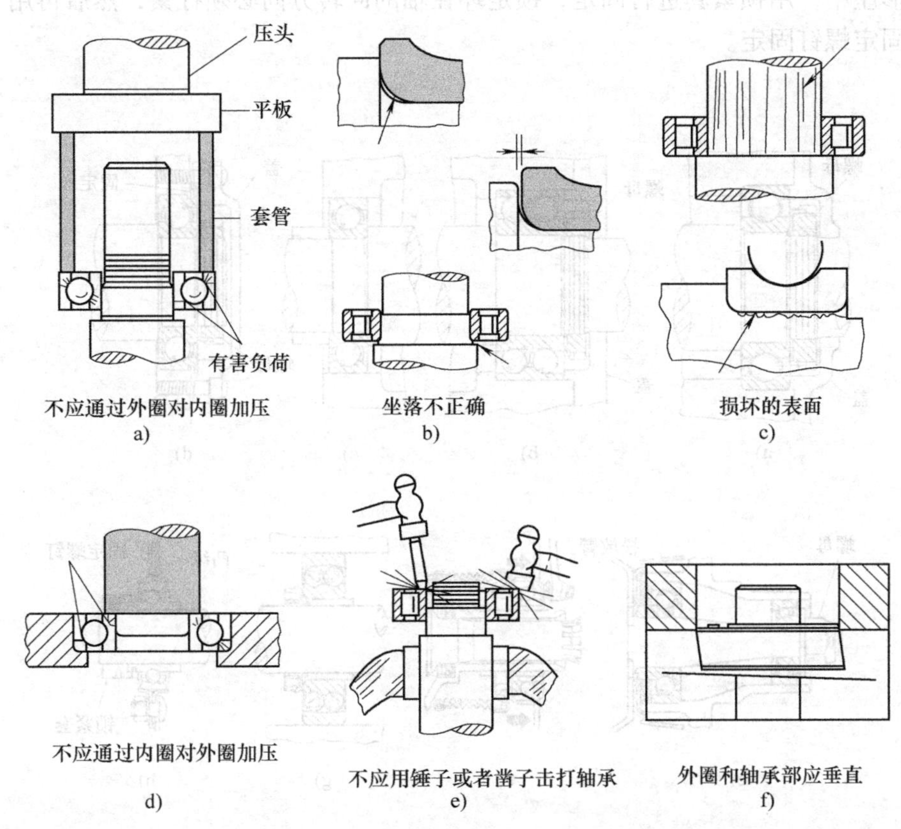

图 3-68 滚动轴承错误安装工艺

1）滚珠轴承安装。典型滚珠轴承的安装方法如图 3-69 所示。

图 3-69a 所示是单列径向轴承典型的安装方法。这种轴承用轴承盖和螺母压在肩部加以固定。

图 3-69b 所示是双列径向—推力轴承负荷轴承安装方法。重要的一点是防止由于轴向负荷的影响而产生移动。

图 3-69c 所示为单列或双列“浮动”轴承安装方法，即轴承可在孔中滑动而不承受轴向推力。

图 3-69d 所示是在光轴上安装轴承的方法，常用固定环将轴承定位。

图 3-69e 所示为径向推力轴承，一般安装在轮子上，其外圈压入内孔，而内圈是动配合，可用螺母进行调整。

图 3-69f 所示为汽车离合器分离推力轴承的安装方法。分离杠杆通过轴承所加的压力分离离合器。

图 3-69g 所示为内自位轴承的安装方法。与“浮动”轴承安装方法相似，它可以用螺母和轴承盖固定。

图 3-69h 所示为外自位轴承安装方法。这类轴承安装在经过加工的球

形座中，用锁紧套进行固定，锁定环在轴的回转方向必须拧紧，然后再用固定螺钉固定。

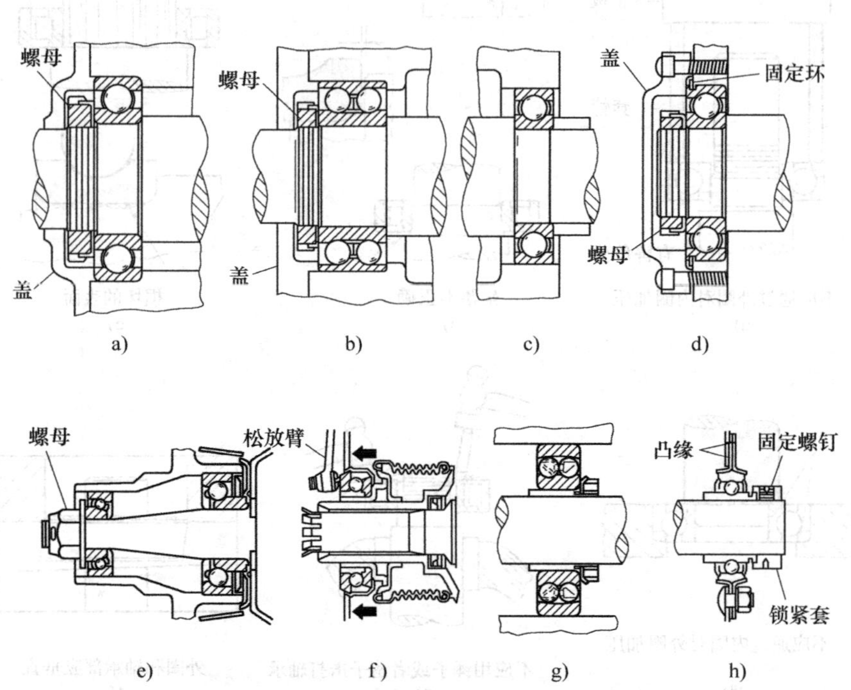

图 3-69　常见滚珠轴承的安装方法

a）单列径向　b）单列径向—推力　c）单列浮动　d）单列固定环

e）径向—推力　f）推力　g）内自位　h）外自位

2）滚柱轴承安装。滚柱轴承常用安装方法如图 3-70 所示。

图 3-70a 所示是圆锥滚子轴承常用的安装方法之一，表示汽车车轮轮毂轴承。其外圆压入壳体，内圈推入轴上，用螺母进行调整。

图 3-70b 所示为重负荷上使用的双列滚柱轴承，其外圆或座是一体的，而两内圈是独立的。

图 3-70c 所示为两内圈对置轴承安装方法。常用在变速器的变速轴两端的圆锥滚柱轴承，它根据需要调整轴承盖垫片。

图 3-70d 所示是安装重载自位轴承的一种方法，它用在负荷大而中心不易对准的机器上。

3）滚针轴承安装。在汽车传动轴的万向节上常用径向负荷滚针轴承，因该处空间小和传递转矩大。

有些滚针轴承上的滚针必须手工进行装配，滚针可用润滑脂粘住再用橡胶圈固定或者用胶带粘住，直到轴承安装好为止，安装时应非常仔细以防丢失滚针。

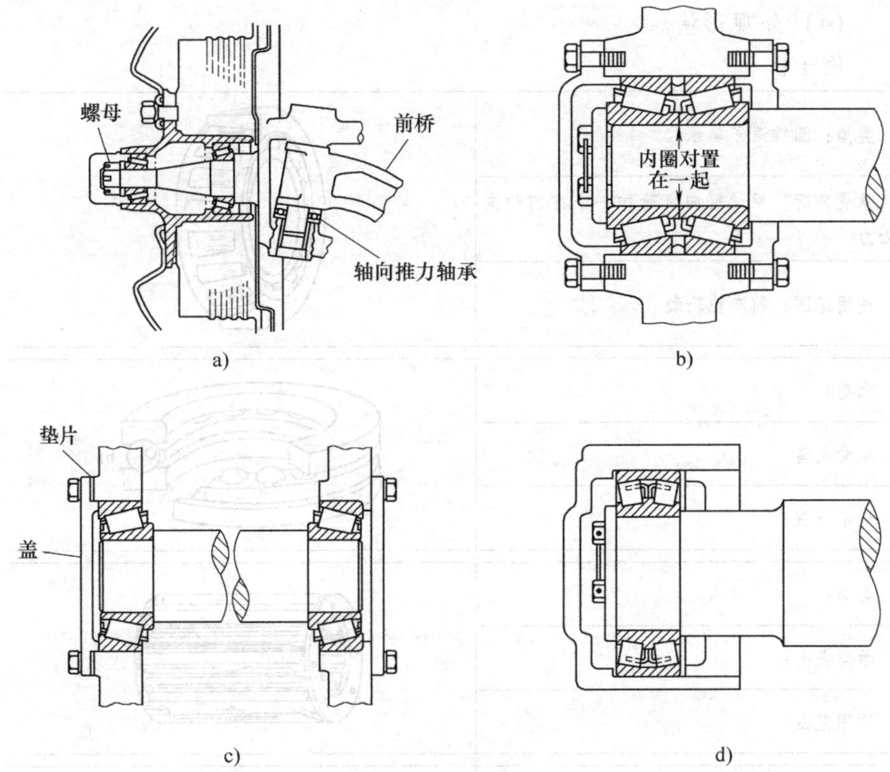

图3-70 滚柱轴承常用安装方法

a）车轮轴承 b）重型装置 c）传动轴 d）重型自位

（6）调整轴承 大部分轴承是装配好的，因此不需要进行调整。

通常不需要调整的轴承，在安装时将其中一个轴承用“浮动式”，其他的则选用一种方法加以固定。需要调整的轴承的固定可使用在“轴承安装”一节中已讲过的装置，这时调整称为预加载荷。

预加载荷用在有动负荷的地方，以便减少偏摆和使轴承运转良好。

如预加载荷已有规定，应小心避免预加载荷太大，使轴承过热而报废，但也不能太小，以免引起支承部分过大地偏摆而迅速产生磨损。

为了在安装时正确地调整各种轴承的预加载荷，可参阅工艺手册和修理手册。

完成下列任务

1. 请你根据教师提供的轴承进行识别，并将每种轴承特点记录在下列各表中。

图3-71中的轴承可以从下面许多特点进行识别：

（1）它们是哪种材料制造的？

（2）它们支撑哪种类型的负载？

（3）安装方法能适合哪些特定作用？

（4）外观形状。

例子：

类型：圆锥滚子轴承	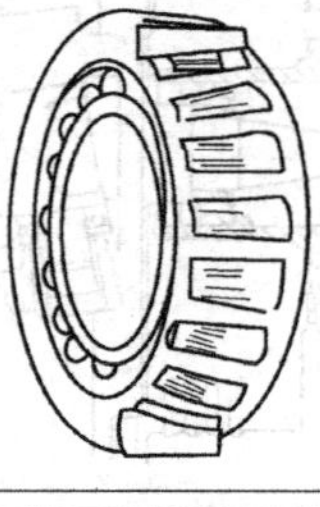 a)
承受负荷：承受径向负荷和一个方向的向心力	
适用范围：前车轮轮毂	
类型：	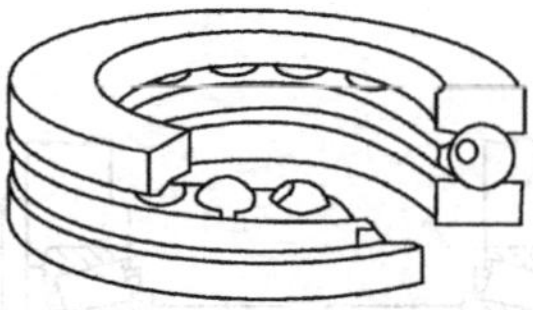 b)
承受负荷：	
适用范围：	
类型：	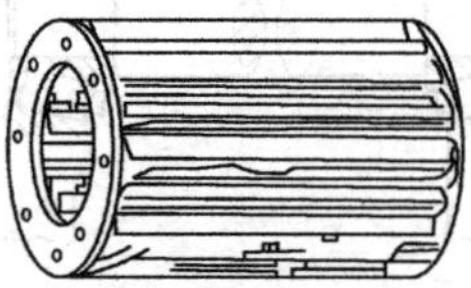 c)
承受负荷：	
适用范围：	
类型：	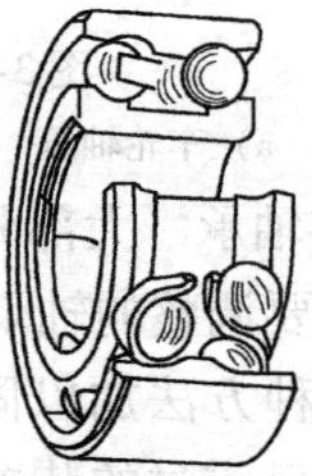 d)
承受负荷：	
适用范围：	
类型：	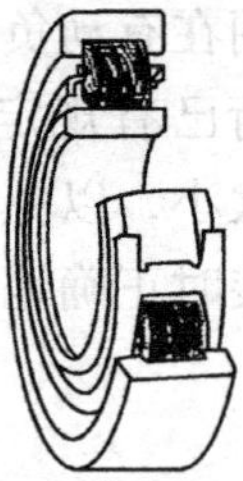 e)
承受负荷：	
适用范围：	
类型：	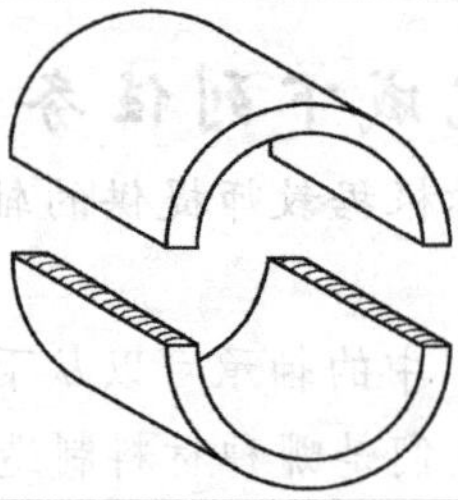 f)
承受负荷：	
适用范围：	

图 3-71 各种轴承类型

2. 检修和调整不可调整的车轮轴承。

任务一：按照教师提供车辆的某个总成，从维修手册中查找该车辆总成某个位置所用轴承型号

车辆型号	
轴承所在位置 承受负荷	
轴承型号	

任务二：准备拆装工具

查找的维修手册，按规定选出拆装工具，并将名称填写在表格中。

序　　号	工具名称

任务三：拆装检查壳体上的轴承。将拆装过程及结论填写在报告中

第一步：前控制臂撑杆的拆卸。注意要按说明来拆卸。

第二步：轴承的拆卸。

注意：

轴承的制造精确度很高，当拆卸和装配轴承时，应小心轴承不能损伤和损坏。防止拆卸轴承时损坏轮毂。

第三步：写出检查报告。

将检查的轴承零件和密封圈的外观和磨损情况进行如实记载。

<table>
<tr><th colspan="2">检修报告</th></tr>
<tr><td>检查结论</td><td>检修建议</td></tr>
<tr><td>轴承：</td><td>轴承：</td></tr>
<tr><td>密封圈：</td><td>密封圈：</td></tr>
<tr><td>轮毂：</td><td>轮毂：</td></tr>
<tr><td colspan="2">学生签名：　　　　　　　　日期：
教师签名：　　　　　　　　日期：</td></tr>
</table>

第四步：当轴承拆卸和安装维护完毕后，把你的作业单让你的教师检查。如合格，表示你完成了学习目标。

3. 检修和调整可调整的车轮轴承。

任务一：教师提供货车后轮毂，从维修手册中查找该车辆后轮所用轴承的型号

车辆型号	
轴承承受负荷	
轴承型号	

任务二：准备拆装工具

查找的维修手册，按规定选出拆装工具，请将工具名称填写列在表中。

序　　号	工具名称

任务三：拆装检查后轮毂轴承步骤。将拆装过程及检修结论填写在报告中

第一步：把汽车停在安全的位置，拆卸后车轮。

第二步：按照列出顺序拆卸零件：

- 轮毂帽。
- 开口销。
- 调整螺母和垫圈。
- 轮毂，包括圆锥轴承（内圈和外圈）和润滑脂衬套。

当你把轴承旋出后，密封圈也会出来。

第三步：用软钢冲头拆轴承的内圈和外圈，见图 3-72 所示。

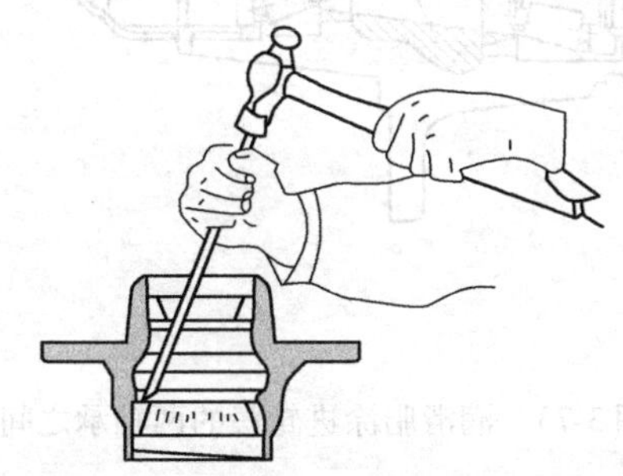

图 3-72　软钢冲头拆轴承的内圈和外圈

清洁轮毂的内部和外部。检查壳体和轴承的外观和损坏情况，记录下来。

<table>
<tr><th colspan="2">检 修 报 告</th></tr>
<tr><td>检查结论</td><td>检修建议</td></tr>
<tr><td>轴承：</td><td>轴承：</td></tr>
<tr><td>密封圈：</td><td>密封圈：</td></tr>
<tr><td>轮毂：</td><td>轮毂：</td></tr>
<tr><td colspan="2">学生签名：　　　　　　　　　　　日期：
教师签名：　　　　　　　　　　　日期：</td></tr>
</table>

第四步：清洁圆锥轴承上的润滑脂，检查它们的外观和损坏情况。

第五步：安装轴承的内、外圈。用软钢冲头。顺序旋转直到轮毂帽固定在座上。

第六步：将润滑脂涂进轮毂的两轴承之间，如图 3-73 所示。

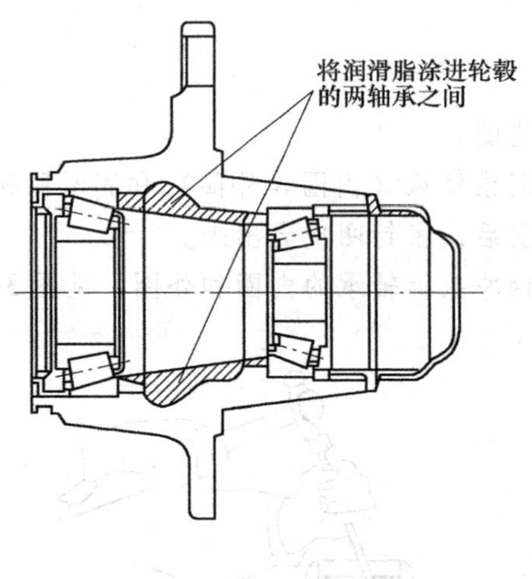

图 3-73　润滑脂涂进轮毂的两轴承之间

第七步：在圆锥轴承上涂抹润滑脂，保证润滑脂涂在滚子与外缘之间，如图 3-74 所示。

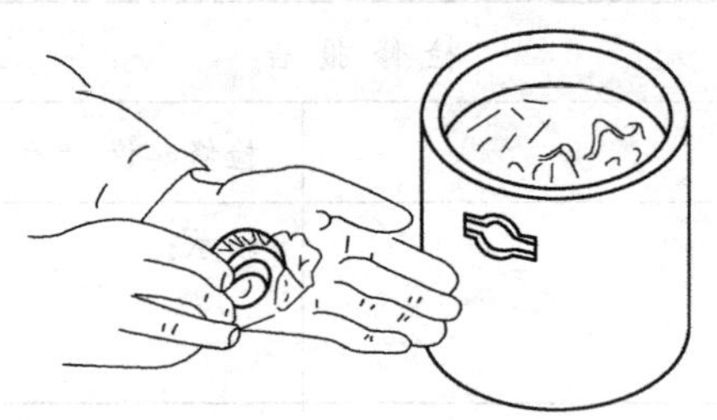

图 3-74　保证润滑脂涂在滚子与外缘之间

第八步：装圆锥轴承和密封圈，装回轮毂。

第九步：调整轴承的预加载荷达到制造标准。

第十步：当轴承拆卸和安装维护完毕后，把你的作业单让你的教师检查。如合格，表示你完成了学习目标。

任务3.2自测表

在教师签字前，你应在教师的帮助下找出所有的错误，进行改正

检查项目	回答
认识轴承的类型、作用及支撑原理	
根据车辆制造厂或零件供应商的要求，正确选择轴承	
识别各种轴承	
按照操作规程，维护和更换轴承	

教师签字________________　日期________________

学生签字________________　日期________________

单元3学生学习目标检查表

你是否在教师的帮助下成功地完成单元学习目标所设计的学习活动	
项　　目	回答
专业能力	
认识密封件类型、作用及密封原理	
认识轴承类型、受力情况、支撑原理	
根据车辆制造厂或零件供应商的要求，正确选择密封件和轴承	
识别密封件和轴承	
按照操作规程，正确维护、更换密封件和轴承	
关键能力	
你是否根据已有的学习步骤、标准完成资料的收集、分析、组织	
你是否通过标准，有效和正确地进行交流	
你是否按计划有组织地活动？是否朝学习目标努力	
你是否尽量利用学习资源完成学习目标	

完成情况

所有上述表格必须是肯定回答。如果不是，应咨询教师是否需要增加学习活动，以达到要求的技能

教师签字____________________

学生签字____________________

完成时间和日期______________

单元4　完成轻型车辆定期维护操作

单元学习目标

通过本单元学习，帮助你形成独立完成轻型车辆定期维护操作的能力。

1）认识车辆维修的基本程序。

2）完成车辆维护的车身内外预检工作。

3）完成车辆底部的维护工作。

4）完成车轮及制动系统的维护工作。

5）完成发动机室的维护检查工作。

6）完成车辆维护后的道路检测工作。

单元学习资源

有关车辆维护的资料，可查询文字或电子文档如下：

1）各种汽车维护手册。

2）各种车辆使用手册。

可提供学习的环境和使用的设备

车间或模拟车间

个人防护用品、工具

汽车维修设备和工具

安全的工作环境和工作场所

各种车辆

基本测试仪器：万用表、湿度分析仪、pH 试纸、歧管仪表、冷媒加注机、比重计、塞尺、散热器盖测试仪、内外径千分尺、百分表、制动液抽吸工具等

各种液体：油料、润滑油、润滑脂、制动液、冷却剂、动力转向液、自动变速器液、制冷剂、喷洗液等

单元学习任务

任务4.1　认识车辆基本维修程序

任务4.2　车身内外维护检查

任务4.3　车辆底部维护检查

任务4.4　车轮及制动系统维护

任务4.5　发动机室维护检查

任务4.6　车辆维护后道路检测

单元学习鉴定表

任务 4.1　认识车辆基本维修程序

任务学习目的

本任务是为了让你获得车辆维护操作程序的基本理念，为独立完成预检工作奠定基础。

1）知道车辆维修人员的组成与职责。

2）知道车辆维修作业的基本程序。

3）知道技术员实施维护作业的有效工作路径。

学习信息

4.1.1　车辆维修人员的组成与职责

车辆维修作业是由一个维护团队完成工作的，这个团队组成人员为车间主任、业务人员、技术员、技师。每个角色的工作职责见表 4-1，他们分工协作，共同完成车辆维护工作。

表 4-1　车辆维修人员组成与职责

工作角色	工作职责
业务人员	判断客户的需求并提供建议
车间主任	分配工作给技师并监督每项工作的进程
技师	进行维修并检查每项工作的质量
技术员	具体进行车辆维护和修理工作

4.1.2　车辆维修作业的基本程序

车辆维修的基本操作程序为：预约—接待—工作分配—维修（或维护）—最终检查—维护交付—维护后续工作。其维护作业流程如图 4-1 所示。

1. 第一步：预约

（1）业务人员

1）倾听客户的维护要求，并记录维护类型、日期、时间、估算，并提前一天重新确认预约。

2）安排预约并通知管理员和配件部门。与管理人员、技师和配件部门一起安排一下工作日的工作日程。

（2）车间主任　与业务人员和配件部门一起安排工作日程。

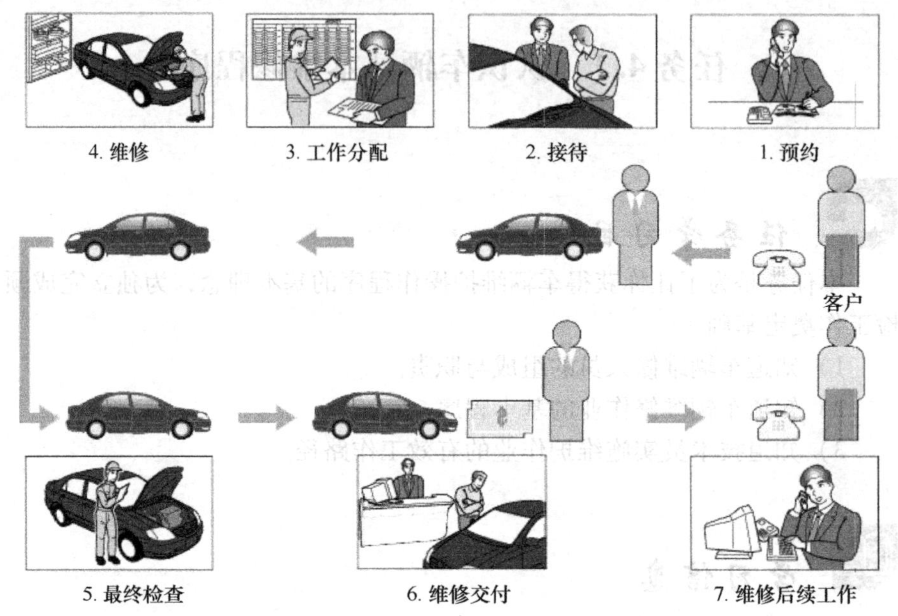

图 4-1　车辆维护作业流程

2. 第二步：接待

(1) 业务人员

1) 顾客到达后要问候客户。向顾客说明维修工作，特别是所需要的时间和费用；取得顾客对工作的批准。

2) 填写维护单，记录下客户的要求；检查维护记录。

3) 进行车辆全身检查。

4) 将维护单转交给管理人员以便调度技术员进行车辆维护。

(2) 车间主任　根据业务人员、顾客的要求进行诊断。

3. 第三步：工作分配

车间主任根据完成工作所要求的时间和技术水平分配任务。

4. 第四步：维修（或维护）

(1) 技术员

1) 接收、检查修理单。

2) 接收用于修理的订购零件。

3) 在允许的时间内进行工作。

4) 向技师、车间主任确认工作完成。

(2) 技师　对技术难度高的工作向技术员提供指导和帮助。

5. 第五步：最终检查

(1) 技师

1) 进行最后质量检查。

2) 向车间主任确认工作完成。

(2) 车间主任

1）向业务人员确认工作完成。

2）决定处理推迟或延迟工作的最有效方法，并及时通知业务人员。

6. 第六步：维修交付

（1）技师

1）准备将更换的零部件给客户查看。

2）准备为所有的费用开出发票。

3）检查车辆是否清洁，进行维修质量检查，检查是否已经取下所有保护罩，如座椅垫、地板垫、转向盘罩、翼子板布、前罩等。

4）电话通知客户，以便确认车辆准备交付。

5）向客户说明工作：

①确认工作已经顺利地完成。

②将更换的零部件展示给客户看。

③说明完成的工作以及益处。

④提供详细的发票说明：零部件、人工和润滑剂的费用。

（2）车间主任　当业务人员、客户提出要求时，应提供技术说明或建议。

7. 第七步：维修后续工作

业务人员应确认客户对所完成的工作完全满意；确认下一次车辆维护服务时间。

4.1.3 实施维护作业的有效工作路径

这里主要帮助学习者形成车辆定期维护中技术员主要完成的工作。

为了有效地进行工作，通过缩短工作路径，减少不合理的工作地点，减少车辆举升次数，限制空闲时间来提高工作效率。为此，车辆维护中按照图4-2所示的车辆举升位置，完成全部维护工作。

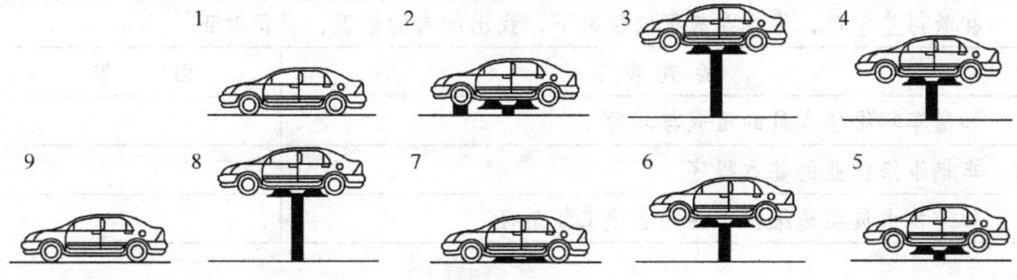

图4-2　车辆维护中举升位置

1）举升位置1：检查车身内部和外部。

2）举升位置2：检查悬架球节。

3）举升位置3：检查车辆的底架部分。

4）举升位置4：检查车轮和制动器。

5）举升位置5：检查制动的阻滞，将制动液从制动器总泵排出。

6）举升位置6：更换制动液和安装车轮。

7）举升位置7：检查发动机室内。

8）举升位置8：对检查过的部位，更换过的零件以及润滑油和油液泄漏进行最后一次检查。

9）举升位置9：清洗车辆。

回答下列问题

1. 请判断下列说法是否正确。

（1）通常技术员从业务人员处接收维修工作单。（　）

（2）维护和维修工作后，技术员必须联系客户进行维修后续工作。（　）

（3）如果一位技术员对一辆车进行维修时，发现还要进行附加工作，那么他应该根据他的判断完成所有的附加工作。（　）

（4）通常汽车维修后，技师做最后的检查。（　）

（5）完全理解维修车间内的基本工作流程后，技术员进行汽车维护和维修工作。（　）

2. 将下面工作描述与相应的角色进行匹配，用线连接起来。

■ 在能力所及的范围内处理一般的客户需求　　业务人员

■ 进行具体的维护和修理工作　　车间主任

■ 进行维护和修理工作，并在结束后进行最后的检查　　技师

■ 分配技术员工作，监督工作，并追踪工作进程　　技术员

任务4.1 自测表

在教师签字前，你应在教师的帮助下，找出所有的错误，进行改正

检查项目	回　答
知道车辆维修人员的组成与职责	
车辆维修作业的基本程序	
知道技术员实施维护作业的有效工作路径	

教师签字＿＿＿＿＿＿＿＿　日期＿＿＿＿＿＿＿＿

学生签字＿＿＿＿＿＿＿＿　日期＿＿＿＿＿＿＿＿

任务4.2　车身内外维护检查

任务学习目的

本任务是为了让你获得车身内外维护检查操作知识，具有独立完成工作的能力。

1）完成车身内部维护检查工作。

2）完成车身外部维护检查工作。

学习信息

4.2.1　检查车身内部技术状况

检查车身内外技术状况时，按照图4-3所示线路和车辆举升位置进行工作。

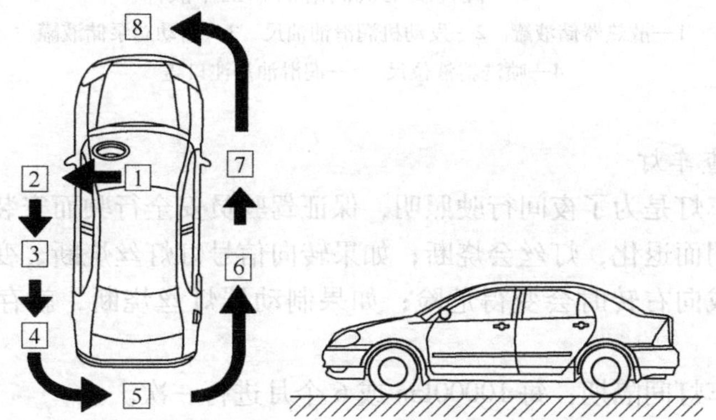

图4-3　车身内外部工作路线与车辆举升位置

1. 检查前准备工作

（1）放置保护罩　按图4-4所示把翼子板布、挡泥板罩、前罩、地毯、座椅罩和转向盘罩放好，防止落入灰尘和划伤车辆表面和座椅等。

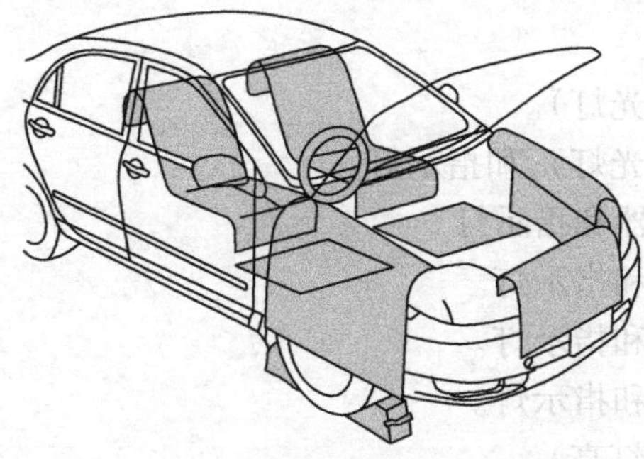

图4-4　车辆检查前的准备工作

（2）放好车轮挡块

（3）检查发动机润滑油和工作液　按照图 4-5 所示的部位检查冷却液、发动机润滑油、制动液、喷洗液是否达到最低润滑油量和液量，是否变质。

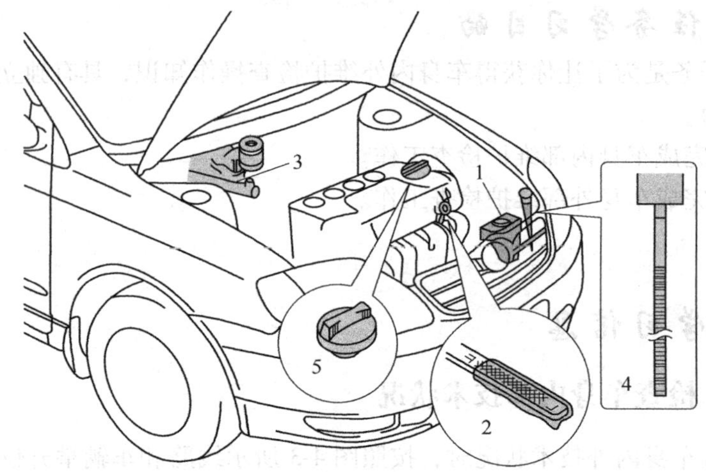

图 4-5　检查发动机润滑油和工作液体

1—散热器储液罐　2—发动机润滑油油尺　3—制动总泵储液罐

4—喷洗器液位尺　5—润滑油加注口盖

2. 检查车灯

各种车灯是为了夜间行驶照明，保证驾驶员安全行驶而安装的。车灯会随着使用而退化，灯丝会烧断；如果转向信号灯灯丝烧断，变换车道或者向左转或向右转时会变得危险；如果制动器灯丝烧断，就存在追尾隐患。

检查车灯间隔期：每 10000km 或 6 个月进行一次。

图 4-6 所示为车灯位置。将点火开关旋至 ON 后，检查车辆的灯是否正常发光和闪烁。用镜子检查车外的灯。

- 示宽灯。
- 牌照灯。
- 尾灯。
- 仪表板灯。
- 前照灯（近光灯）。
- 前照灯（远光灯）和指示灯。
- 前照灯闪光器和指示灯。
- 右转信号灯和指示灯。
- 左转信号灯和指示灯。
- 危险警告灯和指示灯。
- 停车灯（尾灯亮）。
- 倒车灯。

● 顶灯。

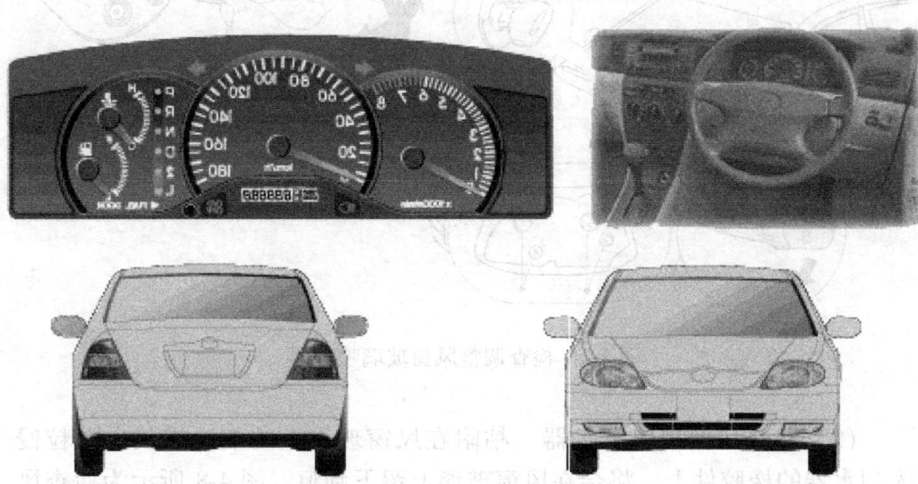

图4-6　车灯和仪表灯

注意：

1）变光器开关自回操作。车辆正放，上（下）转动变光器开关，然后顺时针（逆时针）方向转动转向盘约90°。把转向盘转到初始位置，把变光器开关置于中间位置。

2）组合仪表警告灯操作。将点火开关转到ON，检查是否所有的警告灯亮。包括放电警告灯，故障指示灯（MIL），油压警告灯等。

3）检查发动机起动后所有的警告灯是否熄灭。

3. 检查风窗玻璃喷洗器和刮水器

检查间隔期：每10000km或6个月进行一次。

（1）检查调整风窗玻璃喷洗器　风窗玻璃喷洗器检查调整按照图4-7所示步骤如下：

1）起动发动机。

2）检查风窗玻璃喷洗器喷洒压力是否足够。

3）检查喷洗喷洒区是否集中在刮水器工作范围内，必要时进行调整。

4）调整喷洗器喷射方向。

工具：与风窗玻璃喷洗器喷嘴的孔相匹配的钢丝。

要求：喷洗器喷洒区域落在刮水范围的中间。

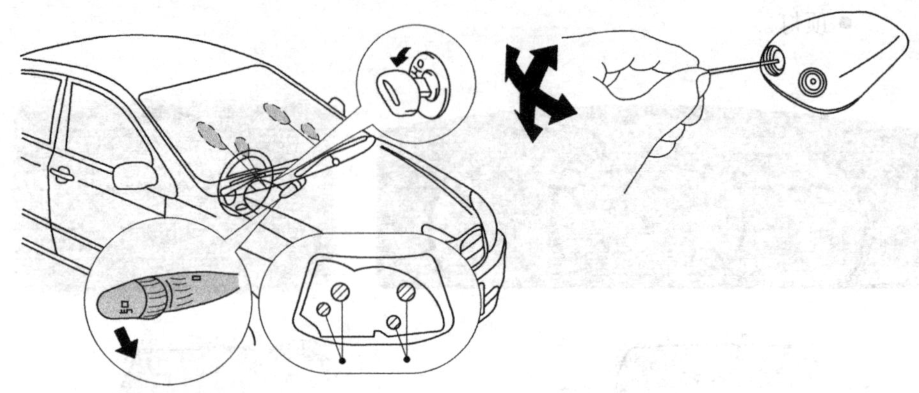

图 4-7　检查调整风窗玻璃喷洗器

（2）检查风窗玻璃刮水器　粘附在风窗玻璃上的细沙或灰尘颗粒侵入刮水器的橡胶件上，将会在风窗玻璃上留下刮痕。图 4-8 所示为检查风窗玻璃刮水器的方法。

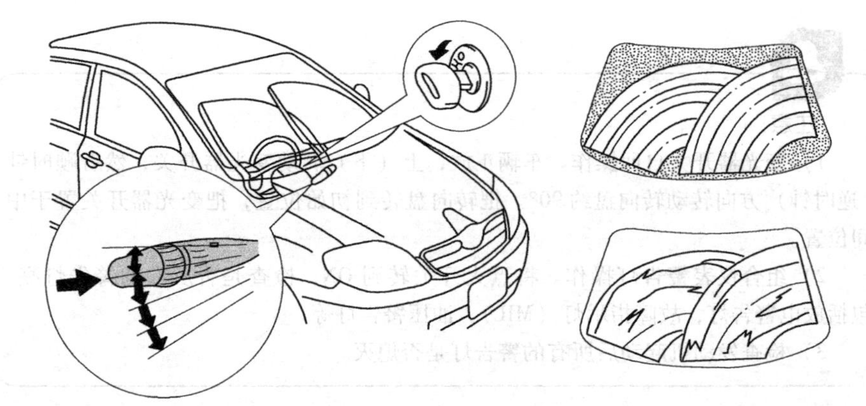

图 4-8　风窗玻璃刮水器检查

1）在使用刮水器前要喷洒喷洗液。

2）打开刮水器开关检查是否每一只刮水器都正常工作：慢（Lo）、快（Hi）、间歇功能、去雾功能。

3）检查当刮水器开关关闭时，刮水器自动停止在其停止位置的情况。

4）检查刮水状况，不能产生图 4-8 中条纹式的刮水痕迹，那是刮水效果不好的问题。

4. 检查喇叭

按照图 4-9 所示方法，检查喇叭是否发声、检查音量和音调是否稳定。

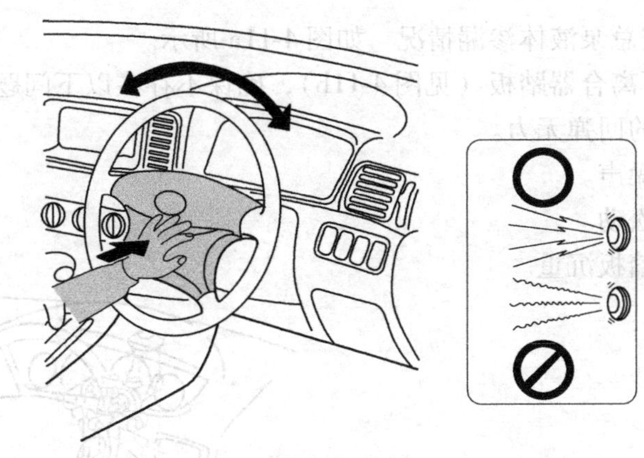

图 4-9　检查喇叭

5. 检查转向盘

当转向盘自由行程不对时，车辆不能直线行驶，转向轨迹偏离正常转向轨迹。

检查间隔期：每 20000km 或 1 年进行一次。

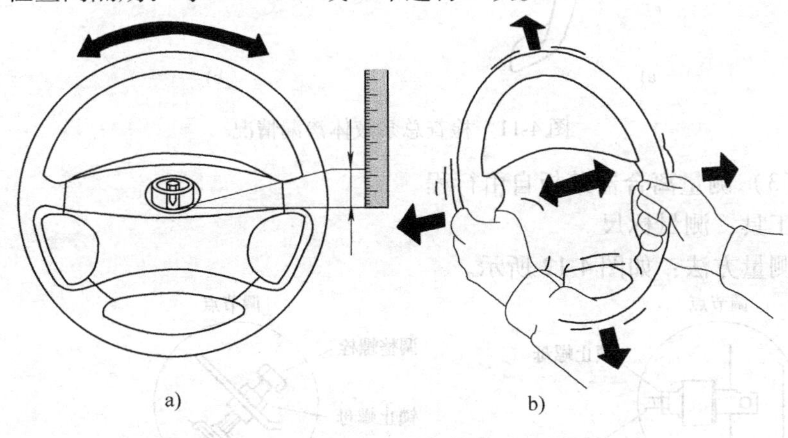

图 4-10　检查转向盘

a）检查转向盘自由行程　b）检查转向盘松动和摆动

（1）检查转向盘自由行程

1）在动力转向系统的车辆上，起动发动机，使车辆笔直向前。

2）轻轻移动转向盘，在车轮就要开始移动时，使用一把直尺测量转向盘的移动量（自由行程），如图 4-10a 所示。

（2）检查转向盘松动和摆动　按照图 4-10b 所示检查。

1）两手握住转向盘。

2）轴向地、垂直地或者向两侧移动转向盘，确保其没有松动或者摆动。

3）通过将点火开关转动到 ACC，保持转向盘不锁定和可自由移动。

6. 检查离合器

离合器踏板行程不正确，会导致离合器分离不彻底。

（1）检查总泵液体渗漏情况　如图 4-11a 所示。

（2）踩下离合器踏板（见图 4-11b），确保不存在以下问题：

1）踏板的回弹无力。

2）异常噪声。

3）过度松动。

4）感觉踏板沉重。

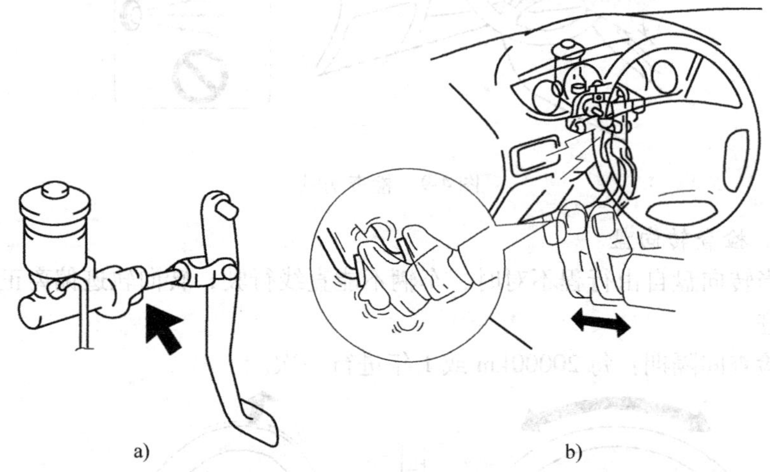

图 4-11　检查总泵液体渗漏情况

（3）测量离合器踏板自由行程

工具：测量标尺。

测量方法：如图 4-12 所示。

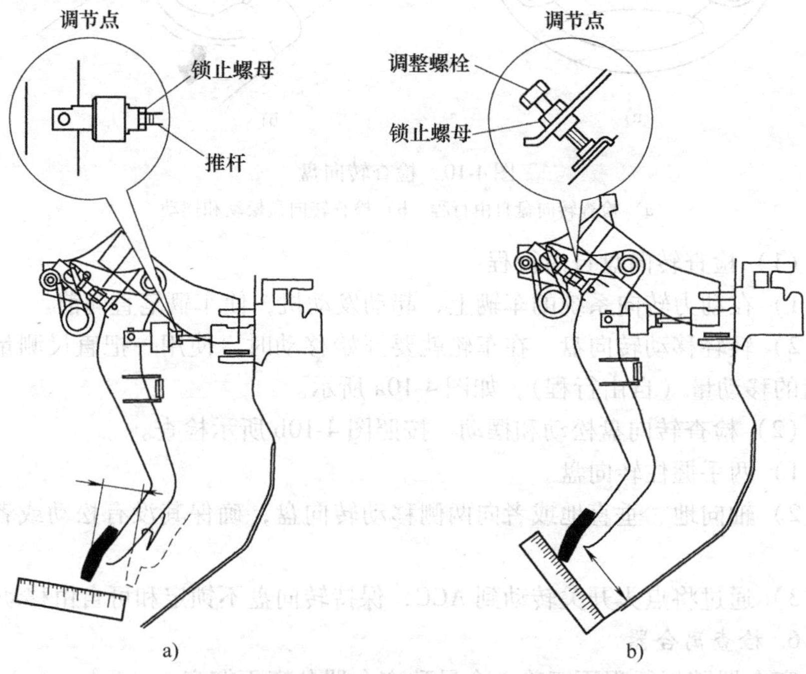

图 4-12　检查离合器踏板自由行程

当用手指按压踏板时，感觉踏板逐渐变重的过程分两步：

第一步：踏板运动直到踏板推杆接触总泵活塞。

第二步：踏板运动直到总泵引起液压上升。

离合器分离轴承推动分离弹簧以前，随着踏板发生一定量的移动，踏板自由行程也就被确定。如果超出标准范围（具体数值参照相应维修手册），调整踏板高度。

（4）离合器踏板调整

1）离合器踏板高度调整（见图4-13中“*A*”）。

①松开限位螺栓锁止螺母。

②转动限位螺栓直到踏板高度正确。

③拧紧限位螺栓锁止螺母。

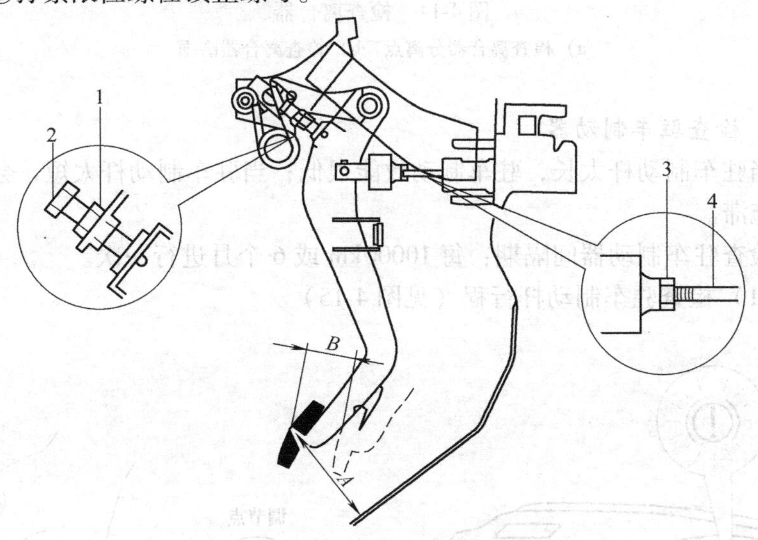

图4-13 调整离合器踏板

A—踏板高度 *B*—踏板自由行程

1—限位螺栓锁止螺母 2—限位螺栓 3—推杆锁止螺母 4—踏板推杆

2）踏板自由行程调整（见图4-13中“*B*”）。

①松开推杆锁止螺母。

②转动踏板推杆直到踏板自由行程正确。

③拧紧推杆锁止螺母。

调整好踏板自由行程之后，检查踏板高度。

（5）检查离合器分离点（见图4-13a） 发动机怠速运转，在没有踩下离合器踏板前，慢慢地换挡到倒车挡。逐渐踩下离合器踏板，测量踏板的自由行程到齿轮噪声停止位置的行程量。

（6）检查离合器磨损、离合器噪声、离合器变重（见图4-14b） 发动机怠速时，踩下离合器踏板，换到1挡或者倒车挡，检查是否有异常噪声和换挡是否平稳。同时，检查在踩下踏板时，其重量是否可以接受。

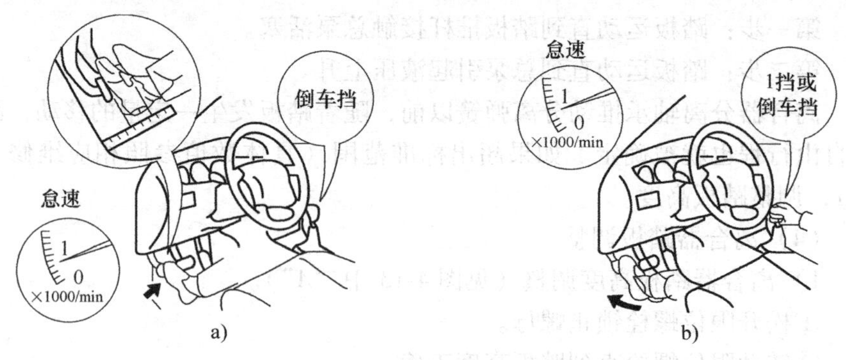

图4-14 检查离合器

a）检查离合器分离点 b）检查离合器磨损

7. 检查驻车制动器

当驻车制动杆太长，驻车制动效能很低；当驻车制动杆太短，会造成制动拖滞。

检查驻车制动器间隔期：每10000km或6个月进行一次。

（1）检查驻车制动杆行程（见图4-15）

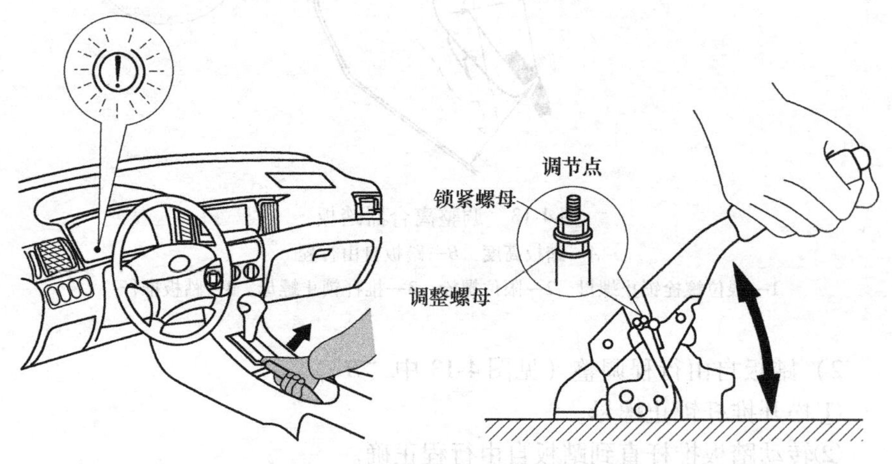

图4-15 检查驻车制动杆行程

1）拉动时可以听到“咔嗒”声一般为3～5响，如果不符合标准，调整驻车制动杆的行程。

2）指示灯的工作情况在点火开关位于ON时，当驻车制动杆拉动到达第一个槽口前，指示灯就已经发光为正常。

（2）调整驻车制动杆行程（见图4-16） 驻车制动蹄片间隙调整正常后，才能调整驻车制动杆（或者踏板）行程。

1）松开锁止螺母。

2）转动调整螺母或者调整六角头螺栓直到驻车制动杆或者踏板行程已经正确。

3）拧紧锁止螺母。

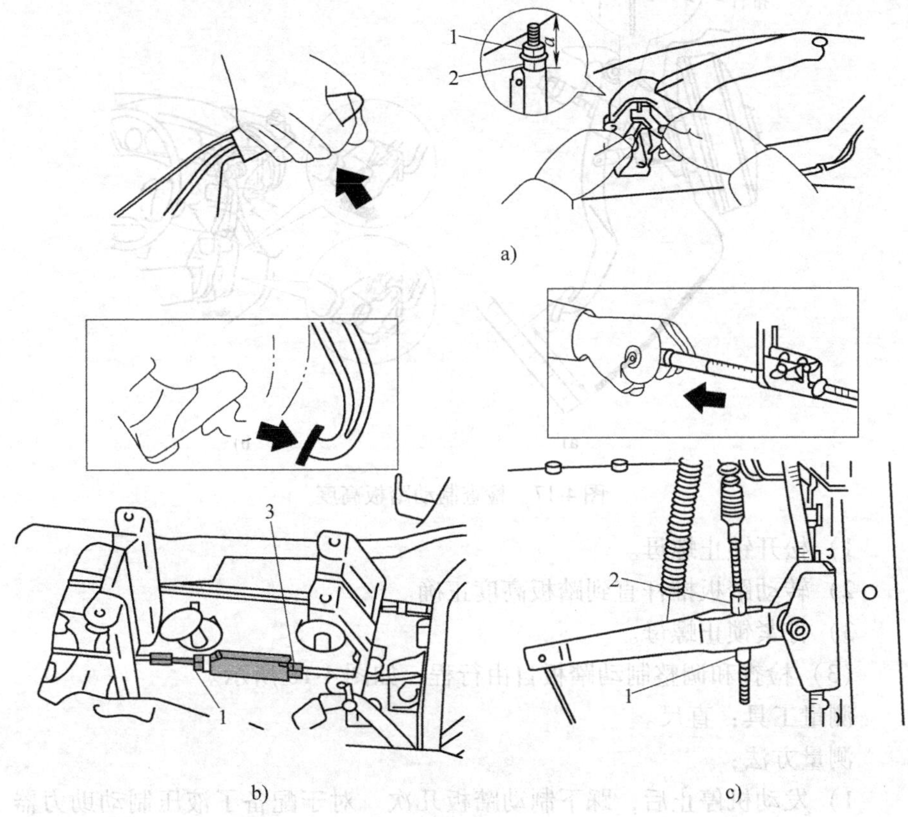

图4-16 调整驻车制动杆行程

a）中央手柄类型驻车制动杆 b）踏板类型驻车制动杆 c）拉杆类型驻车制动杆

1—锁止螺母 2—调整螺母 3—调整六角头螺栓

8. 检查制动器踏板

为了获得合适的制动力，需要正确的制动踏板行程。如果不及时调整制动踏板行程，就会造成“拖滞”或“卡滞”。

检查制动器踏板间隔期：每10000km或6个月进行一次。

（1）检查制动踏板状况 检查制动踏板是否存在反应不灵敏，踏板不完全落下，异常噪声，过度松动等故障。

（2）检查和调整制动踏板高度 如图4-17所示。

测量工具：一把直尺。

测量方法：测量从地面到制动踏板上表面的距离。如果必须要从地毯表面开始测量，则从标准值中扣除地毯的厚度，或者地毯和沥青纸毡的厚度。

测量结果：如果超出规定范围，调整踏板高度。

调整制动踏板高度的方法如图4-17b所示。

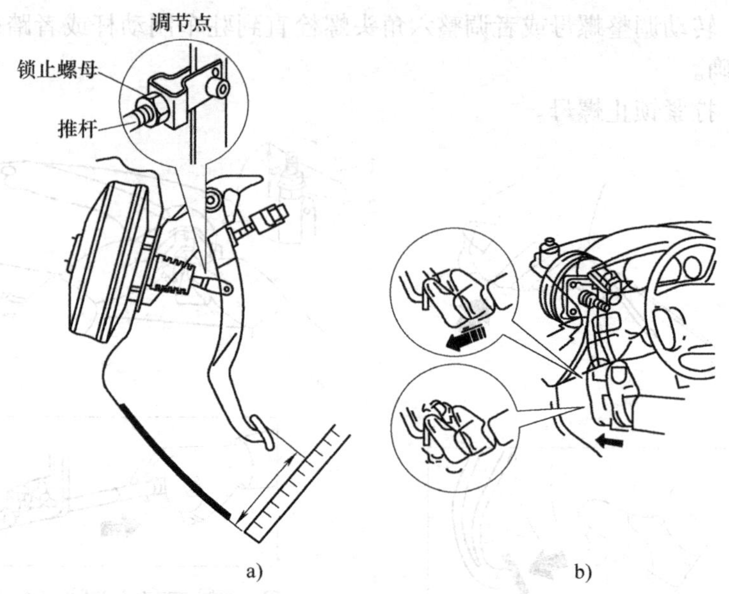

图 4-17　检查制动踏板高度

1）松开锁止螺母。

2）转动踏板推杆直到踏板高度正确。

3）拧紧锁止螺母。

（3）检查和调整制动踏板自由行程　如图 4-18 所示。

测量工具：直尺。

测量方法：

1）发动机停止后，踩下制动踏板几次。对于配备了液压制动助力器的车辆，至少要踩下制动踏板 40 次，以便解除制动助力器。

2）使用手指轻轻按压制动踏板并且使用一把直尺测量制动踏板自由行程。制动踏板自由行程为松动 U 形夹销和转轴销，推杆刚好在液压升高之前运动的总行程。在调整制动踏板的高度时，制动踏板的自由行程会自动调整。

（4）检查踏板行程余量　如图 4-19 所示。

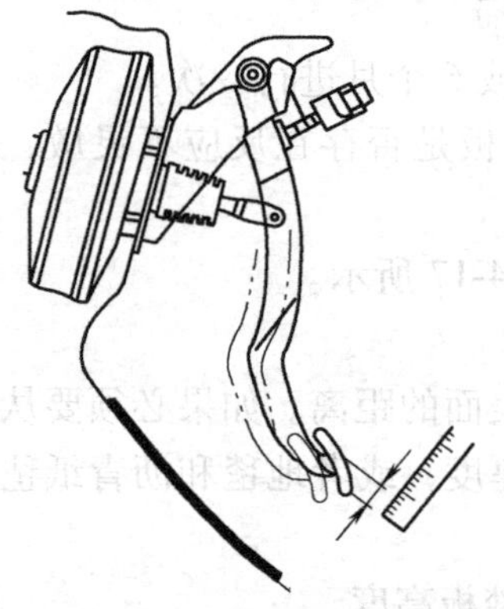

图 4-18　检查制动踏板自由行程

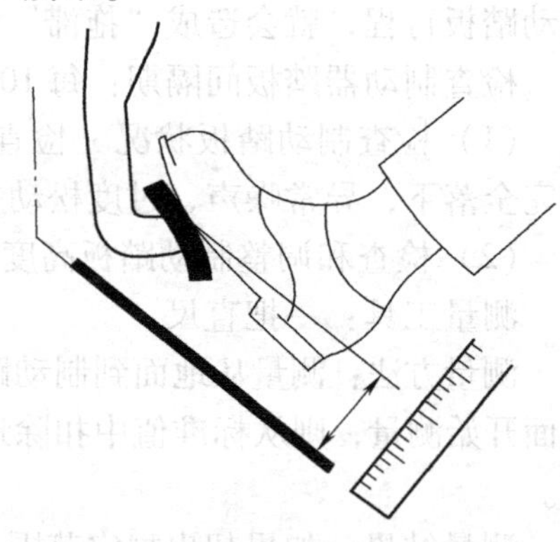

图 4-19　检查制动踏板行程余量

1）发动机运转和驻车制动器松开时，使用 490N 的力踩下制动踏板。

2）用一把标尺测量踏板行程余量，以便检查其是否处于规定的范围内。

（5）制动助力器

1）工作检查：踩下制动踏板并检查制动助力器是否正常工作，如图 4-20 所示。

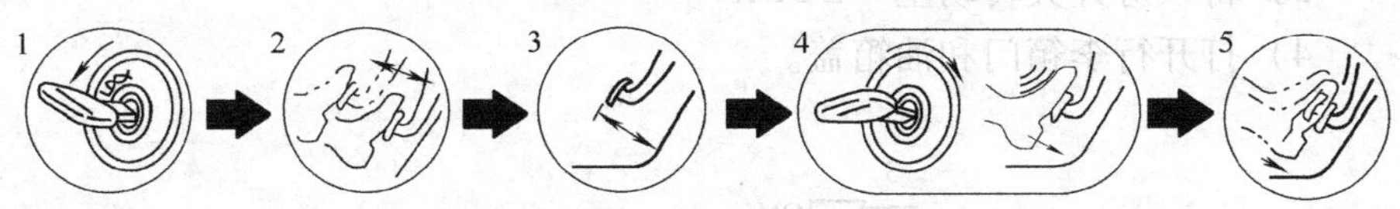

图 4-20　检查制动助力器正常工作情况

①发动机停机。

②踩压制动踏板数次。在装有液压制动助力器的汽车上，应当踩压制动踏板 40 次以上。

③检查踏板高度是否有变化。

④踏板踩下后，起动发动机。

⑤检查踏板是否继续下沉。

2）检查制动助力器气密性（见图 4-21）。

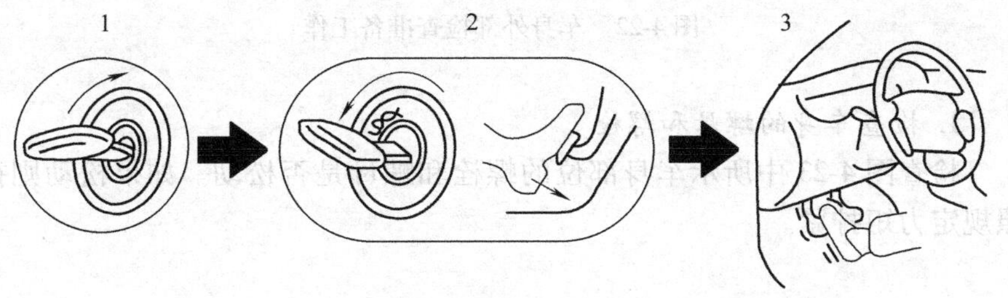

图 4-21　检查制动助力器气密性

①起动发动机。

②让发动机运转 1～2min，然后停止发动机转动。

③踩压踏板数次后，检查踏板返回距离是否越来越大，从而判断是否维持了制动助力器中的真空，恒压室和变压室是否密封，空气阀是否允许空气流入。

3）检查制动助力器真空度。

①起动发动机。

②制动踏板踩下并保持 30s 后停止发动机。

③检查制动助力器室中的真空压力是否有泄漏。

对于配备了液压制动助力器的车辆，只检查其工作情况。

4.2.2 检查车身外部技术状况

为了使车身外部检查工作顺利进行，需要进行以下准备工作（见图4-22）。

1）解除驻车制动杆。

2）将变速杆置于空挡。

3）将顶灯开关转动至“DOOR”。

4）打开行李箱门和油箱盖。

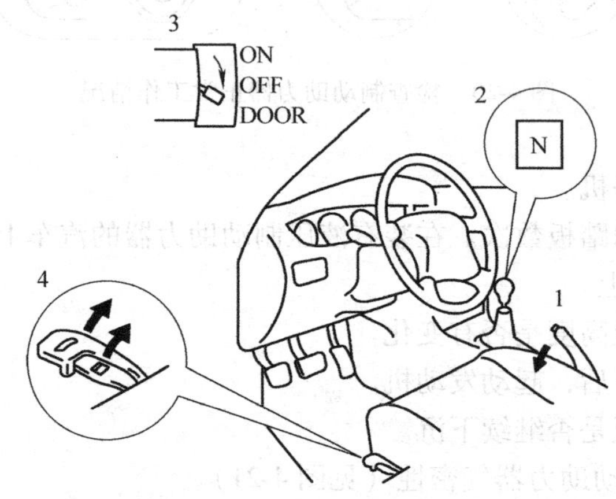

图4-22 车身外部检查准备工作

1. 检查车身的螺母和螺栓

检查图4-23中所示车身部位的螺栓和螺母是否松动。如果松动则按照规定力矩拧紧。

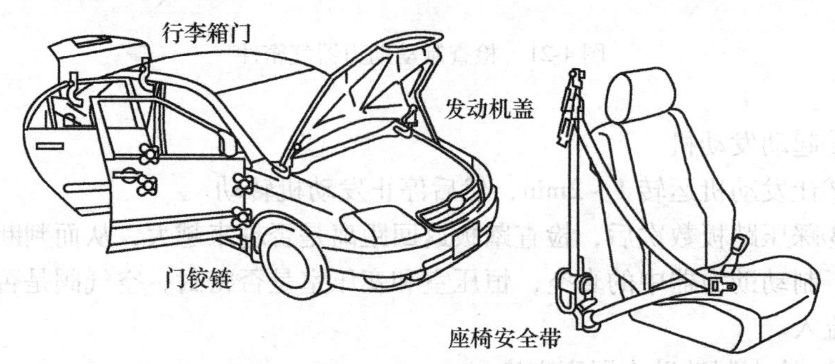

图4-23 检查车身的螺母和螺栓

2. 检查油箱盖

1）检查是否变形或者损坏。

2）检查真空阀是否锈蚀或者粘住（见图4-24）。

3）检查油箱盖是否被正确上紧。

4）安装油箱盖。确保油箱盖在上紧时发出“咔嗒”声而且能够自由转动。

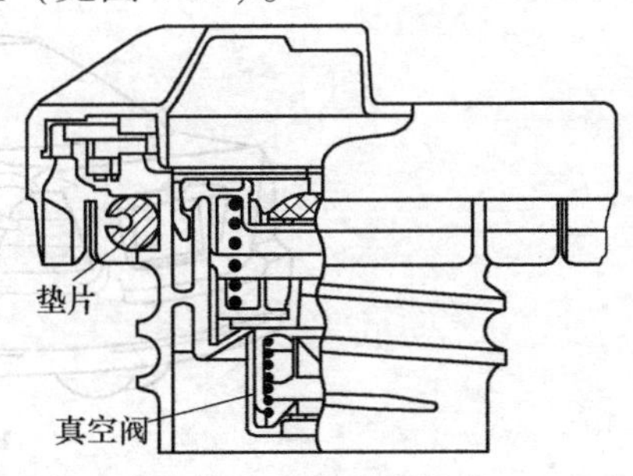

图4-24　检查油箱盖

3. 检查悬架

（1）检查减振器减振力　通过上下摇动车身以确定减振器的缓冲力大小，并且检查车身停止摇动需要花多长时间，如图4-25a所示。

（2）检查车辆倾斜　目测检查车辆是否倾斜，如图4-25b所示。

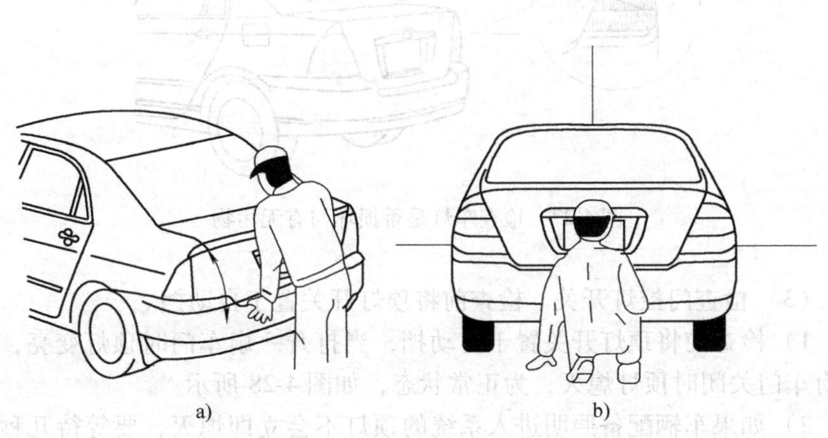

图4-25　检查悬架

注意：检测车辆是否倾斜，则需要验证下述各项：

1）车辆停放在平整的地面上。

2）轮胎气压。

3）消除左、右轮胎或者车轮尺寸的偏差。

4）车辆负荷均匀分配。

4. 检查车灯

（1）检查车灯安装情况　用手检查车灯是否松动，如图4-26所示。

（2）检查车灯损坏与污物情况　用肉眼检查以下项目（见图4-27）：

1）检查各灯灯罩和反光镜没有褪色或者因为碰撞而损坏。

2）检查灯内是否有污物或者有水进入。

图 4-26 检查车灯是否松动

图 4-27 检查车灯是否损坏与有无污物

（3）检查门控灯开关 检查前将顶灯开关置于自动挡。

1）检查前将顶灯开关置于自动挡，当打开一扇车门时顶灯变亮，而所有车门关闭时顶灯熄灭，为正常状态，如图 4-28 所示。

2）如果车辆配备照明进入系统的顶灯不会立即熄灭，要等待几秒钟顶灯熄灭，为正常状态。

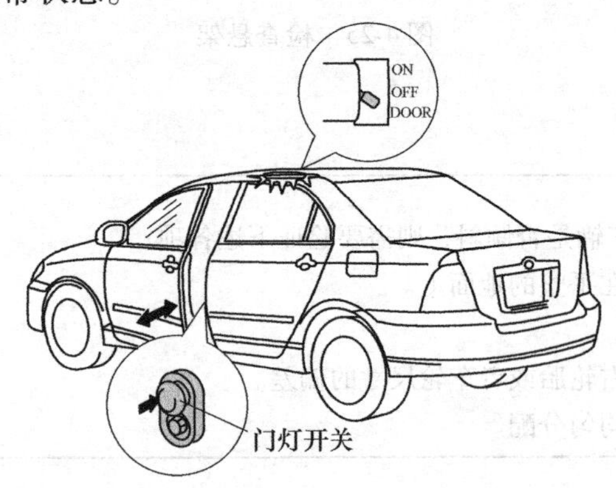

图 4-28 检查门控灯开关

5. 检查/更换轮胎

如果未及时更换磨损和有裂纹的轮胎，不正确调节轮胎压力，可能造成车辆行驶事故发生。

（1）检查轮胎裂纹与损坏情况 如图 4-29a 所示。

（2）检查轮胎是否嵌入金属颗粒、石子或者其他异物　如图4-29b所示。

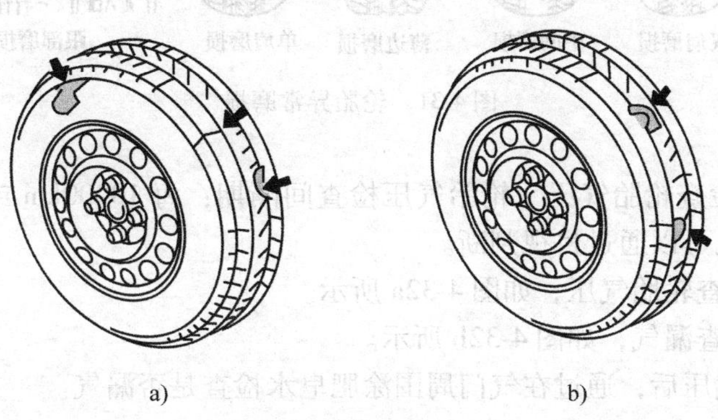

图4-29　检查轮胎损坏情况

（3）检查轮胎磨损情况　轮胎磨损检查间隔期：每10000km或6个月检查一次。

1）检查轮胎胎面花纹深度。轮胎正常磨损下表现为胎面沟槽深度减小，当深度减少到规定极限值时，轮胎必须更换。其检查方法有两种。

方法一：使用轮胎花纹深度规检查，如图4-30a所示。

方法二：观察胎面磨损指示标记，如图4-30b所示。

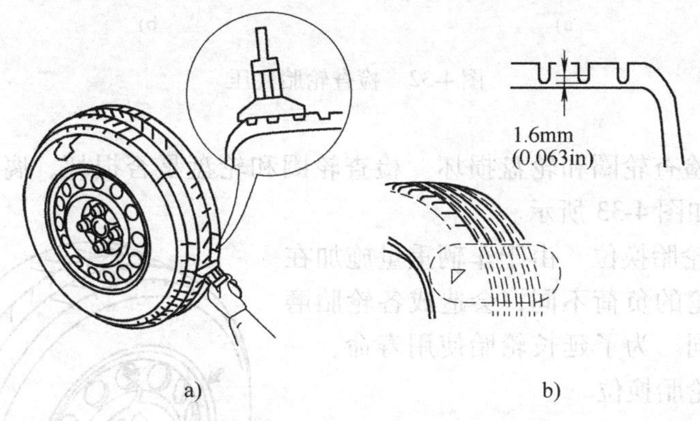

图4-30　检查轮胎正常磨损

更换轮胎标准：

● 当轮胎的胎面花纹深度磨损到小于3mm时，更换轮胎。

● 如果轮胎胎面花纹深度达到1.6mm，轮胎表面磨损标志就会出现，也表明需要更换。

2）轮胎异常磨损。检查车胎的整个外围是否有均匀磨损或者阶段磨损，主要表现为：双肩磨损、中间磨损、薄边磨损、单肩磨损、根部磨损，如图4-31所示。

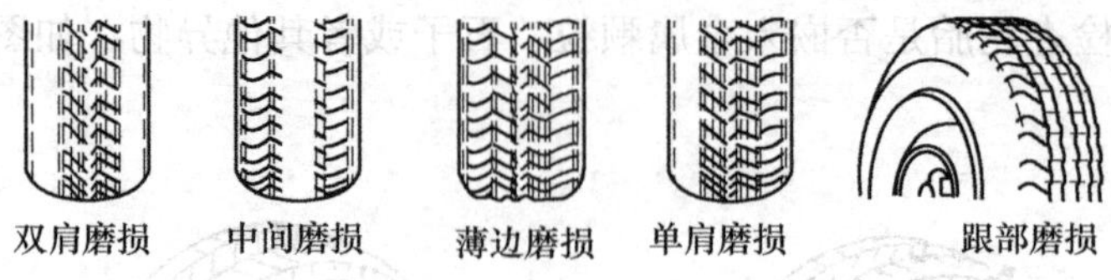

图 4-31 轮胎异常磨损

（4）检查轮胎气压 轮胎气压检查间隔期：每 10000km 或 6 个月检查一次；也可以通过目视判断。

1）检查轮胎气压，如图 4-32a 所示。

2）检查漏气，如图 4-32b 所示。

检查气压后，通过在气门周围涂肥皂水检查是否漏气。

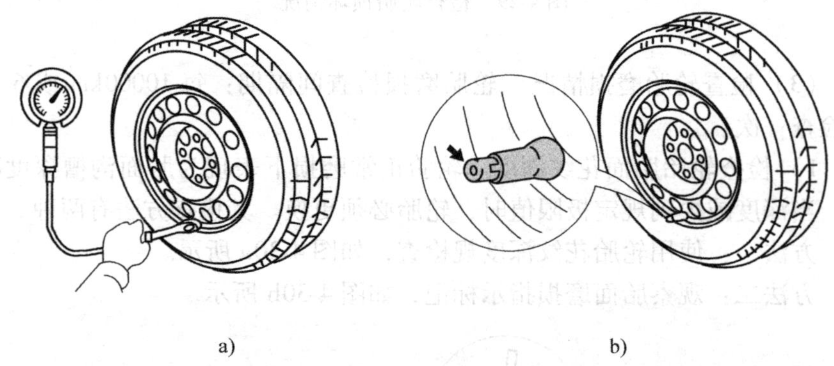

图 4-32 检查轮胎气压

（5）检查轮圈和轮盘损坏 检查轮圈和轮盘是否损坏、腐蚀、变形和跳动，如图 4-33 所示。

（6）轮胎换位 由于车辆重量施加在前轮和后轮的负荷不同，会造成各轮胎磨损程度不同。为了延长轮胎使用寿命，一般要进行轮胎换位。

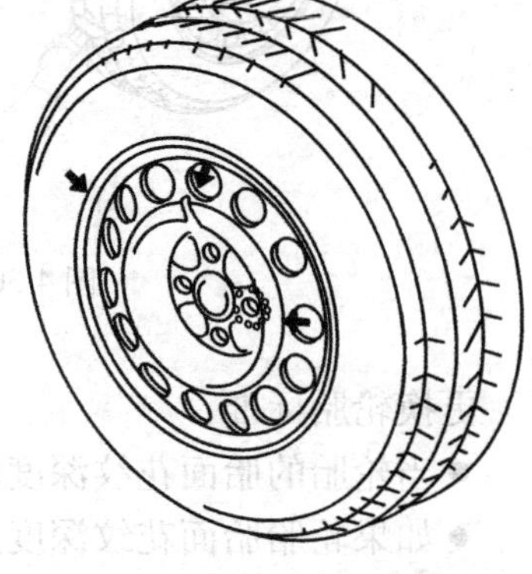

图 4-33 检查轮圈和轮盘损坏

1）轮胎换位原则：

①当轮胎出现方向性问题时，将前轮与后轮进行对调。

②当前胎和后胎的尺寸不同时，将左右轮胎进行对调。

2）轮胎换位方法：轮胎换位方式有交叉换位法、循环换位法，如图 4-34 所示。

3）轮胎换位间隔期：每 10000km 执行上面的换位操作。

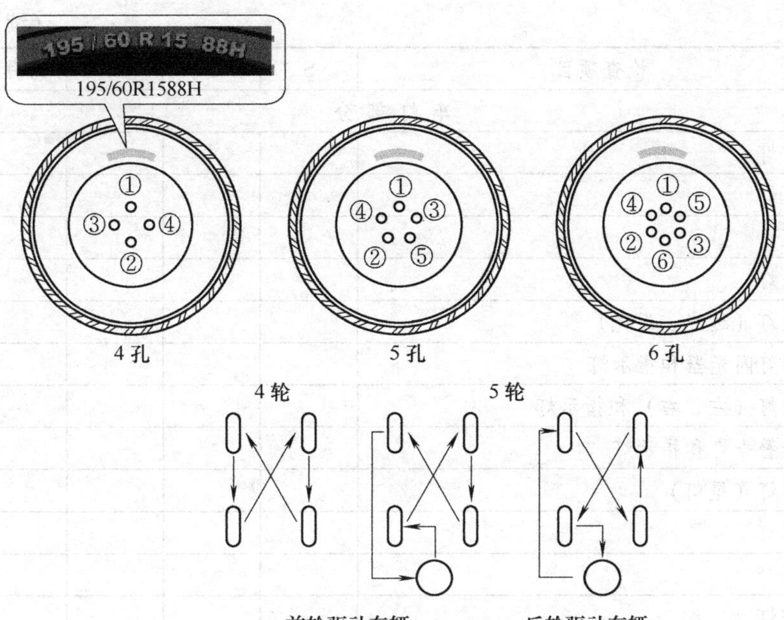

图4-34　轮胎换位方法

完成下列任务

请你根据提供车辆，完成车身内外维护检查，并检查结果填写在表4-2表中。

表4-2　检查车身内外维护检查项目

车辆类型				登记号	
里程表读数				任务号	
学　生				日　期	
教　师				日　期	
S—可用部件　D—待修部件　R—需要更换部件 当你判断某部分是R或D时，需要说明原因					
检查项目	S	D	R	说明原因	
发动机室检查部分					
发动机润滑油					
冷却液					
制动液					
喷洗液					
蓄电池支架					
散热器水管、软管					
散热器支架					
空气滤清器支架					

（续）

检查项目	S	D	R	说明原因
车灯部分				
示宽灯				
牌照灯				
尾灯				
仪表灯				
前照灯（远光、近光）				
前照灯闪光器和指示灯				
转向灯（左、右）和指示灯				
危险警告灯和指示灯				
制动灯（尾灯）				
倒车灯				
顶灯				
门控灯				
电器部分				
风窗玻璃喷洗器				
风窗玻璃刮水器				
喇叭				
仪表和收音机				
取暖器				
制动器部分				
驻车制动器				
制动踏板工作情况				
制动踏板高度				
制动踏板自由行程				
制动踏板余量				
制动助力器工作情况				
制动助力器气密性				
制动助力器真空度				
离合器部分				
总泵渗漏				
离合器踏板高度				
离合器踏板自由行程				
离合器分离点				
离合器磨损				
转向盘部分				
转向盘自由行程				
转向盘松动和摆动				

（续）

检查项目	S	D	R	说明原因
车身螺母和螺栓				
座椅安全带				
座椅				
门（把手、密封条、铰链）				
后视镜				
发动机盖				
行李箱门（密封条、铰链）				
轮　胎				
轮胎损坏				
轮胎磨损（均匀磨损）				
胎面沟槽深度				
轮胎气压				
轮圈和轮盘				
悬　架				
减振器减振力				
车辆倾斜				
油　箱　盖				
变形或损坏				
转矩限制器				

任务4.2 自测表

在教师签字前，你应在教师的帮助下，找出所有的错误，进行改正

检查项目	回　答
完成车身内部检查工作	
完成车身外部检查工作	

教师签字________________　日期________________

学生签字________________　日期________________

任务4.3　车辆底部维护检查

任务学习目的

本任务是为了让你学会车辆底部维护操作程序，具有独立完成工作的能力。

1）检查球节。

2）检查油液泄漏及液位。

3）检查转向连接与驱动机构。

4）检查各种管路。

5）检查底部螺母和螺栓。

6）检查悬架。

7）更换发动机滤清器。

8）加注润滑脂。

学习信息

4.3.1　检查球节

首先需要将举升机升到顶起位置2（见图4-35）进行检查球节工作。

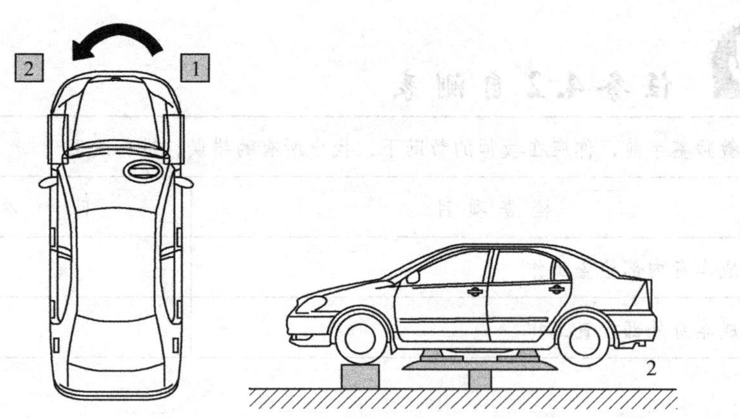

图4-35　检查球节工作路线与举升位置

球节的作用是承受垂直方向和水平方向的车辆负荷。当球节座磨损时，间隙增大，不能支撑负荷，从而改变车轮的定位状况。

检查球节间隔期：每隔20000km或1年进行一次检查。

1. 检查球节上下滑动间隙

踩下制动踏板后，在球节上施加载荷以便检查其上下滑动间隙。

1）使用制动器压力器保持制动踏板被压下制动，如图4-36a所示。

2）前轮垂直向前，举起车辆并且在一个前轮下放一个高度为180～200cm的木块。

3）放低举升器直到前螺旋弹簧承载一半的负荷。

4）再次确认前轮笔直向前。

5）在下臂的末端使用工具检查球节过余的上下滑动间隙，如图4-36b所示。

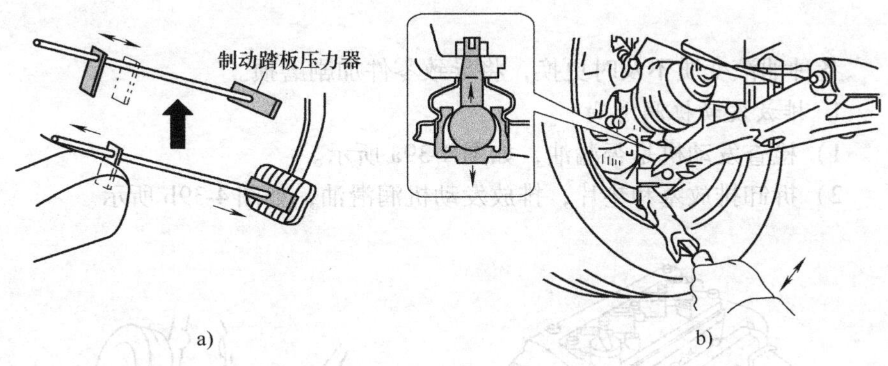

图4-36　检查球节上下滑动间隙

2. 检查球节防尘罩

检查球节防尘罩是否有裂纹、撕裂或者其他损坏，如图4-37所示。

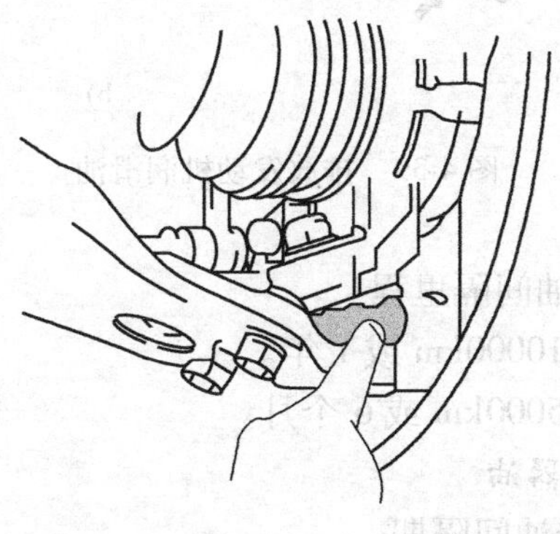

图4-37　检查球节防尘罩

4.3.2　检查油液泄漏及液位

下面介绍的底架检查作业项目需要用举升机举升到顶起位置3（见图4-38）进行工作。

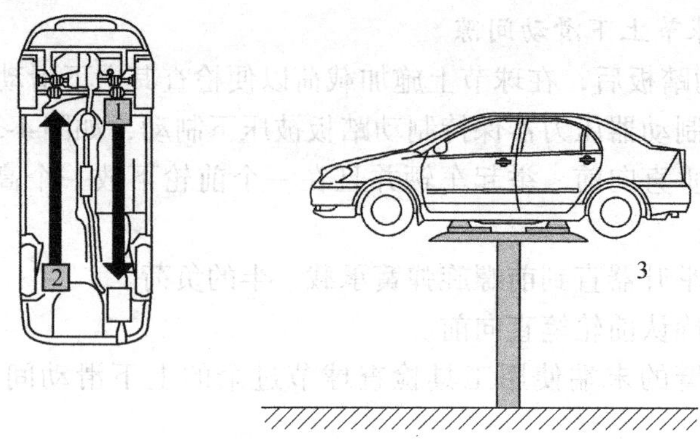

图 4-38　车辆底架检查工作路线与举升位置

各种油液变质不及时更换，将导致零件加剧磨损。

1. 排放发动机润滑油

1）检查发动机是否漏油，如图 4-39a 所示。

2）拆卸排放塞和垫片，排放发动机润滑油，如图 4-39b 所示。

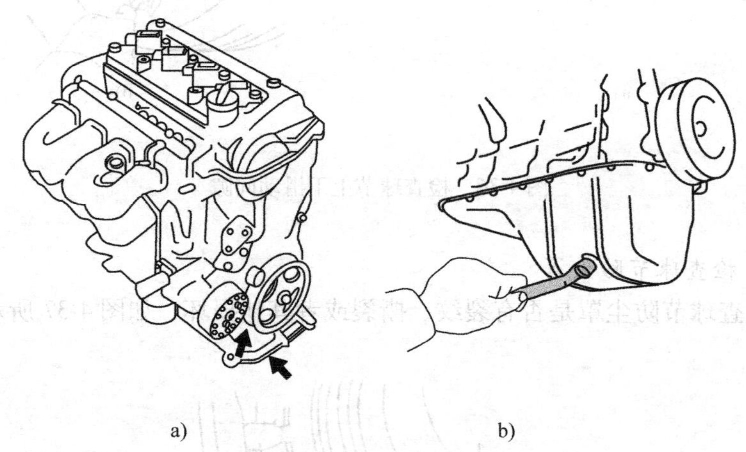

图 4-39　排放发动机润滑油

更换发动机润滑油间隔里程：

- 汽油发动机为 10000km 或 1 年。
- 柴油发动机为 5000km 或 6 个月。

2. 检查手动变速器油

检查/更换变速器油间隔期：

- 变速器油对于大多数国家每 40000km 或 4 年检查一次。
- 差速器油对于大多数国家每 20000km 或 1 年检查一次。

（1）查看变速器油是否渗漏　如图 4-40 所示。

（2）检查油位　从变速器上拆卸润滑油加注塞。将油尺插入油塞孔，并且检查油与手指接触的位置，如图 4-41 所示。

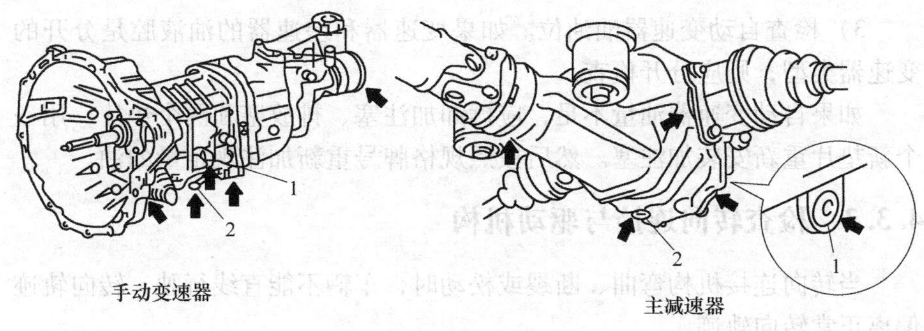

图 4-40 检查变速器油渗漏部位

1—机油加注口 2—排放塞

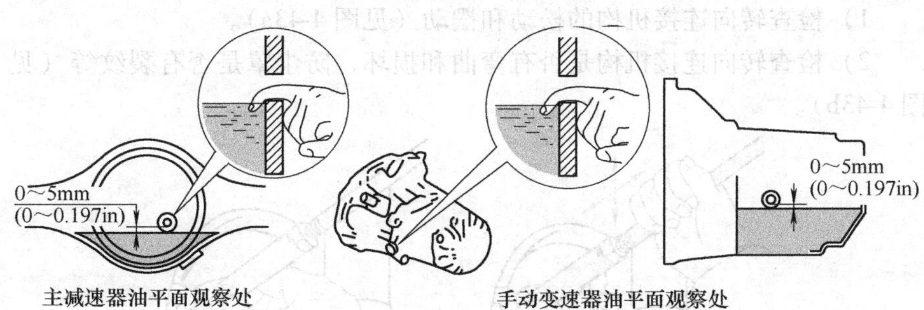

图 4-41 检查润滑油液位

如果变速器油量不足，应拆卸加注塞、排放塞和两个垫片，用一个新垫片重新安装加注塞。然后按照规格牌号重新加注规定量的油。

3. 检查自动变速器油

自动变速器油更换间隔期：对于大多数国家每 40000km 或 2 年检查一次。

1）检查自动变速器油是否渗漏。检查部位如图 4-42 所示。

2）检查油冷却软管是否有裂纹、隆起或者损坏。

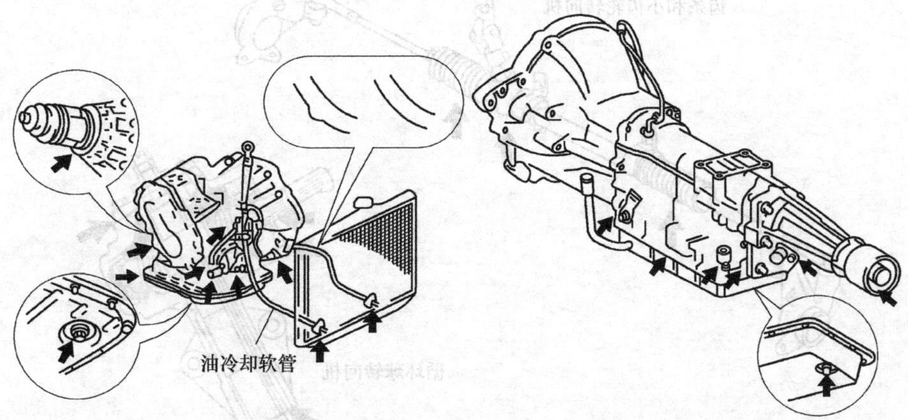

图 4-42 检查自动变速器油泄漏情况

3）检查自动变速器油油位。如果变速器和差速器的油液腔是分开的变速器类型，则应分开检查。

如果自动变速器油量不足，应拆卸加注塞、排放塞和两个垫片，用一个新垫片重新安装加注塞。然后按照规格牌号重新加注规定量的油。

4.3.3 检查转向连接与驱动机构

当转向连接机构弯曲、断裂或松动时，车辆不能直线行驶，转向轨迹偏离正常转向轨迹。

检查间隔期：每20000km或1年进行一次。

1. 检查转向连接机构

1）检查转向连接机构的松动和摆动（见图4-43a）。

2）检查转向连接机构是否有弯曲和损坏，防尘罩是否有裂纹等（见图4-43b）。

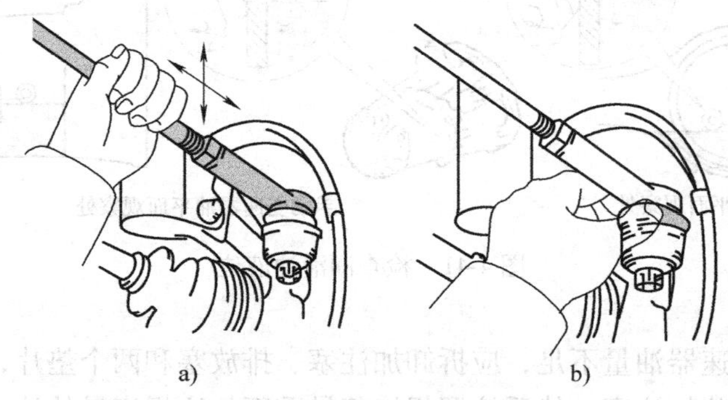

图4-43 检查转向连接机构

2. 检查转向机液渗漏

1）检查机械转向机液渗漏。检查转向机润滑油和润滑脂渗漏（或者浸润）情况，如图4-44所示。

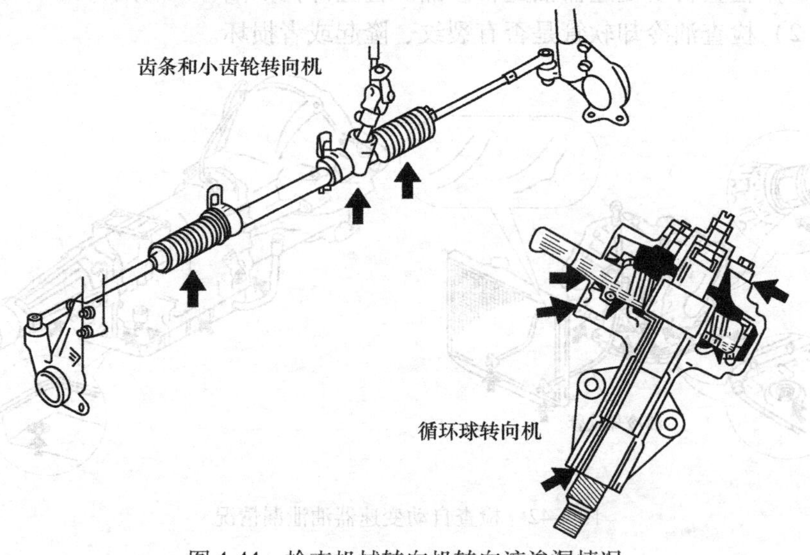

图4-44 检查机械转向机转向液渗漏情况

如果是齿条和小齿轮类型，转动轮胎以便转向盘向左和向右转。检查齿条护套是否有裂纹或者破损。

2）检查动力转向液渗漏（齿轮箱、PS 叶轮泵、液体管路和连接点）。图 4-45 所示为齿轮齿条式转向机转向液渗漏情况；图 4-46 所示为循环球式转向机转向液渗漏情况。

3）检查 PS 软管是否有裂纹和其他损坏。

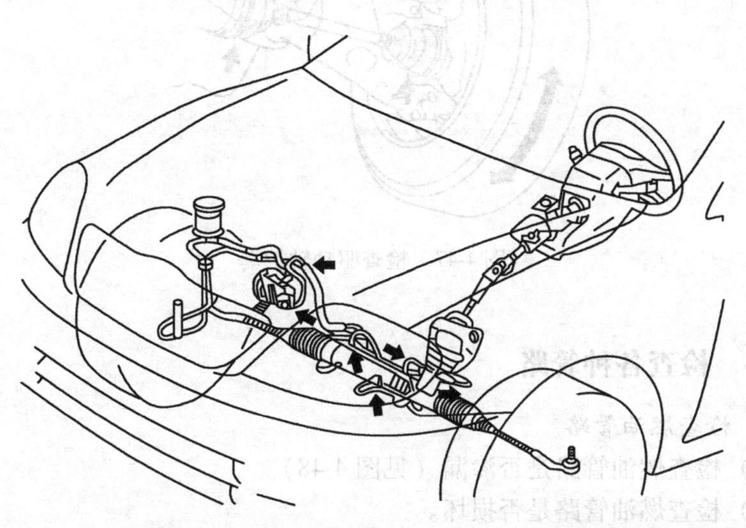

图 4-45　检查齿轮齿条式动力转向机转向液渗漏情况

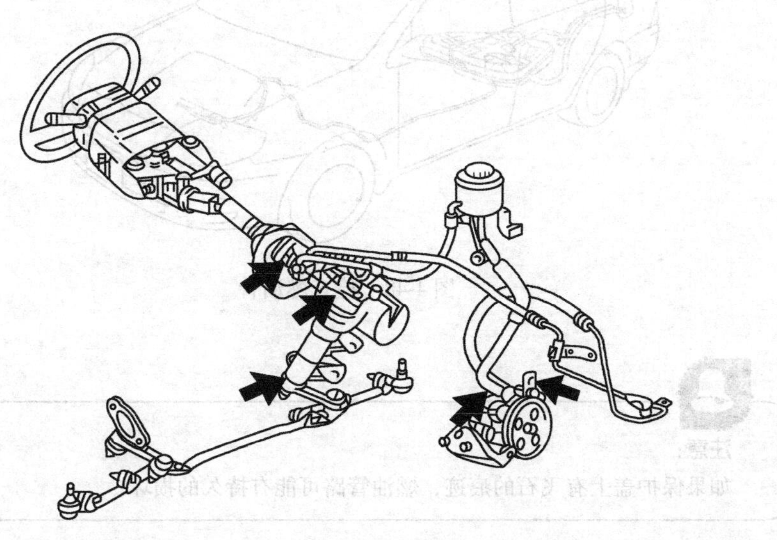

图 4-46　检查循环球式动力转向机转向液渗漏情况

3. 检查驱动轴护套

1）检查护套裂纹和护套卡箍，如图4-47所示。

2）检查护套是否有任何油脂渗漏。

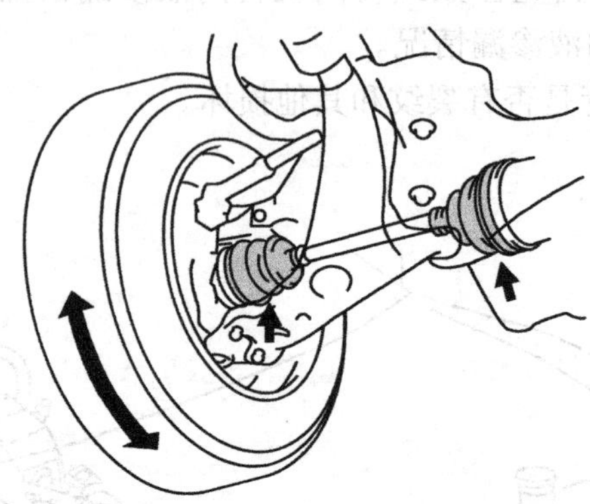

图4-47　检查驱动轴护套

4.3.4　检查各种管路

1. 检查燃油管路

1）检查燃油管路是否渗漏（见图4-48）。

2）检查燃油管路是否损坏。

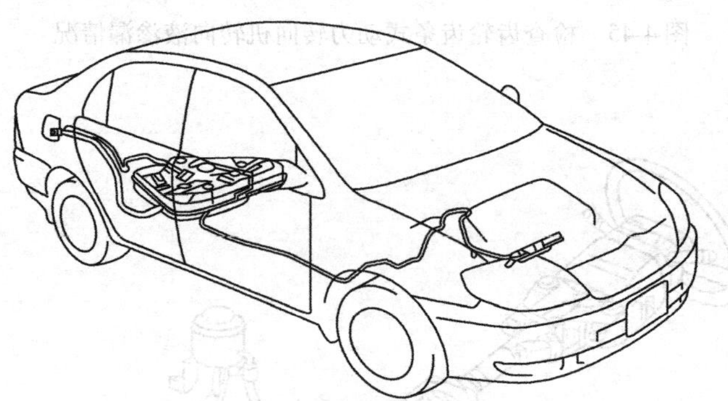

图4-48　检查燃油管

注意：

如果保护盖上有飞石的痕迹，燃油管路可能有持久的损坏

2. 检查制动管路

1）检查制动管路连接部分是否有液体渗漏，如图4-49所示。

2）检查制动管路是否有凹痕或扭曲、磨损、开裂、隆起等。

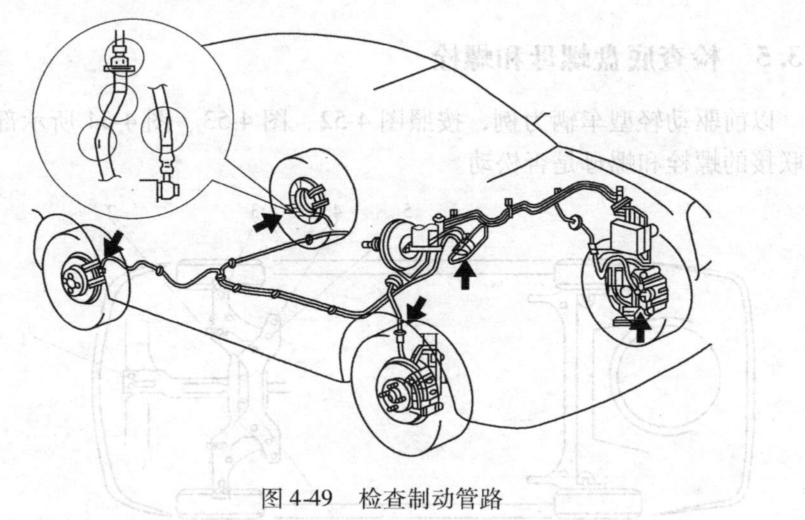

图4-49　检查制动管路

3）检查制动管道和软管安装。按照图4-50所示用手转动轮胎直到转向盘被完全转向一侧，不会因为振动而与车轮或者车身接触。

检查更换间隔期：每20000km或1年检查一次。

3. 检查排气管道和安装件

1）检查排气管、消声器是否损坏（见图4-51）。

2）检查排气管支架上的减振圈是否损坏或者脱离。

3）检查垫片是否损坏。

4）检查排气管渗漏。通过观察接头周围是否存在任何炭黑，检查排气管连接部分是否泄漏废气。

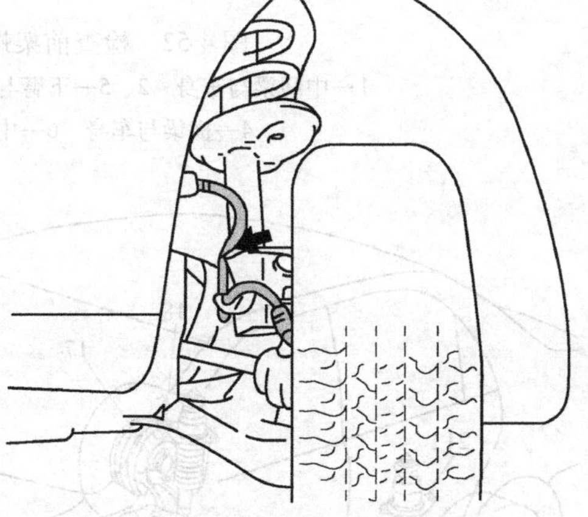

图4-50　检查制动管路安装

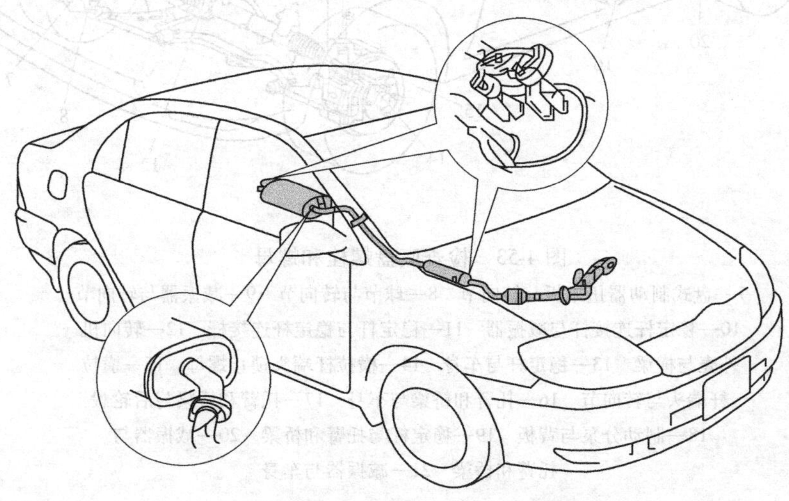

图4-51　检查排气管道和安装件

4.3.5 检查底盘螺母和螺栓

以前驱动轻型车辆为例，按照图4-52、图4-53、图4-54所示部位检查联接的螺栓和螺母是否松动。

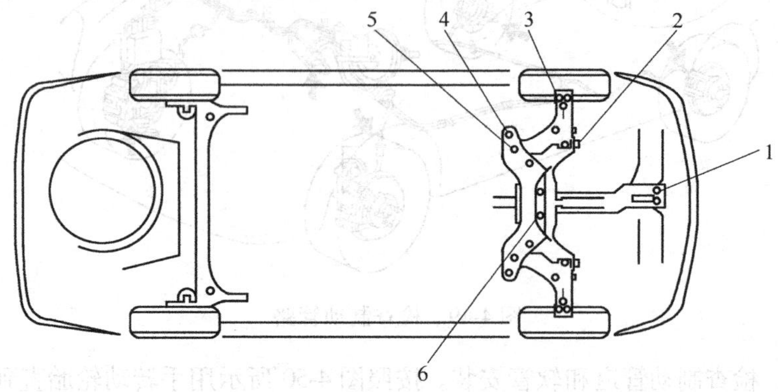

图4-52 检查前架螺栓和螺母

1—中间梁与车身 2、5—下臂与横梁 3—球节与下臂 4—横梁与车身 6—中间梁与横梁

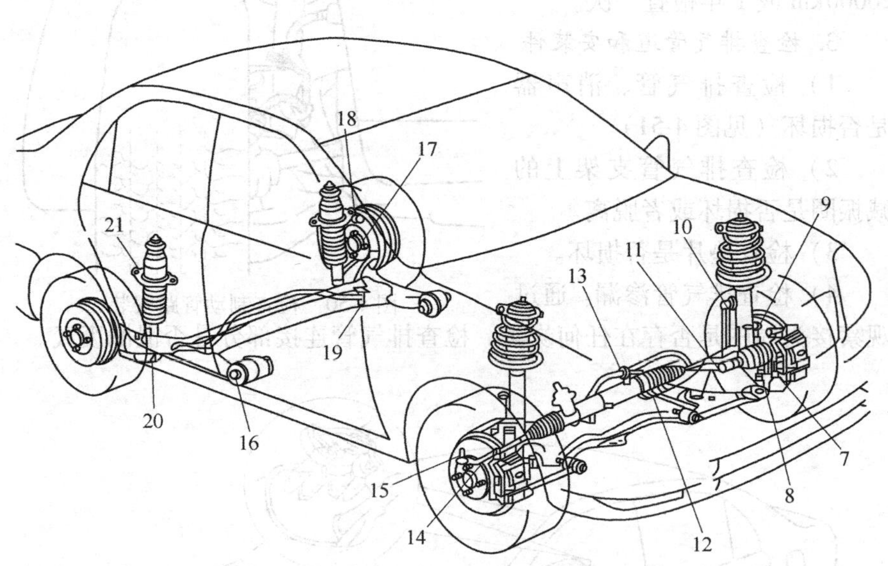

图4-53 检查底盘螺栓和螺母

7—盘式制动器扭矩板与转向节 8—球节与转向节 9—减振器与转向节 10—稳定杆连接杆与减振器 11—稳定杆与稳定杆连接杆 12—转向机外壳与横梁 13—稳定杆与车身 14—横拉杆端头锁止螺母 15—横拉杆端头与转向节 16—托臂和桥梁与车身 17—托臂和桥梁与后轮毂 18—制动分泵与背板 19—稳定杆与托臂和桥梁 20—减振器与托臂和桥梁 21—减振器与车身

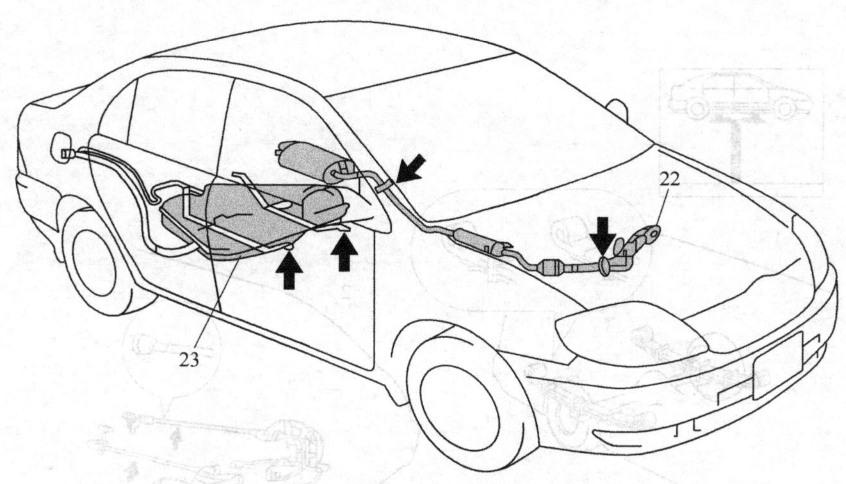

图4-54　检查排气管和燃油箱螺栓和螺母

22—排气管　23—燃油箱

4.3.6　检查悬架

1. 检查悬架组件

按照图4-55所示检查悬架组件是否损坏。

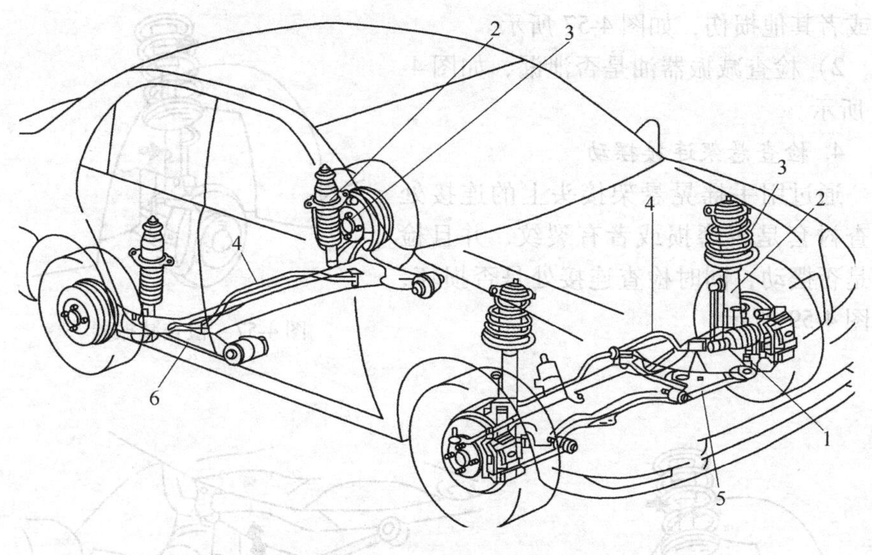

图4-55　检查悬架组件

1—转向节　2—减振器　3—螺旋弹簧

4—横向稳定杆　5—三角臂　6—纵摆臂

2. 检查钢板弹簧

1）用手摇晃钢板弹簧连接，检查其是否磨损和松动，如图4-56所示。

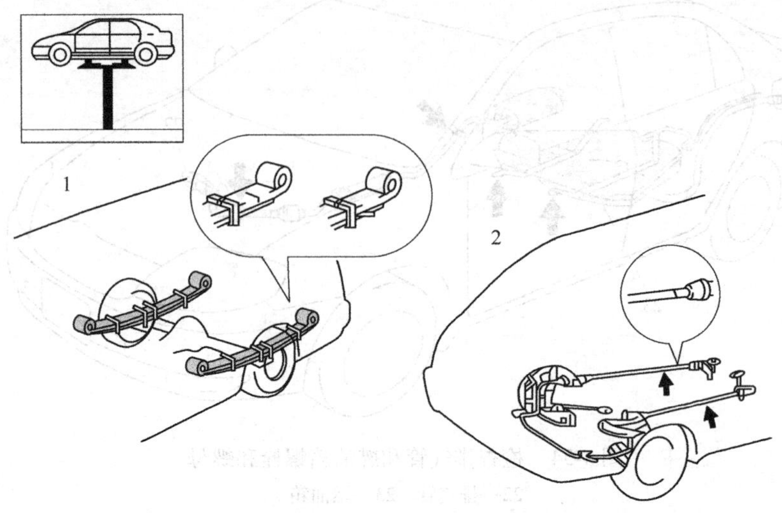

图4-56　检查钢板弹簧

2）检查钢板弹簧之间的间隙。

3）检查钢板弹簧磨损。

3. 检查减振器

1）检查减振器上是否有凹痕。另外，检查防尘罩上是否有裂纹、裂缝或者其他损伤，如图4-57所示。

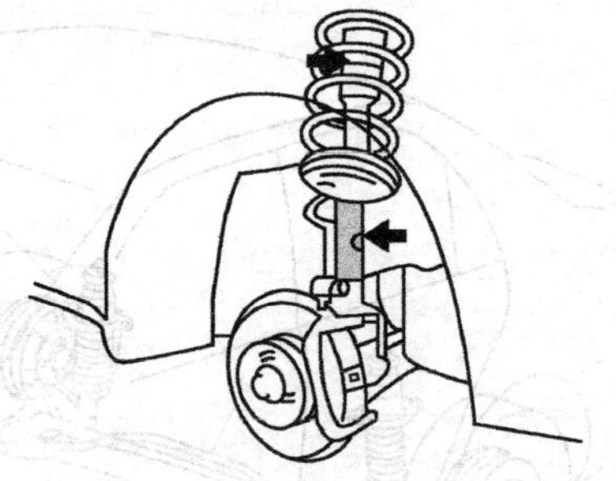

图4-57　检查减振器

2）检查减振器油是否泄漏，如图4-58所示。

4. 检查悬架连接摆动

通过用手摇晃悬架接头上的连接处检查衬套是否磨损或者有裂纹，并且检查是否摆动，同时检查连接处是否损坏，如图4-59所示。

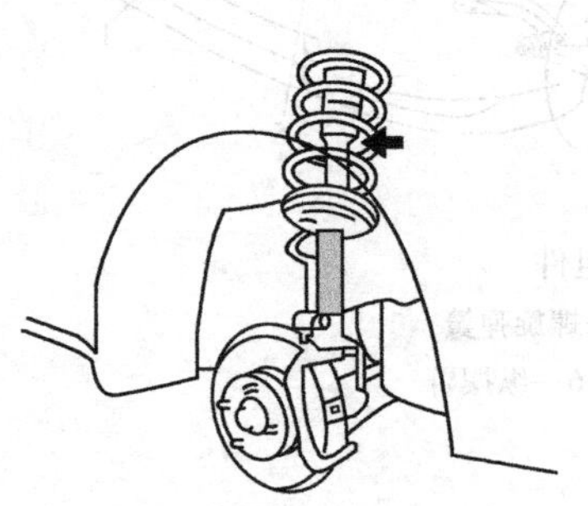

图4-58　检查减振器油

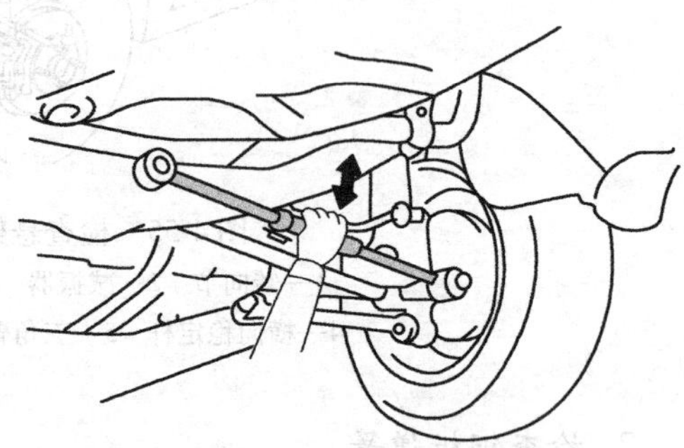

图4-59　检查悬架

4.3.7 更换发动机机油滤清器

发动机机油滤清器是清除润滑油中炭、油污和金属颗粒的部件。如果发动机机油滤清器堵塞，润滑油不能通过滤清器，溢流阀开启，脏的发动机润滑油被送入到发动机。

更换机油滤清器间隔期：

- 汽油发动机每40000km检查一次或者80000km更换一次。
- 柴油发动机每20000km或2年更换一次。

更换机油滤清器方法：

1）使用SST（专用维修工具）拆卸机油滤清器，如图4-60所示。

2）检查和清洁机油滤清器安装表面。

3）在新的机油滤清器垫片上涂清洁的发动机润滑油。

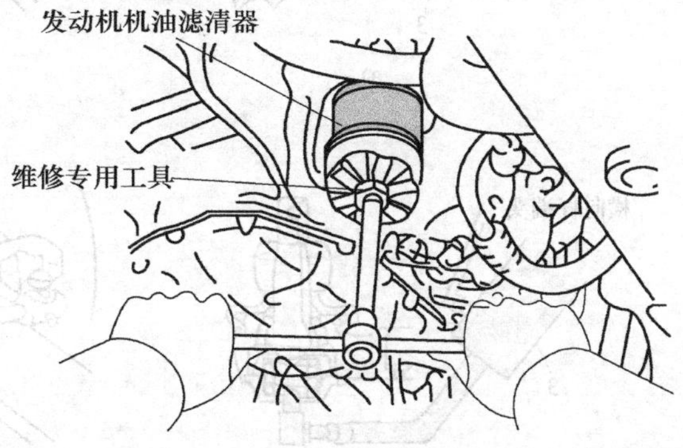

图4-60 更换发动机机油滤清器

4）轻缓地拧动机油滤清器使其就位，然后拧紧直到垫片接触底座。

5）使用专用维修工具再次拧紧3/4圈。

4.3.8 更换润滑脂

当润滑脂受热或混入水或灰尘，它会变质产生锈蚀，造成衬套磨损。

使用一把润滑脂枪，从润滑脂嘴将润滑脂压入，直到新鲜的润滑脂从对面的润滑脂嘴、润滑脂出口或者护套端慢慢流出。

如果使用了一个螺旋塞，则用一个润滑脂嘴将其更换，以便泵入润滑脂。

按照图4-61、图4-62、图4-63、图4-64所示对车辆底部各润滑点进行更换润滑脂。

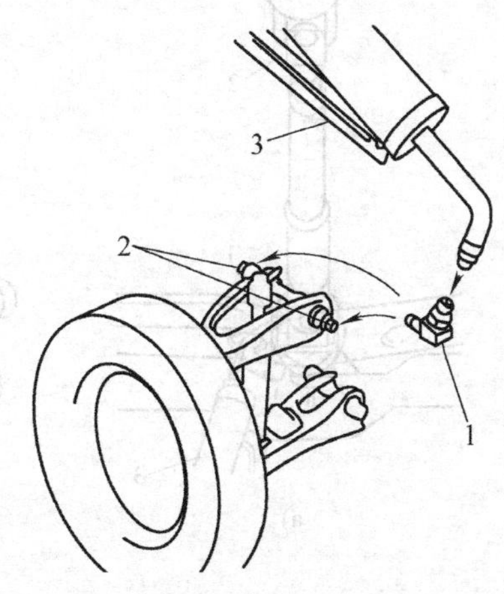

图4-61 前悬架臂衬套（螺旋型）润滑
1—润滑脂嘴 2—螺旋塞 3—润滑脂枪

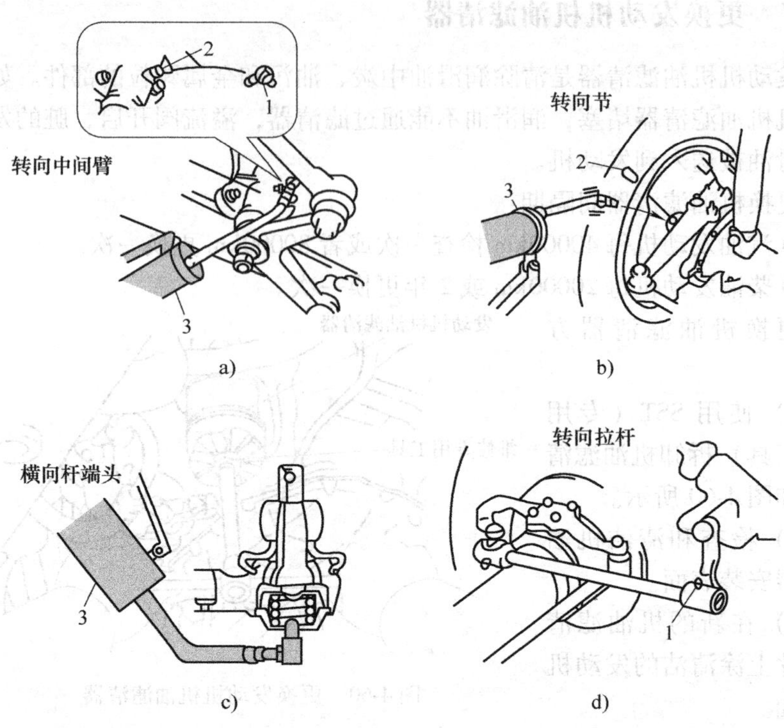

图 4-62　转向节、转向拉杆、中间臂和转向连接装置润滑点

1—润滑脂嘴　2—螺旋塞　3—润滑脂枪

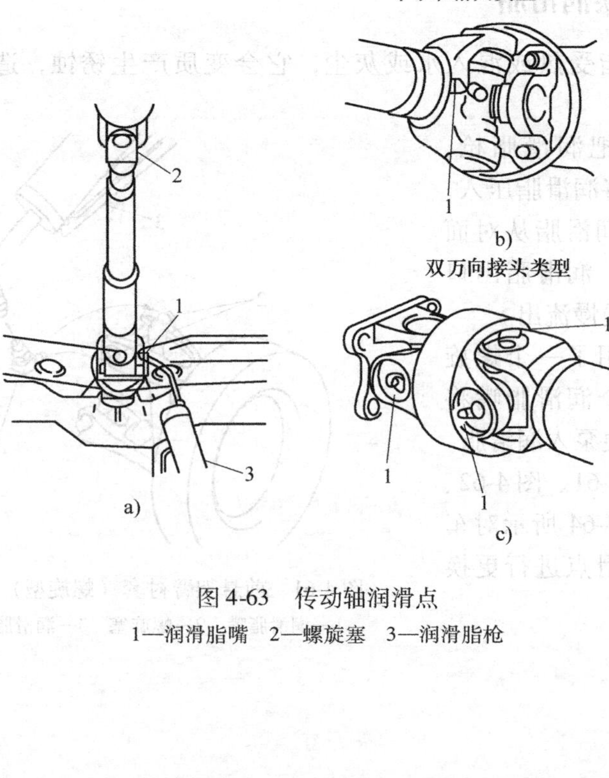

图 4-63　传动轴润滑点

1—润滑脂嘴　2—螺旋塞　3—润滑脂枪

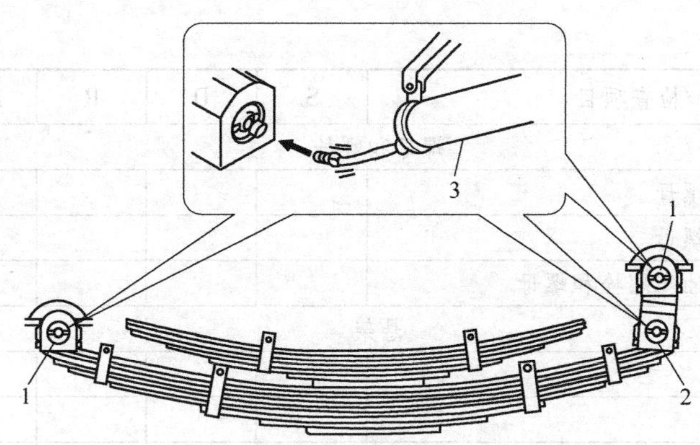

图 4-64 悬架弹簧挂钩销和钩环销润滑点

1—润滑脂嘴 2—螺旋塞 3—润滑脂枪

完成下列任务

请你根据提供车辆，完成车辆底部维护检查，并将检查结果填写在表4-3中。

表 4-3 车辆底部维护检查项目

车辆类型		登记号	
里程表读数		任务号	
学 生		日 期	
教 师		日 期	

S—可用部件 D—待修部件 R—需要更换部件

当你判断某部分是R或D时，需要说明原因

检查项目	S	D	R	说明原因
球节				
球节上下滑动间隙				
球节防尘套				
油液泄漏及液位				
发动机润滑油				
手动变速器油				
主减速器油				
自动变速器油				
转向系统				
转向连接与驱动机构				
转向机				
各种管路				
制动管路				
燃油管路				
排气管道				

（续）

检查项目	S	D	R	说明原因
螺母和螺栓				
前架螺栓和螺母				
底盘螺栓和螺母				
排气管和燃油箱螺栓和螺母				
悬架				
钢板弹簧				
扭矩杆弹簧				
减振器				
转向节				
螺旋弹簧				
稳定杆				
更换部件				
发动机机油滤清器				
更换润滑脂				
前悬架臂衬套（螺旋型）润滑点				
转向节、转向拉杆、中间臂和转向连接装置润滑点				
悬架弹簧挂钩销和钩环销润滑点				

任务4.3 自测表

在教师签字前，你应在教师的帮助下，找出所有的错误，进行改正

检查项目	回答
检查球节	
检查油液泄漏及液位	
检查转向连接与驱动机构	
检查各种管路	
检查底盘螺母和螺栓	
检查悬架	
更换发动机机油滤清器	
更换润滑脂	

教师签字____________ 日期____________

学生签字____________ 日期____________

任务4.4　车轮及制动系统维护

任务学习目的

本任务是为了让你获得车轮及制动系统维护操作程序，具有独立完成工作的能力。

1）检查车轮轴承。

2）检查盘式制动器。

3）检查鼓式制动器。

4）更换制动液。

学习信息

将车辆举升到顶起位置4（见图4-65），进行车轮及制动系统维护工作。

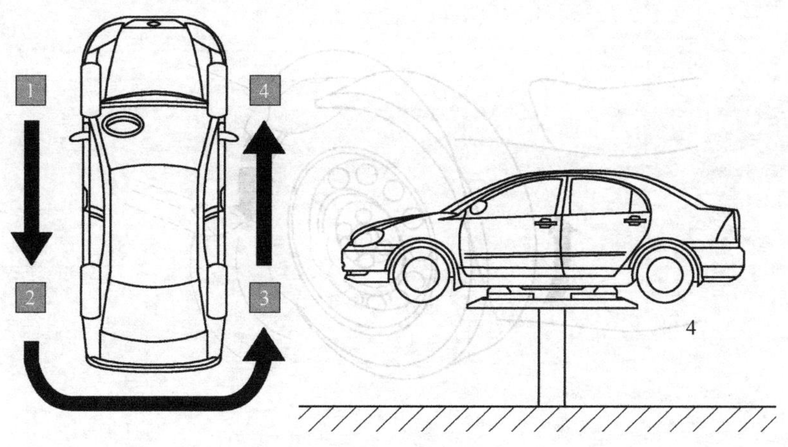

图4-65　完成车轮及制动系统维护工作路线与举升位置

4.4.1　检查车轮轴承

1. 检查车轮摆动

（1）检查方法（见图4-66）

1）将一只手放在轮胎上面，而另一只手放在轮胎下面，推拉轮胎，检查轮胎是否摆动。

2）当出现摆动时，使用压力制动踏板再次检查其行程。

（2）检查结果

1）使用压力制动踏板后车轮没有摆动，说明车轮轴承磨损。

2）如果使用压力制动踏板后仍然摆动，则说明球节、主销或者悬架被磨损。

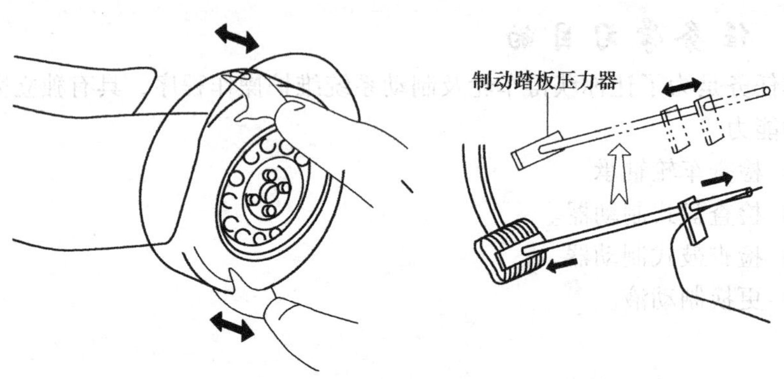

图 4-66　检查车轮摆动

2. 检查轮胎转动状况和噪声

用手转动轮胎（见图 4-67）检查其是否能够无任何噪声地平稳转动。

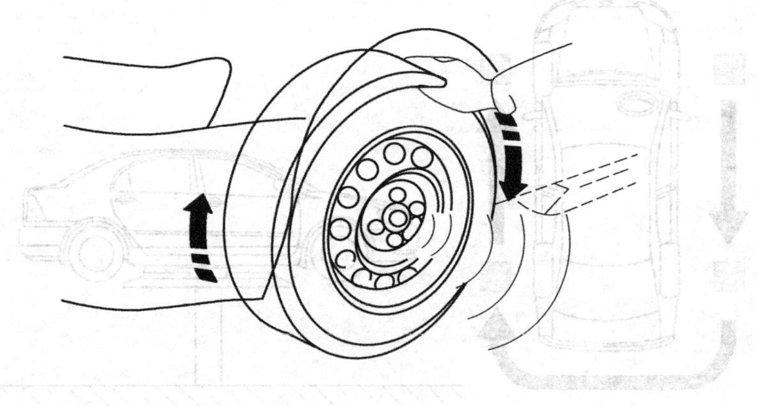

图 4-67　检查轮胎转动状况和噪声

4.4.2　检查盘式制动器

当盘式制动器摩擦片磨损后，制动盘和摩擦片背面直接接触，导致制动盘损坏。

检查间隔期：

● 每 10000km 或 6 个月检查一次。

● 当制动器摩擦片的剩余厚度不足 1.0mm 时，应进行更换。

1. 拆卸车轮

使用一把冲击扳手，按照交叉顺序拆卸车轮螺母，再拆卸车轮。

2. 检查盘式制动器摩擦片

（1）检查盘式制动器摩擦片磨损

1）通过制动卡钳内的检查孔目测，检查内制动器摩擦片的厚度，确保其与外制动器摩擦片没有明显的偏差。

2）确保盘式制动器摩擦片没有不均匀磨损。

（2）检查盘式制动摩擦片厚度　按照图 4-68 所示，使用一把直尺测量制动器摩擦片的厚度。

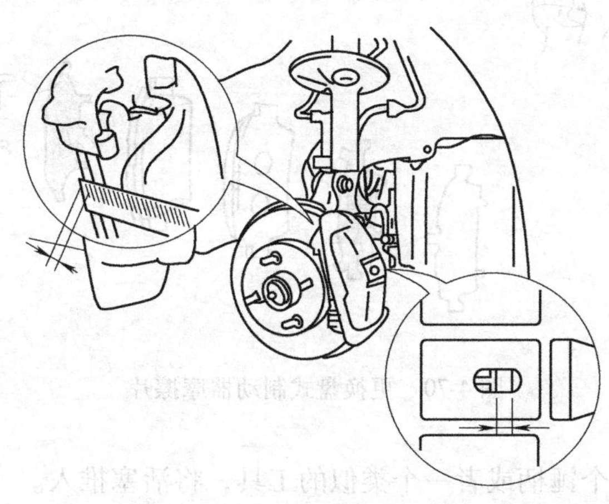

图 4-68　检查制动摩擦片厚度

如果盘式制动器摩擦片的厚度低于磨损极限，则更换制动器摩擦片。

（3）盘式制动器摩擦片磨损余量评估　通过上一次检查到现在的制动器摩擦片的磨损（见图 4-69），来估计制动器摩擦片在下一次检查时制动器摩擦片的厚度情况，如果制动器摩擦片的厚度将会小于可接受的磨损值时，建议车主更换制动器摩擦片。

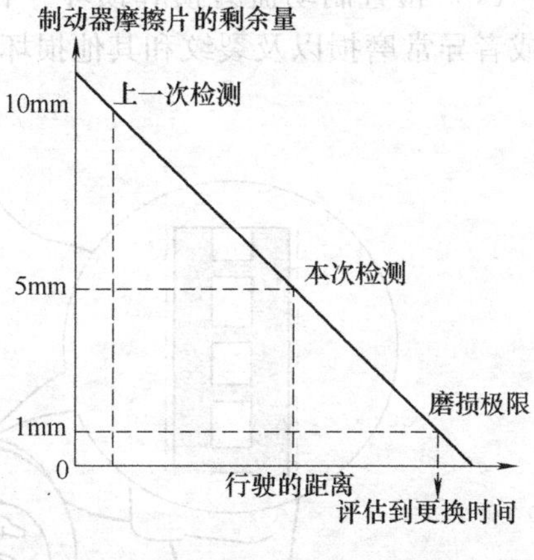

制动器摩擦片的剩余量
10mm
上一次检测
5mm
本次检测
1mm
磨损极限
0
行驶的距离
评估到更换时间

图 4-69　评估制动器摩擦片磨损余量

（4）更换盘式制动器摩擦片　按照图 4-70 所示进行操作。

1）拆卸制动器摩擦片，不要将软管从制动卡钳上断开。

2）拆卸两个带消声垫片的制动器摩擦片。

3）安装两个带消声垫片的制动器摩擦片。确保制动器摩擦片或者制动盘的摩擦表面没有润滑油或者润滑脂。

4）加注少量的制动液，防止制动液从制动储液罐中溢出。

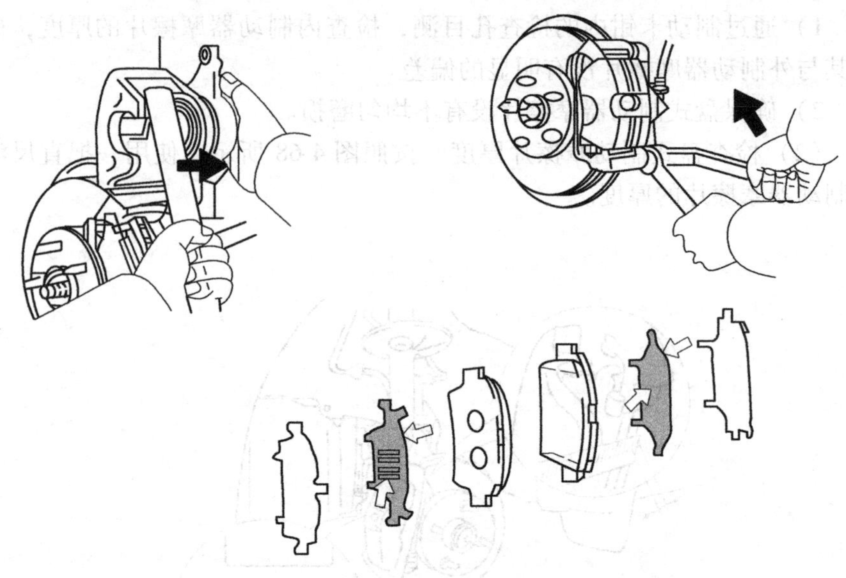

图 4-70　更换盘式制动器摩擦片

5）使用一个锤柄或者一个类似的工具，将活塞推入。

6）安装制动卡钳。

7）踩下制动踏板数次，并且检查制动液液位是否处于“满”刻度上。

3. 检查制动盘

（1）检查制动盘磨损和损坏　目测检查制动盘上是否有刻痕、不均匀或者异常磨损以及裂纹和其他损坏，如图 4-71 所示。

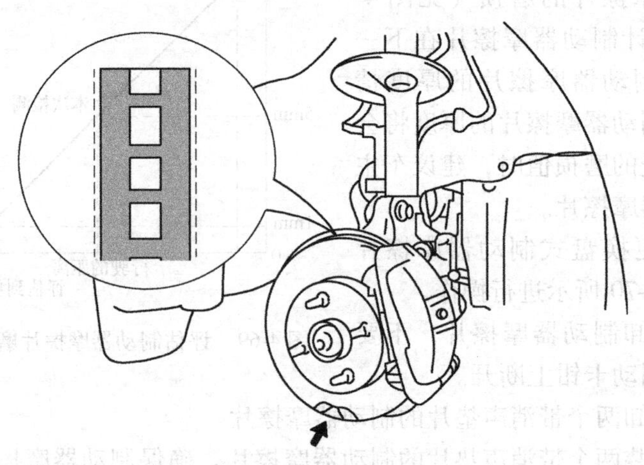

图 4-71　检查制动盘

（2）测量制动盘厚度

1）测量工具：外径千分尺。

2）测量方法：如图 4-72 所示。

（3）测量制动盘端面圆跳动

1）测量工具：百分表。

2）测量条件：

①使用轮毂螺母临时固定制动盘。

②测量制动盘端面圆跳动以前，检查前轮毂轴承的游隙是否在规定的范围以内。

3）测量方法：按照图 4-73 所示的方法进行测量。

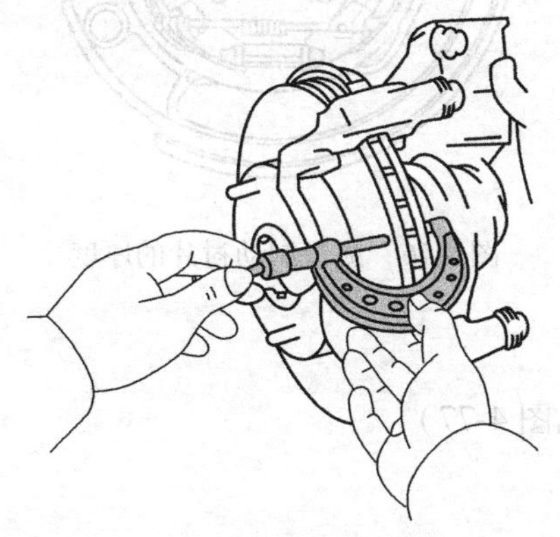

图 4-72　测量制动盘厚度

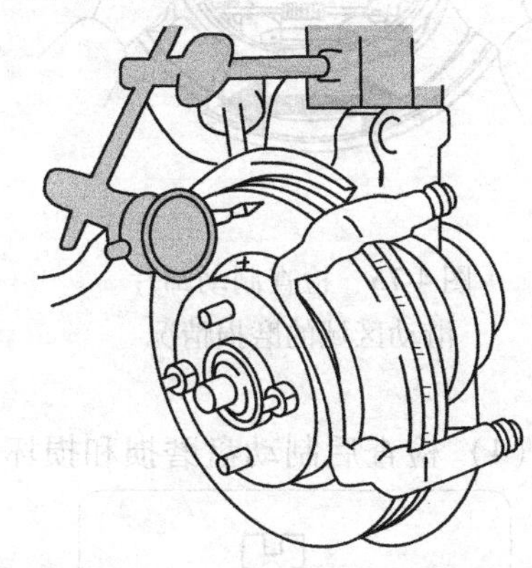

图 4-73　测量制动盘跳动量

4. 检查制动卡钳制动液渗漏

检查图 4-74 所示部位制动液是否渗漏，如果制动液溅出或者粘在油漆上，立即用水漂洗。否则，将损坏油漆表面。

5. 检查后盘制动器

有些车上，在后轮制动盘上还配备了一个内有制动鼓型的驻车制动系统。

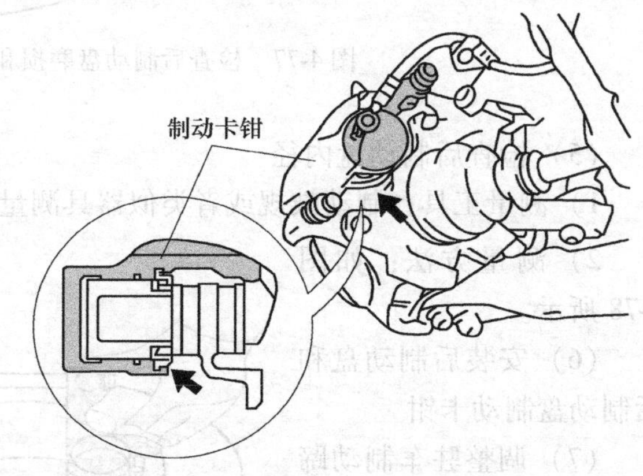

图 4-74　检查制动卡钳制动液是否渗漏

（1）检查制动蹄片滑动区域的磨损情况（见图 4-75）

1）手动移动制动蹄片并检查制动蹄片移动是否顺利。

2）检查制动蹄片和背板的接触面是否磨损。

3）检查制动蹄片和背板的接触面是否生锈。

（2）检查制动衬片的损坏　检查制动衬片是否有任何碎屑、层离或者其他损坏。

（3）测量制动衬片的厚度

1）测量工具：一把直尺。

2）测量方法：如图 4-76 所示。

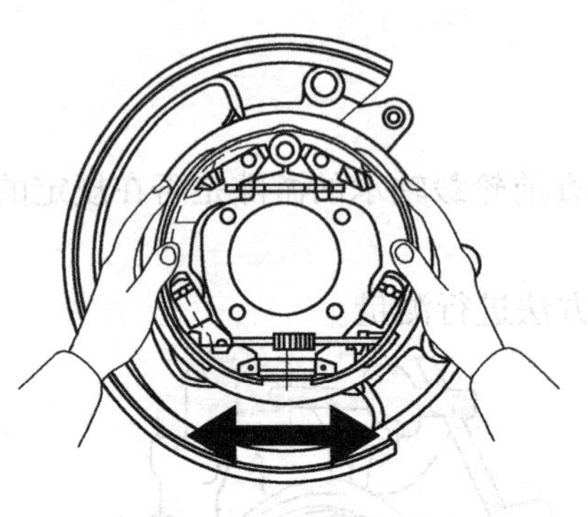

图 4-75　检查制动蹄片滑动区域的磨损情况

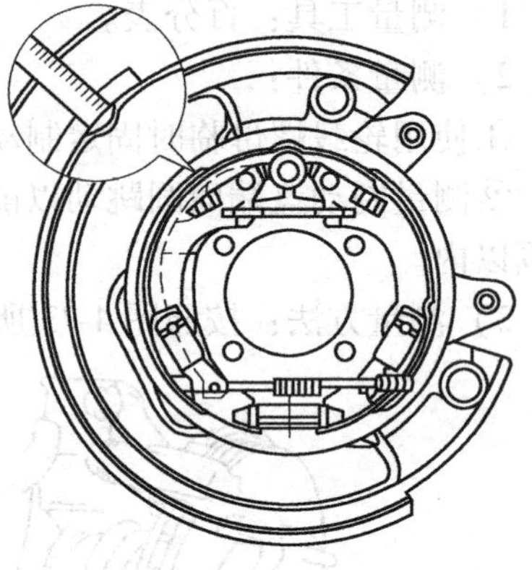

图 4-76　测量制动衬片的厚度

（4）检查后制动盘磨损和损坏（见图 4-77）

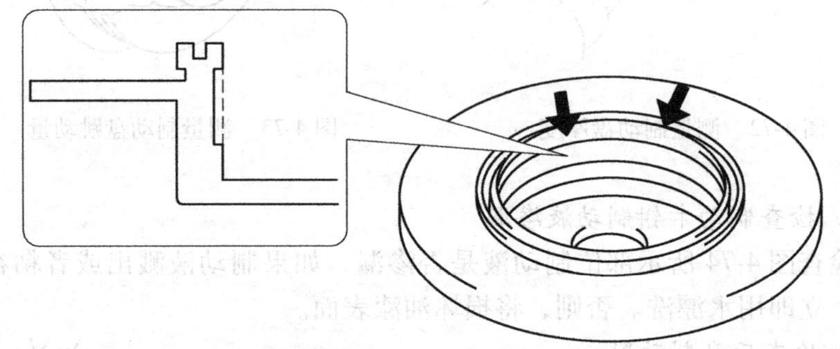

图 4-77　检查后制动盘磨损和损坏

（5）检查后制动盘内径

1）测量工具：制动鼓规或者类似器具测量后制动盘的内径。

2）测量方法：如图 4-78 所示。

（6）安装后制动盘和后制动盘制动卡钳

（7）调整驻车制动蹄片间隙

1）临时安装轮毂螺母。

2）拆卸孔塞，转动

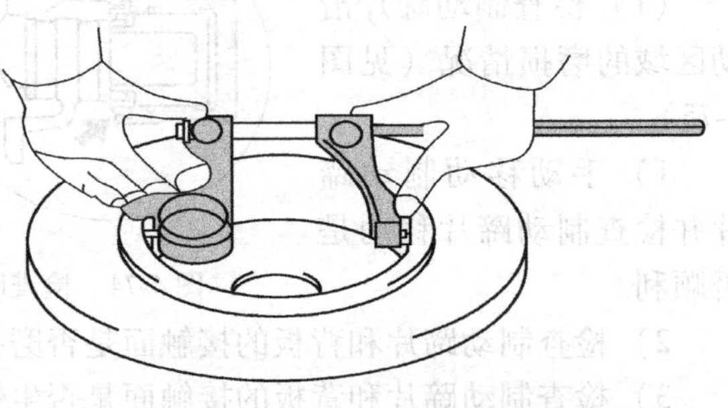

图 4-78　检查后制动盘内径

调节器并扩展制动蹄片直到制动盘锁定。

3）回退调节器 8 个槽口，如图 4-79 所示。

4）检查制动蹄片是否拖滞在制动器上。

5）安装调节孔塞。

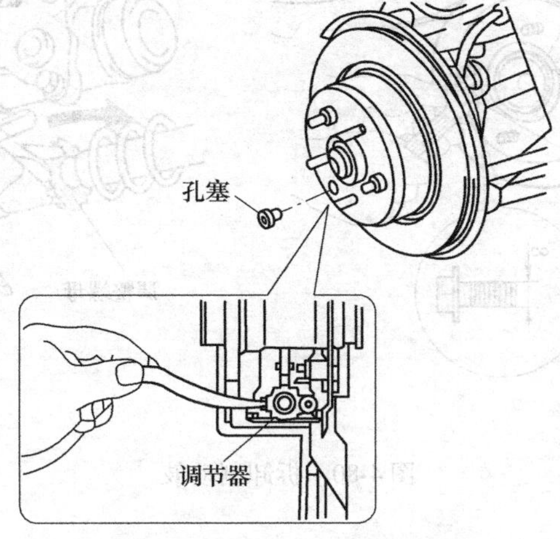

图 4-79　调整驻车制动蹄片间隙

4.4.3　检查鼓式制动器

鼓式制动器的制动摩擦衬片磨损后，由于制动蹄片和制动鼓之间的间隙变大，使制动效能下降。

检查间隔期：

- 每 20000km 或 1 年检查一次。
- 当制动衬片盘的剩余厚度不足 1.0mm 时，进行更换。

1. 拆卸制动鼓

拆卸制动鼓时，如果制动鼓配合很紧，则按照图 4-80 所示的方法进行拆卸。

1）当生锈制动鼓被卡在后桥法兰中，将 8mm 直径的螺栓插入两个检查孔中。

2）当制动蹄片和制动鼓之间的间隙太小，需要在背板后面的检修孔内插入一把螺钉旋具。同时，使用另外一把螺钉旋具转动调节器的调整螺栓，以便收缩制动蹄片。

2. 检查制动蹄片

（1）检查制动蹄片在其背板区域滑动的磨损

1）用手前后移动制动蹄片并检查制动蹄片移动是否顺利（见图 4-81a）。

2）检查制动蹄片与背板和固定件之间的接触面是否磨损。

3）检查制动蹄片、背板和固定件是否生锈（见图 4-81b）。

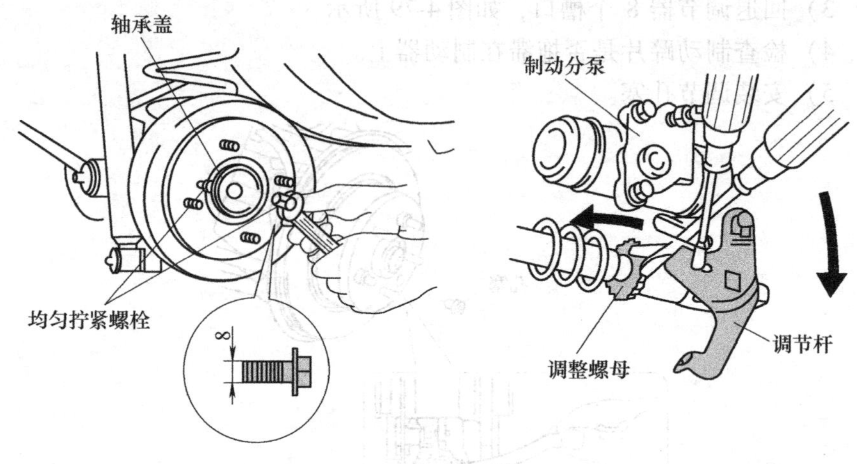

图 4-80　拆卸制动鼓

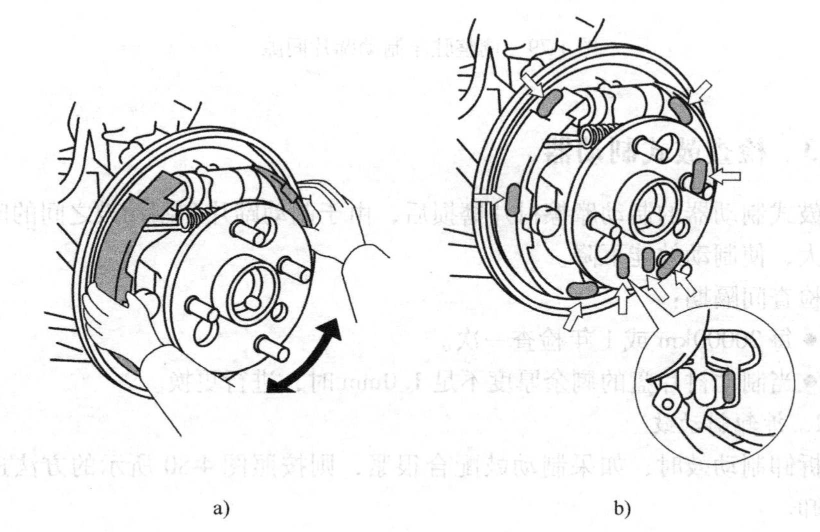

图 4-81　检查制动蹄片滑动磨损

（2）检查制动衬片损坏情况　检查制动衬片是否有裂纹、蜕皮和损坏（见图 4-82）。

（3）检查制动液渗漏情况　检查车轮制动分泵缸中是否有液体渗漏（见图 4-83）。

如果制动液溅出或者粘在油漆上，立即用水漂洗。否则，制动液将损坏油漆表面。

（4）检查制动衬片厚度

1）测量工具：一把直尺。

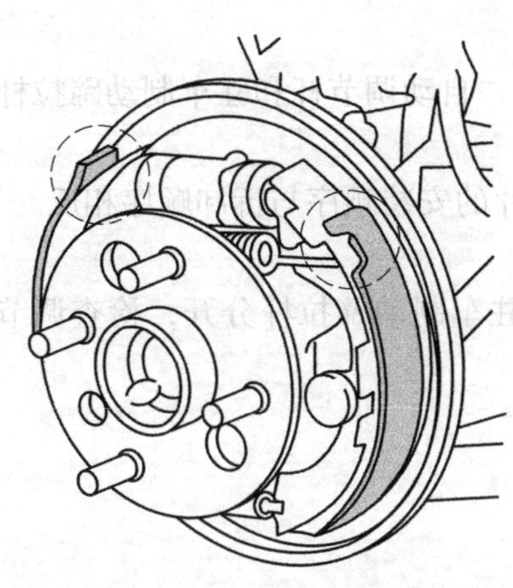
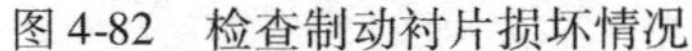

图 4-82　检查制动衬片损坏情况

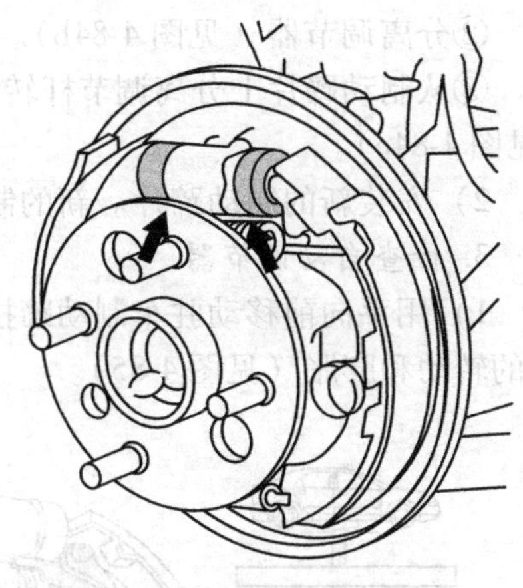

图 4-83　检查制动液渗漏情况

2）测量方法：见图 4-76 所示方法测量。

如果厚度低于磨损极限，则更换制动蹄片。

参照图 4-69 所示，利用该次检查和上次检查之间的行驶距离，估计到下一次检查的行驶距离。在下一次计划检查时，如果估计衬片的厚度将会小于可接受的磨损值时，建议车主更换衬片。

（5）更换制动蹄片

1）拆卸制动蹄片（见图 4-84）。

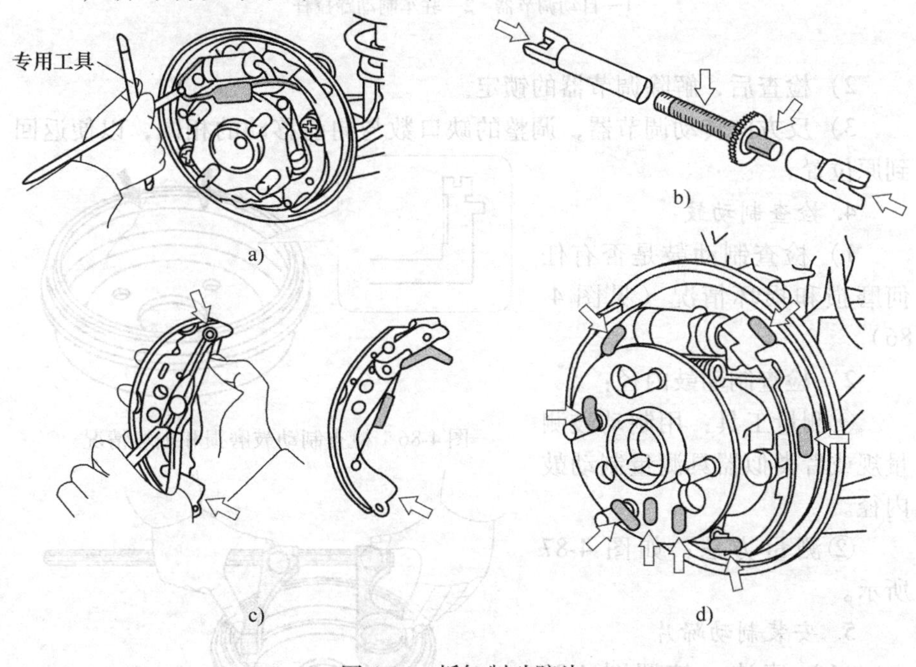

图 4-84　拆卸制动蹄片

①拆卸回位弹簧、制动蹄片压紧弹簧，然后拆卸制动蹄片（见图 4-84a）。

②分离调节器（见图4-84b）。

③从制动蹄片上分离调节杆转矩弹簧、自动调节杆和驻车制动蹄拉杆（见图4-84c）。

2）安装新的制动蹄片。新的制动蹄片的安装顺序与拆卸顺序相反。

3. 检查自动调节器

1）用手向前移动驻车制动蹄拉杆将驻车制动蹄拉杆分开，检查调节器的转动和膨胀（见图4-85）。

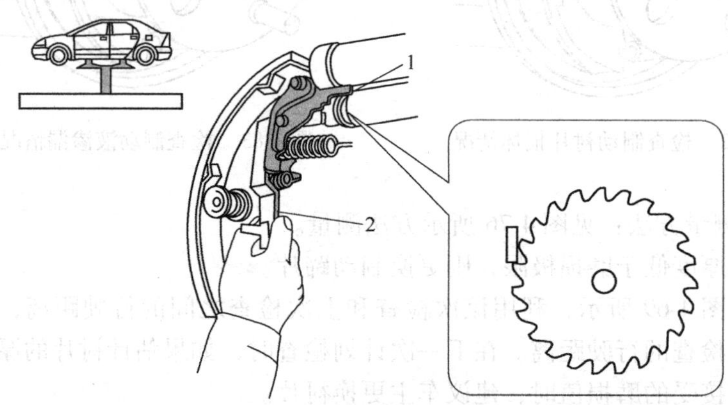

图4-85　检查自动调节器

1—自动调节器　2—驻车制动蹄拉杆

2）检查后，解除调节器的锁定。

3）反方向转动调节器，调整的缺口数与向前移动的相同，以便返回到原位置。

4. 检查制动鼓

1）检查制动鼓是否有任何磨损和损坏情况（见图4-86）。

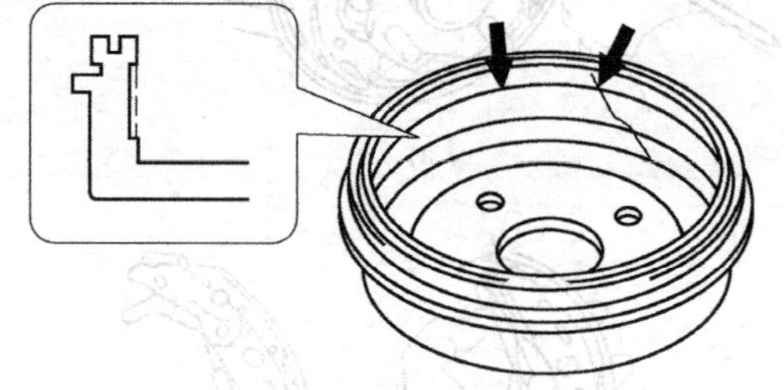

图4-86　检查制动鼓磨损和损坏情况

2）检查制动鼓内径：

①测量工具：用制动鼓测量规或者类似器具测量制动鼓内径。

②测量方法：如图4-87所示。

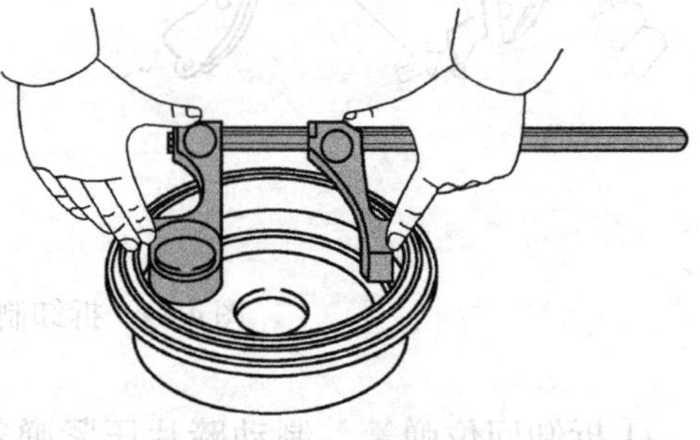

图4-87　检查制动鼓内径

5. 安装制动蹄片

（1）清洁　按照图4-88所示，使用砂纸清洁制动蹄衬片并清除油污。如果必要，应同时清洁制动鼓的内表面。

（2）安装制动鼓

1）制动踏板自动调整类型安装制动鼓操作（见图4-89）

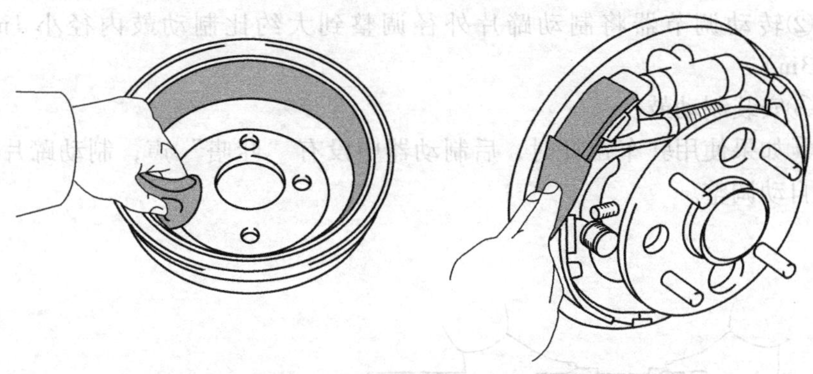

图4-88　清洁制动鼓和制动蹄衬片

①临时安装轮毂螺母。

②拆卸孔塞。

③使用一把螺钉旋具，转动调节器并扩展制动蹄片直到制动鼓锁定。

④通过另外一把平头镙钉旋具推动自动调节杆并且返回调节器8个缺口。

⑤安装孔塞。

⑥踏压制动踏板。如果后制动器中没有“咔嗒”声，制动蹄片间隙会自动调整。

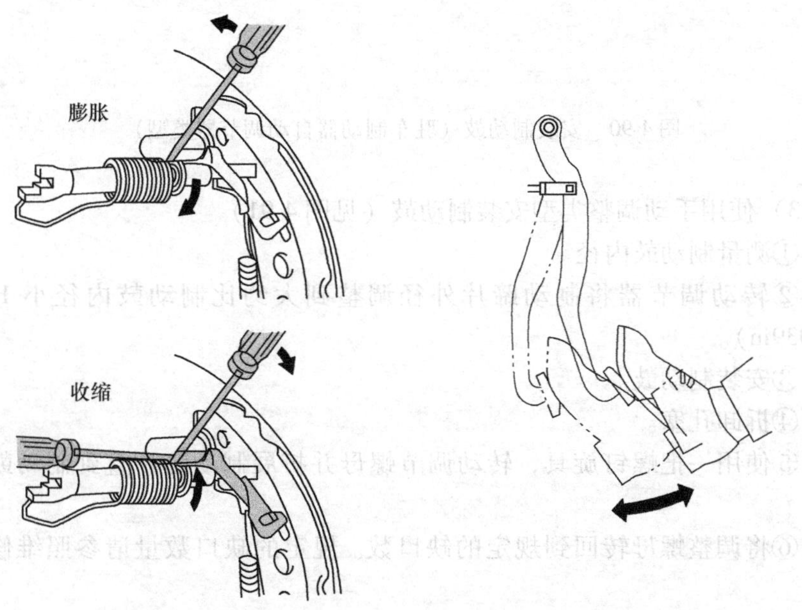

图4-89　安装制动鼓（自动调整类型）

2）驻车制动器应用自动调节器类型安装制动鼓（见图4-90）

①测量制动鼓内径。

②转动调节器将制动蹄片外径调整到大约比制动鼓内径小1mm（0.03in）。

③安装制动鼓。

④如果使用驻车拉杆时，后制动器中没有“咔嗒”声，制动蹄片间隙会自动调整。

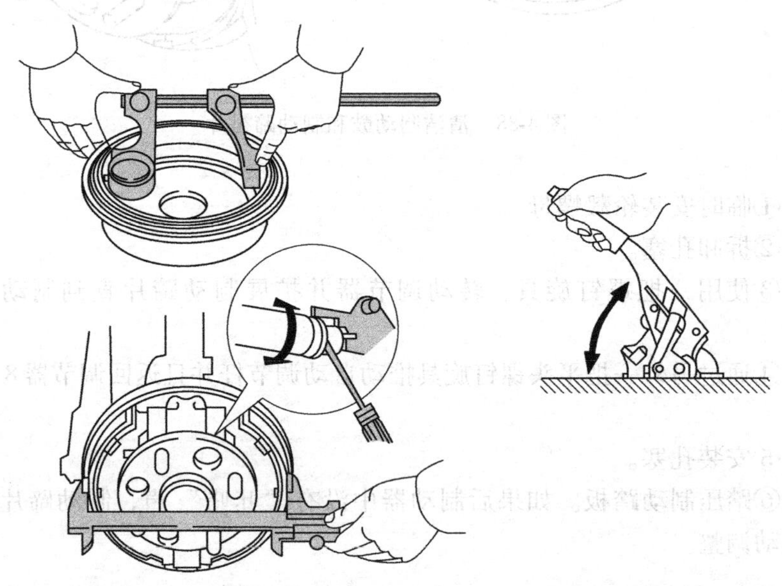

图4-90　安装制动鼓（驻车制动器自动调节器类型）

3）使用手动调整类型安装制动鼓（见图4-91）

①测量制动鼓内径。

②转动调节器将制动蹄片外径调整到大约比制动鼓内径小1mm（0.039in）。

③安装制动鼓。

④拆卸孔塞。

⑤使用一把螺钉旋具，转动调节螺母并扩展制动蹄片直到制动鼓锁定。

⑥将调整螺母转回到规定的缺口数。规定的缺口数量请参照维修手册。

⑦安装孔塞。

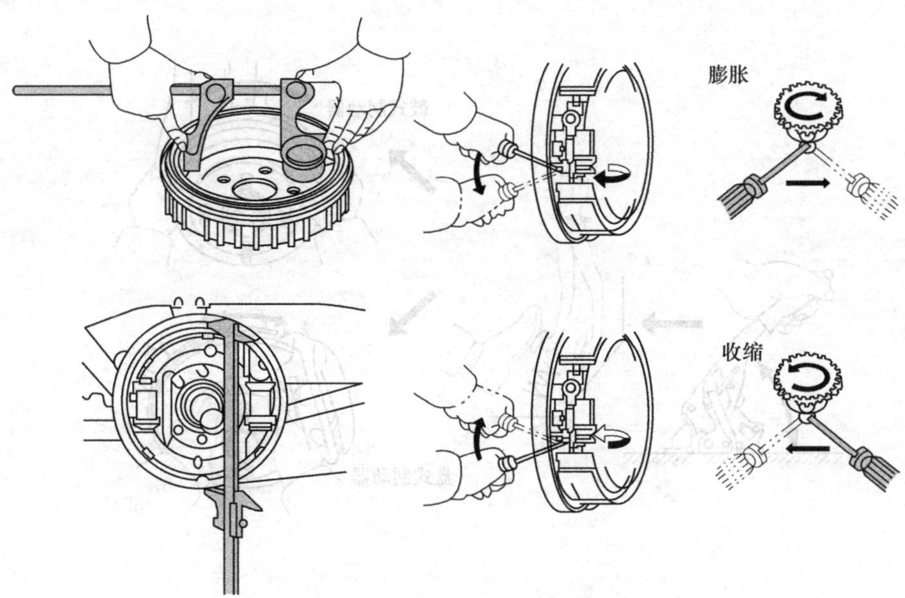

图4-91　安装制动鼓（手动调整类型）

4.4.4　更换制动液

1. 检查制动拖滞

将车辆举升到顶起位置5（见图4-92），检查制动拖滞工作。

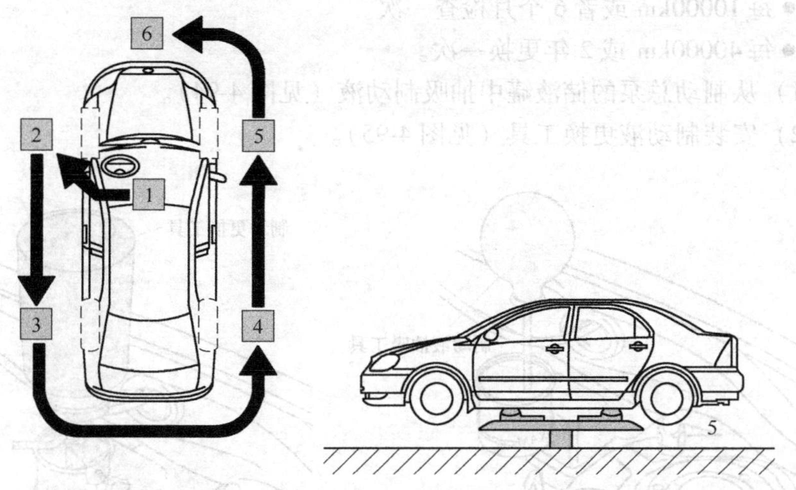

图4-92　完成检查制动拖滞工作路线与举升位置

1）操作驻车制动杆几次并且踩下制动踏板几次，以便允许制动蹄片下陷（具体检查拖滞的方法见图4-93）。使用驻车制动杆或者制动踏板直到后制动器自动调节器的“咔嗒”声音消失。

2）用手转动制动盘或者制动鼓，检查是否有任何拖滞现象。

2. 更换制动液

由于制动液具有吸水性，使制动液可以吸收空气中的湿气，从而降低

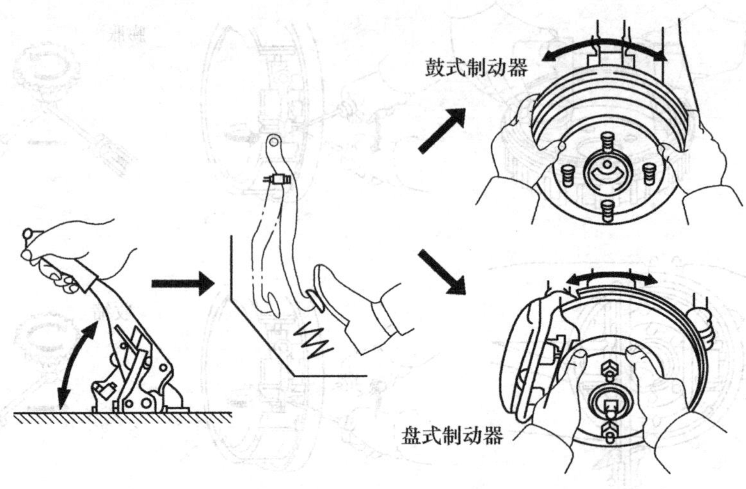

图 4-93　检查制动拖滞的方法

制动液沸点。当制动液产生热量时，制动液沸腾，产生气泡，它们吸收施加在制动分泵上的液压制动力，使制动效能下降。

检查、更换制动液的间隔期：

- 每 10000km 或者 6 个月检查一次。
- 每 40000km 或 2 年更换一次。

1）从制动总泵的储液罐中抽吸制动液（见图 4-94）。

2）安装制动液更换工具（见图 4-95）。

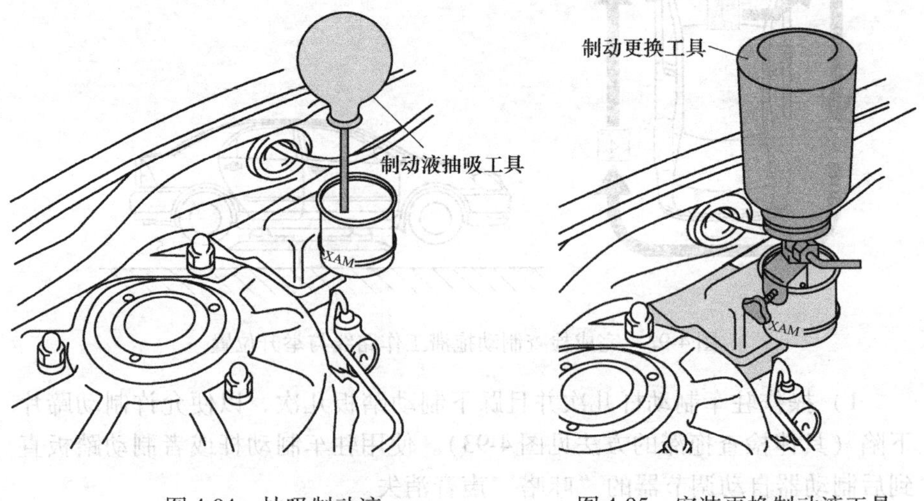

图 4-94　抽吸制动液　　图 4-95　安装更换制动液工具

3）更换制动液。将车辆举升到顶起位置 6（见图 4-96），按照左前—左后—右后—右前的顺序，完成更换制动液工作（见图 4-97）。

3. 安装车轮

按照图 4-98 所示安装车辆所有车轮，拧紧车轮螺母。

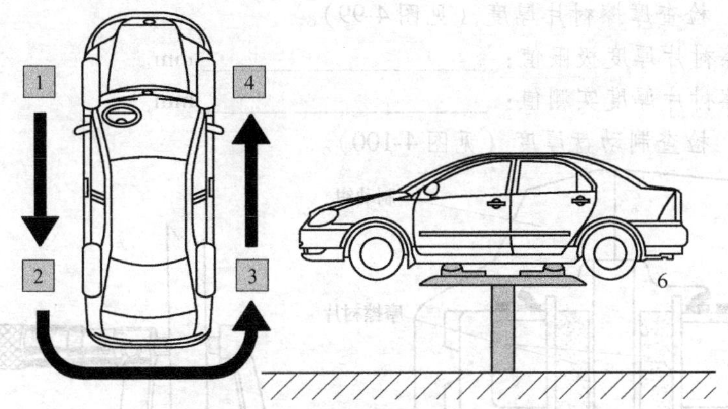

图 4-96 完成更换制动液工作路线与举升位置

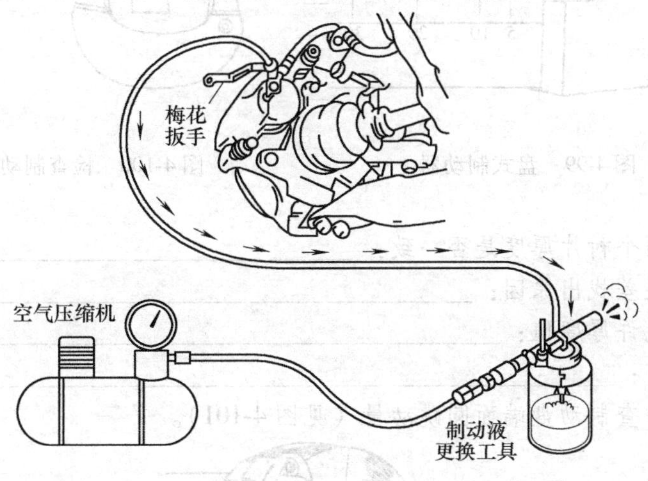

图 4-97 更换制动液

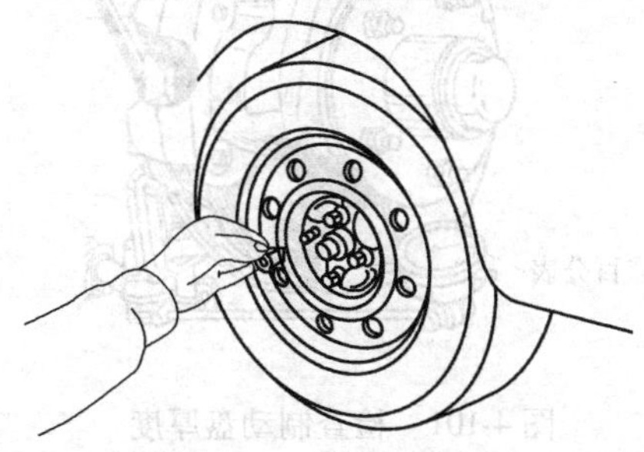

图 4-98 安装车轮螺母

完成下列任务

请你根据提供车辆，完成车辆车轮及制动系统维护工作。

任务一：检查测量盘式制动器

(1) 检查摩擦衬片厚度（见图4-99）。

摩擦衬片厚度极限值：________________mm。

摩擦衬片厚度实测值：________________mm。

(2) 检查制动盘厚度（见图4-100）。

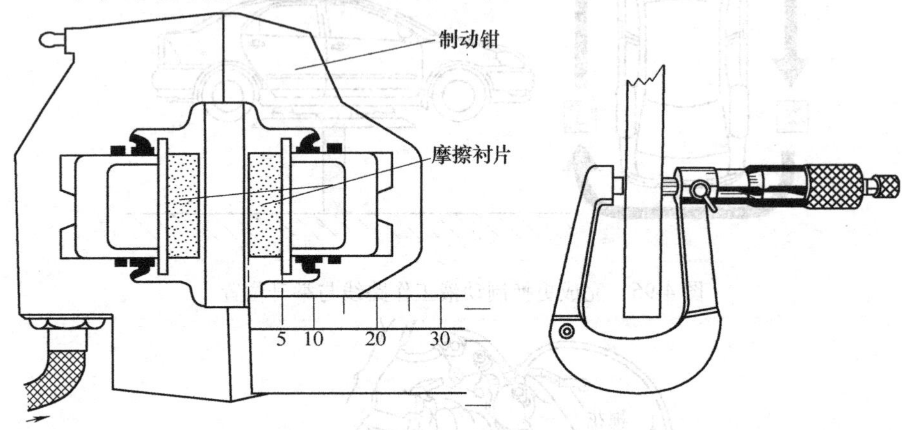

图4-99　盘式制动器　　图4-100　检查制动盘厚度

检查两个衬片厚度是否一致：________________。

若有误差找出原因：________________。

最小允许厚度值：________________mm。

实测值：________________mm。

(3) 检查制动盘端面圆跳动量（见图4-101）。

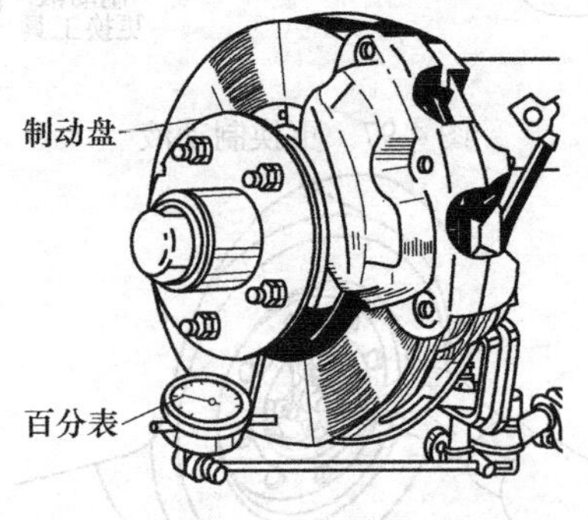

图4-101　检查制动盘厚度

查制动盘端面圆跳动量前，应检查车轮轮毂调整情况。

最大允许制动盘端面圆跳动量：________________mm。

实测值：________________mm。

(4) 检查车轮轴承密封。

检查润滑脂从密封处泄漏到“制动盘”中的情况，请说明情况：

泄漏： 是 否

(5) 检查制动盘状况。

检查制动盘表面是否光滑、擦伤、烧伤等。

列出必须修理的零件名称，以便完成维护制动盘或制动钳的装配。

____

____

任务二：检查制动鼓

车辆生产厂家名称：____________________________。

(1) 检查制动鼓表面情况（见图4-102）。

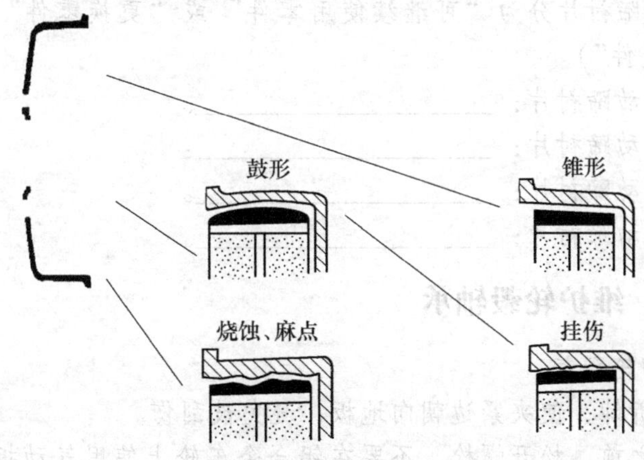

图4-102 检查制动鼓表面

(2) 测量制动鼓内径（见图4-103）。

原始直径：____________________________mm。

最大允许直径：__________________________mm。

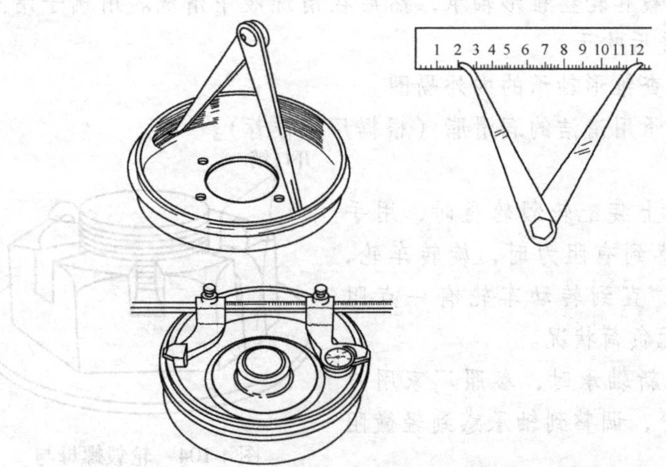

图4-103 测量制动鼓内径

左前轮制动鼓：____________________ mm。

右前轮制动鼓：____________________ mm。

左后轮制动鼓：____________________ mm。

右后轮制动鼓：____________________ mm。

(3) 制动鼓装配。

(4) 检查制动蹄衬片。

制动蹄衬片厚度极限值：____________________ mm。

左前轮制动蹄衬片厚度实测值：______________ mm。

右前轮制动蹄衬片厚度实测值：______________ mm。

左后轮制动蹄衬片厚度实测值：______________ mm。

右后轮制动蹄衬片厚度实测值：______________ mm。

请将制动蹄衬片分为“可继续使用零件”或“更换零件”（“可用件”或“报废件”）。

左前轮制动蹄衬片：____________________。

右前轮制动蹄衬片：____________________。

左后轮制动蹄衬片：____________________。

右后轮制动蹄衬片：____________________。

任务三：维护轮毂轴承

(1) 拆卸轮毂盖。

1) 小心拆卸，使夹紧边朝向地板，避免被刮伤。

2) 举升之前，松开螺栓，不要在铝合金车轮上使用气动扳手，因为钢套筒在高速旋转时产生的摩擦，可能使套筒与铝合金熔接到一起。

3) 放置安全支撑，离开车轮。

4) 轻放轮毂盖，不使它变形。

5) 取下锁销，调整螺母，以及轮毂和轮盘总成。

6) 拆卸轮毂和轮盘锥形轴承，然后在清洗液中清洗。用刷子清除多余润滑脂，清洗后吹干。

7) 详细检查锥形轴承的内外隔圈。

8) 安装轴承用清洁的润滑脂（根据厂家推荐）。

(2) 装配。

1) 当在轴上装配轮毂轮盘时，用手指拧紧螺母，感到有阻力时，旋转车轮，继续紧固螺母，直到转动车轮有一点阻力，该调整是无负荷状况。

2) 当使用新轴承时，参照厂家用户手册中调整部分，调整到轴承感到轻微阻力时即可。

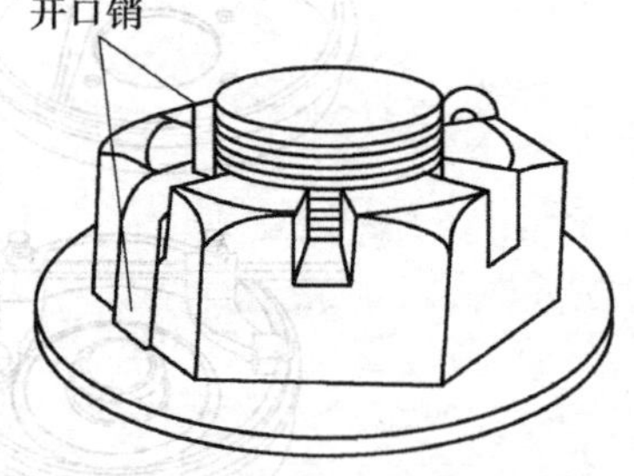

图 4-104　轮毂螺母与开口销配套使用

3) 六角槽形螺母应与开口销配合使

用（见图4-104）。

4）装挡泥盖，确保中间不接触螺栓和开口销端部。

5）装车轮紧固螺母，达到正确的力矩。

6）小心装上轮毂盖，确保拧紧在车轮上。

教师检查工作，并签字________________。

任务四：更换制动液

制动液型号：________________。

制动液容量：________________。

制动液更换轮胎顺序：________________。

更换制动液注意事项：________________

____

____

________________________________。

任务4.4 自测表

在教师签字前，你应在教师的帮助下，找出所有的错误，进行改正

检查项目	回答
检查车轮轮毂	
检查盘式制动器	
检查鼓式制动器	
更换制动液	

教师签字__________　日期__________

学生签字__________　日期__________

任务4.5 发动机室维护检查

任务学习目的

本任务是为了让你获得发动机室的检查维护操作程序，具有独立完成工作的能力。检查项目有：

1）发动机起动前检查。

2）发动机起动检查。

3）发动机停止检查。

4）车辆维护复查工作。

学习信息

将车辆举升到顶起位置7(见图4-105),进行发动机室的检查维护工作。

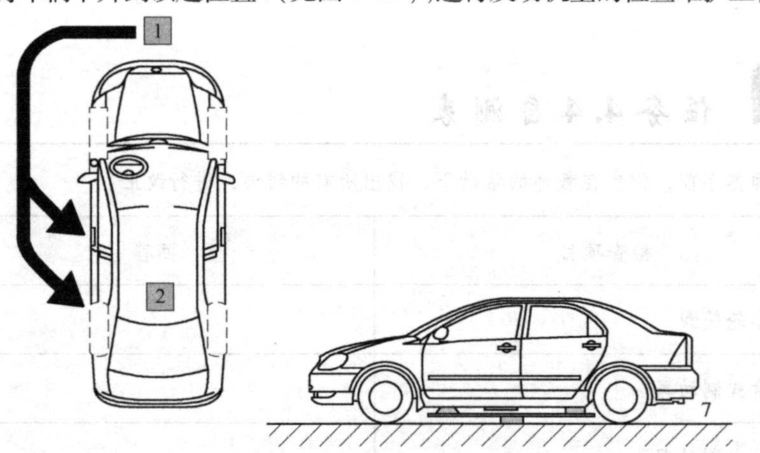

图4-105 完成发动机室检查维护工作路线与举升位置

1—发动机室 2—燃油滤清器

4.5.1 发动机起动前检查

拉起驻车制动器，用车轮挡块挡住车轮。

1. 加注发动机润滑油

发动机润滑油更换间隔期：

1）汽油发动机每10000km或1年。

2）柴油发动机每5000km或6个月。

润滑油类型根据用户手册提供的发动机润滑油类型进行更换。

通过注油孔注入规定数量的润滑油（见图4-106）。

2. 更换冷却液

检查冷却液间隔期：每40000km或2年进行一次。

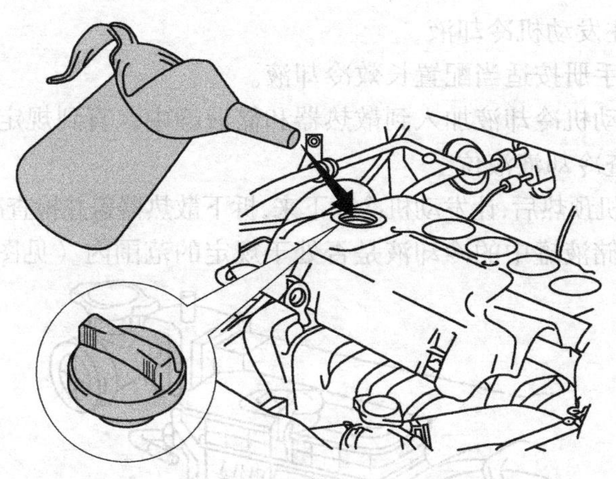

图4-106 加注发动机润滑油

（1）排放发动机冷却液 通过散热器和发动机以及储液罐的排放塞排放发动机冷却液。

1）松开散热器盖45°（见图4-107）。

2）散热器内部的压力释放后，取下散热器盖。

3）松开散热器排放塞以便排放冷却液。

4）断开储液罐软管，从储液罐中排放出冷却液。

5）冷却液放出后，取下排放塞用水冲洗冷却系统。

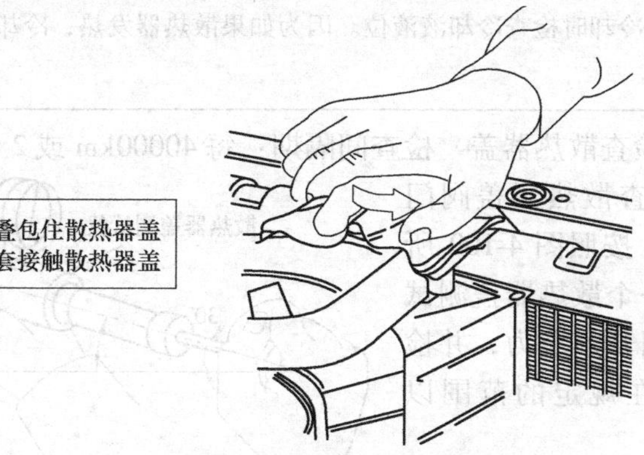

图4-107 松开散热器盖45°

注意：

1）收集冷却液和清洁水，并且将其当作工业废水处理以便保护环境。

2）不要在汽车刚运行后立即进行该工作，因为冷却液将会很热（散热器盖将会热得不能接触）。

（2）加注发动机冷却液

1）参照手册按适当配置长效冷却液。

2）将发动机冷却液加入到散热器和储液罐中，直到规定刻度。

（3）检查冷却液液位

1）发动机预热后，让发动机冷却下来，拆下散热器盖并检查冷却液位。

2）检查储液罐中的冷却液是否处于规定的范围内（见图4-108）。

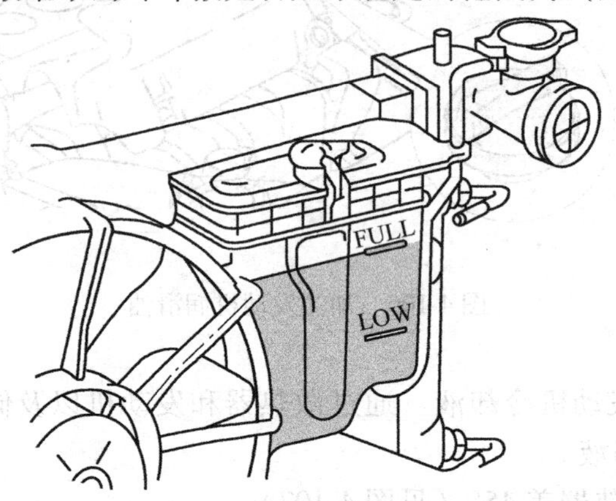

图4-108　检查储液罐冷却液液位

注意：

散热器冷却时检查冷却液液位。因为如果散热器发热，冷却液将会表现为高液位。

（4）检查散热器盖　检查间隔期：每40000km或2年进行一次。

1）检查散热器盖阀门开启压力。按照图4-109所示，使用一个散热器盖测试仪测量阀门开启压力，并检查其是否在规定的范围以内。

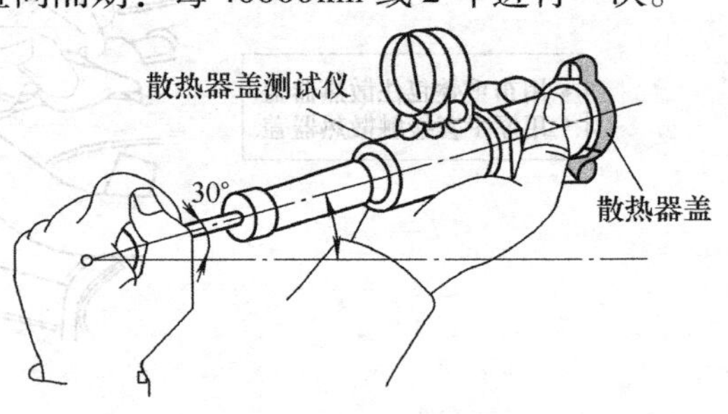

图4-109　检查散热器盖阀门开启压力

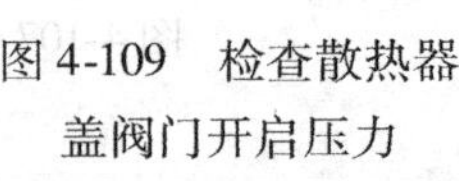

2）检查真空阀是能够平稳操作（见图4-110）。

3）检查散热器盖橡胶密封垫有无裂纹或损坏，如图4-111所示。

3. 检查传动带

检查传动带间隔期：

- 传动带驱动附属的机械装置（交流发电机、动力转向液、水泵）每20000km或2年检查一次。
- 正时带每100000km更换一次，正时链不必定期更换。

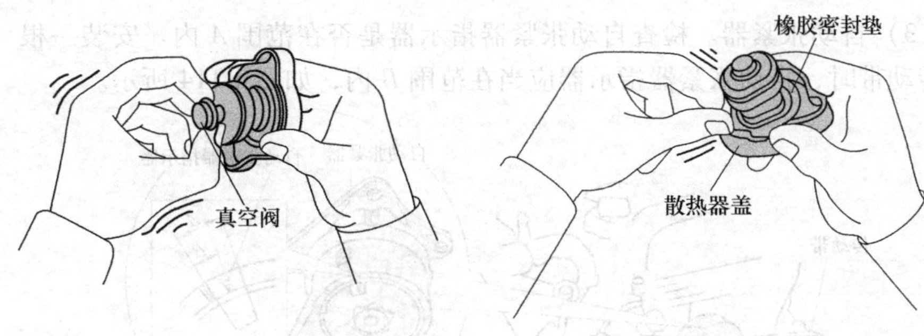

图4-110　检查真空阀

图4-111　检查散热器盖橡胶密封垫有无裂纹或损坏

（1）检查与调整传动带张紧度

1）检查传动带张紧度。

方法一：用手指按压传动带检查张紧度（见图4-112中1）。通过在维修手册中规定的区域施加一个98N的力检查张紧程度。

方法二：使用一个传动带张力计检查传动带张力。

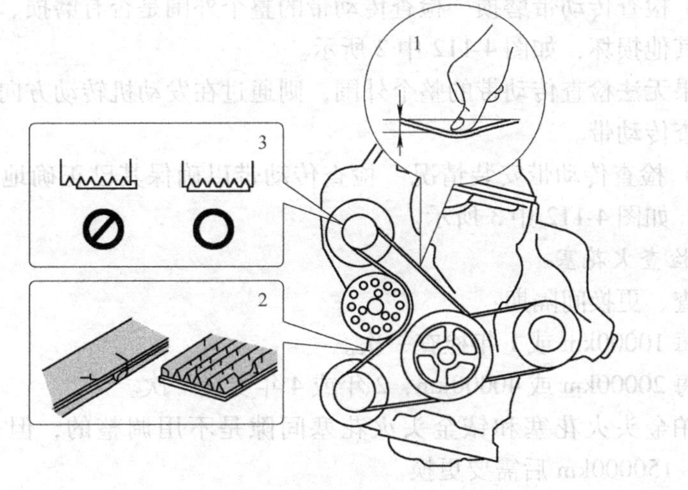

图4-112　检查传动带张紧度

2）调整传动带张紧度　传动带布置有无惰轮类型和惰轮类型两种，应按照图4-113所示的调整方法，通过调整螺母进行调整。

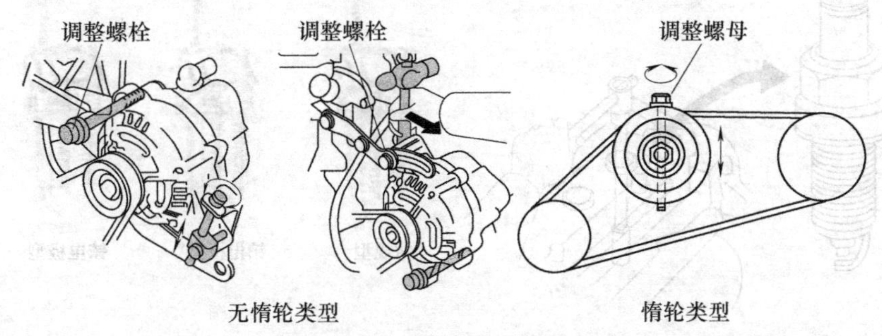

图4-113　调整传动带张紧度

3）自动张紧器。检查自动张紧器指示器是否在范围 A 内。安装一根新传动带时，自动张紧器指示器应当在范围 B 内，如图 4-114 所示。

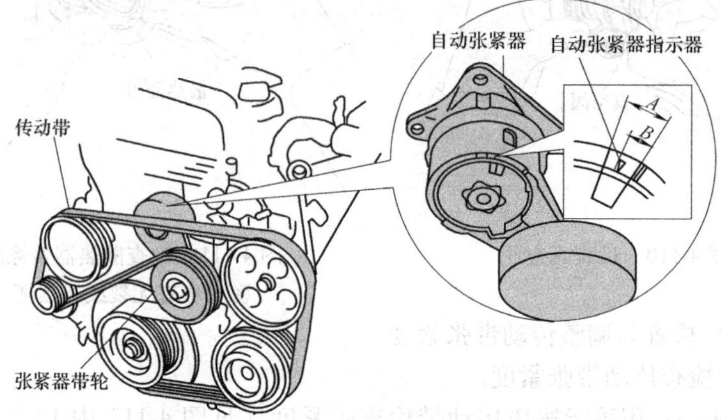

图 4-114　自动张紧器调整指示器

（2）检查传动带磨损　检查传动带的整个外围是否有磨损、裂纹、层离或者其他损坏，如图 4-112 中 2 所示。

如果无法检查传动带的整个外围，则通过在发动机转动方向转动曲轴带轮检查传动带。

（3）检查传动带安装情况　检查传动带以确保其已正确地安装在带轮槽内，如图 4-112 中 3 所示。

4. 检查火花塞

检查、更换间隔期：

- 每 10000km 或 1 年检查一次。
- 每 20000km 或 40000km，2 年或 4 年更换一次。
- 铂金头火花塞和铱金头火花塞间隙是不用调整的，但是在运行 100000～150000km 后需要更换。

（1）更换火花塞　按照更换间隔期更换火花塞，如图 4-115 所示。

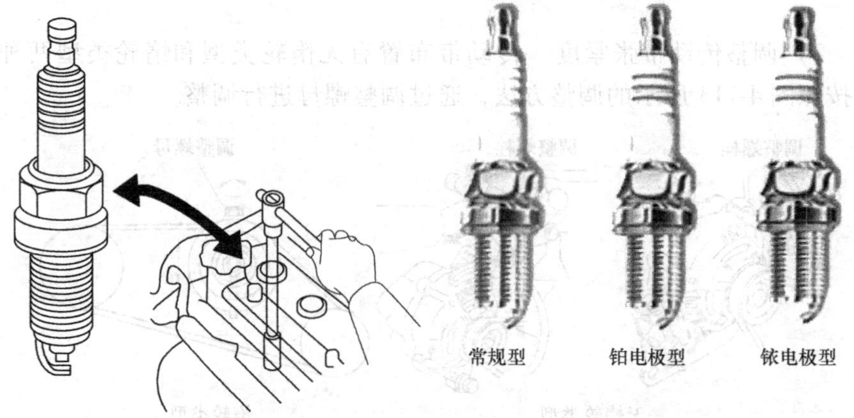

图 4-115　更换火花塞

注意：

1）火花塞打开期间不要让外物进入燃烧室。

2）安装火花塞，首先用手拧上，然后再上紧到规定力矩。

（2）检查火花塞（见图4-116）

1）检查电极磨损。检查火花塞电极边缘是否被完全磨掉或者变圆（见图4-116a）。

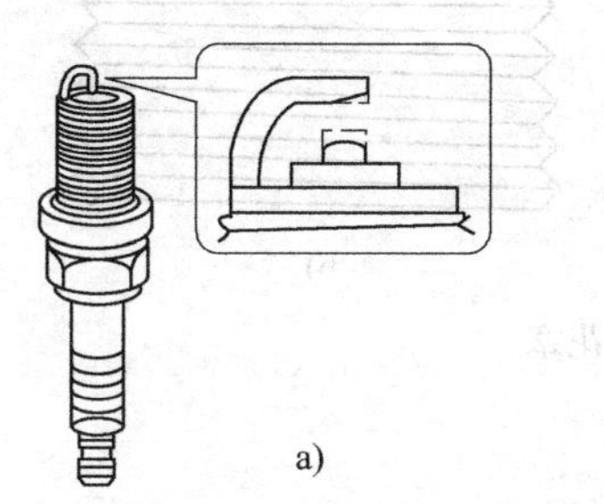

a)

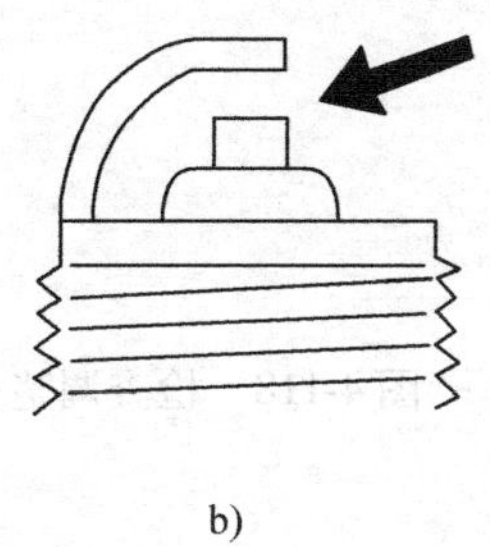

b)

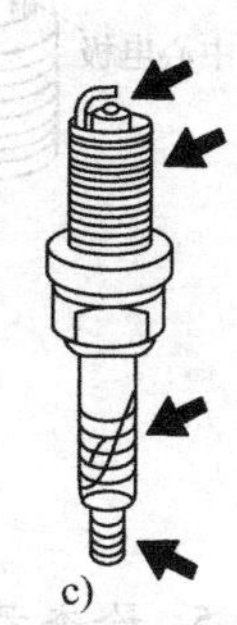

c)

图4-116 检查火花塞

2）检查绝缘体。检查绝缘体是否咬住（见图4-116b）。

3）检查火花塞损坏。检查绝缘体是否有裂纹、端子腐蚀和被损坏的螺纹（见图4-116c）。

（3）清洁火花塞电极 常见的火花塞电极状况有炭污、油污和过热。

如果电极上有湿炭痕迹，应使用火花塞清洁剂清洁（见图4-117）。

如果有润滑油痕迹，使用火花塞清洁剂之前用汽油将其清除。

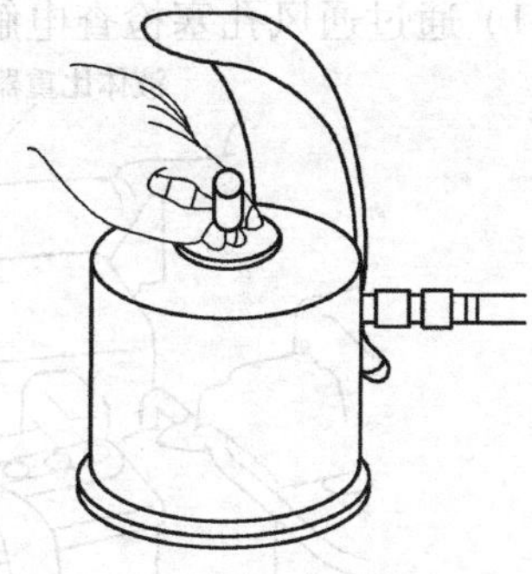

图4-117 用火花塞清洁剂清洁火花塞

注意：

1）不能使用火花塞清洁剂清洁镶铂或者镶铱的火花塞。

2）如果火花塞确实非常黑，可以短时间（小于20s）清洁火花塞。

（4）检查调整火花塞间隙

1）检查火花塞间隙。

测量工具：火花塞间隙量规。

测量方法：使用火花塞量规，将火花塞的电极放入火花塞量规的缺口部分，然后弯曲电极以便调整间隙（见图4-118a）。如果未在规定的值以内，调整火花塞间隙。

2）调整火花塞间隙。弯曲时，不要让火花塞量规和绝缘体接触，确保绝缘体不会破裂，如图 4-118b 所示。

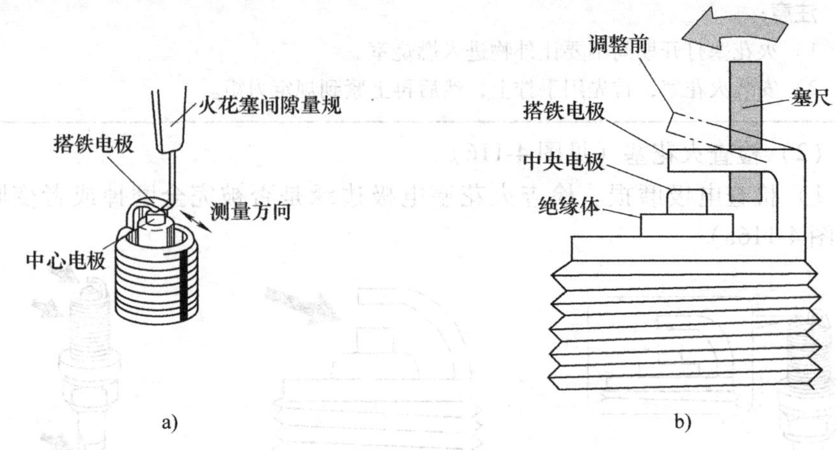

图 4-118　检查调整火花塞

5. 检查蓄电池

（1）检查电解液液位

检查工具：液体比重计。

检查方法：检查蓄电池各个单元的液位是否处于上线和下线之间。

1）通过通风孔塞检查电解液液位，按图 4-119 所示检查。

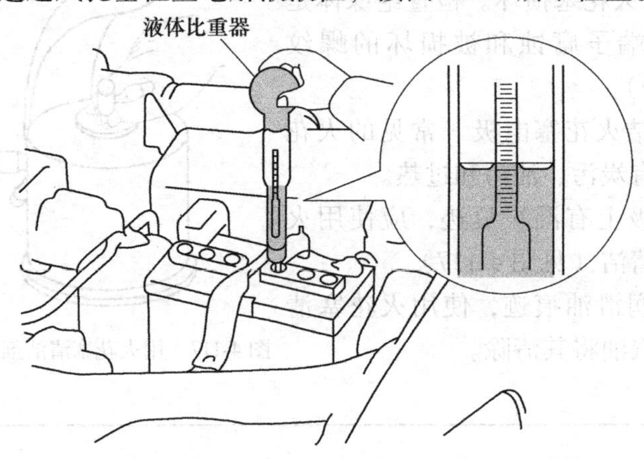

图 4-119　用通风孔检查电解液液位

电解液相对密度标准：

①当电池电解液温度为 20℃时，所有单格的相对密度应在 1.250 ~ 1.280 之间，为正常。

②每个电池单格之间的相对密度偏差不低于 0.025。

③当测量时蓄电池电解液温度不是 20℃，则将该温度下的相对密度换算成 20℃（68 ℉）温度下的相对密度。其换算公式如下：

摄氏测量　$S_{20(°C)} = S_T + 0.0007 \times (t - 20)$

华氏测量　$S_{68(°F)} = S_T + 0.0004 \times (t - 68)$

式中　S_{20}——20℃时的电解液相对密度；

S_T——测量的实测电解液相对密度；

t——当测量相对密度时电解液的温度。

2）某些类型的蓄电池是通过蓄电池指示器查看液位和蓄电池状况的，其检查方法如图4-120所示。

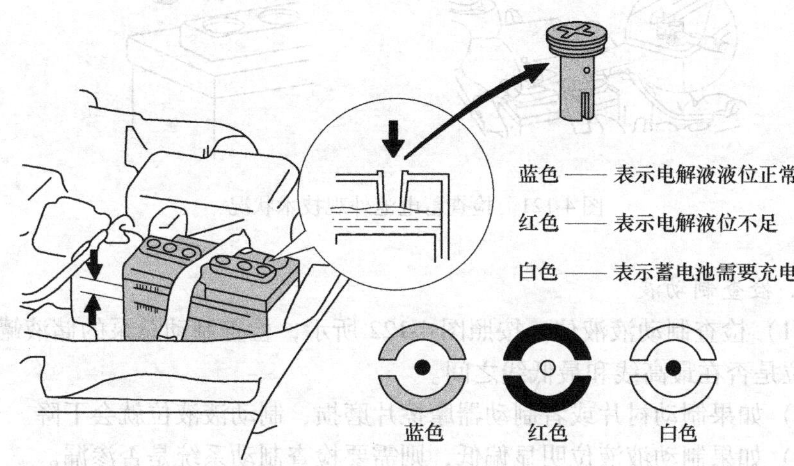

图4-120　蓄电池指示器查看液位和蓄电池状况

注意：

1）应该使用蒸馏水作为电解液添加。如果使用自来水作为电解液，会因自来水中的杂质降低蓄电池性能和寿命。

2）如果添加的液体超过规定水平，应抽掉多余的部分。液体过多会在充电时造成溢流，腐蚀端子和其他零件。

3）蓄电池液含有硫酸，会严重烧伤皮肤或由于氧化腐蚀其他物体。如果电解液喷溅在皮肤或衣服上时，要立刻用大量的水洗掉；如果电解液接触眼睛，应立即用水冲洗数分钟并及时求医。

（2）检查蓄电池外观技术状况　图4-121所示为检查蓄电池外观技术状况。

1）损坏。检查蓄电池盖是否有裂纹或者渗漏。

2）腐蚀。检查蓄电池端子是否腐蚀。

3）松动。检查蓄电池端子导线是否松动。

4）通风孔塞。检查蓄电池的通风孔塞是否损坏或者通风孔是否阻塞。

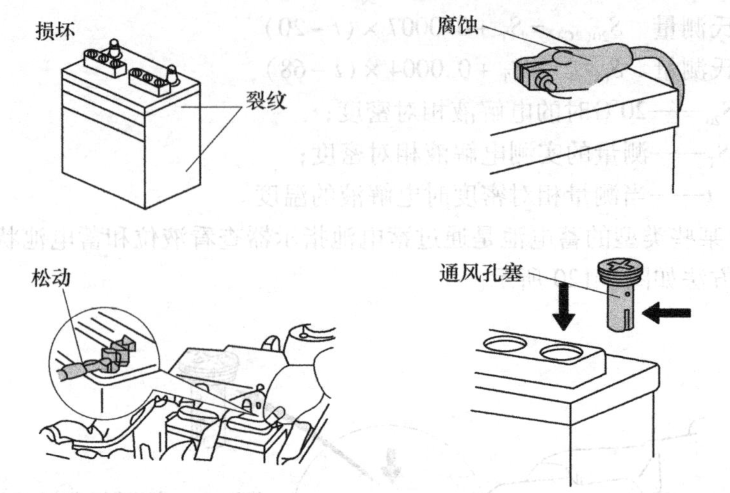

图 4-121　检查蓄电池外观技术状况

6. 检查制动液

（1）检查制动液液位　按照图 4-122 所示，检查制动总泵的储液罐中的液位是否在最高线和最低线之间。

1）如果制动衬片或者制动器摩擦片磨损，制动液液位就会下降。

2）如果制动液液位明显偏低，则需要检查制动系统是否渗漏。

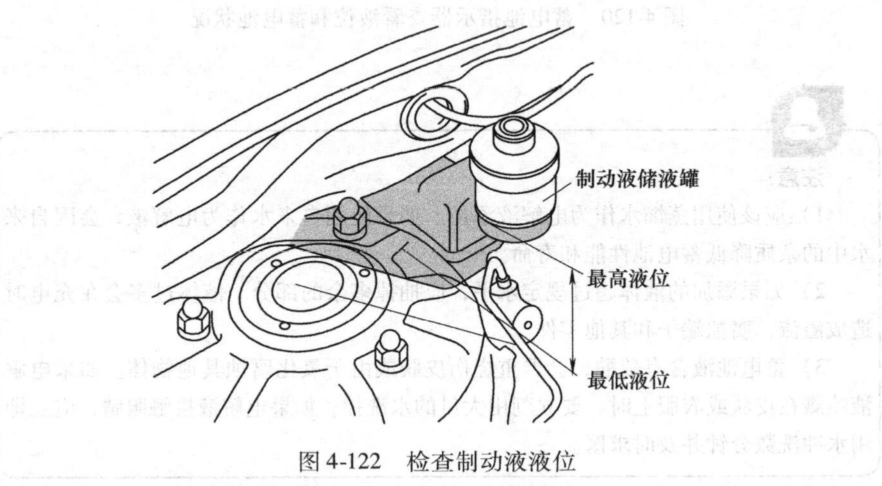

图 4-122　检查制动液液位

注意：

如果制动液溅出或者粘在油漆上，立即用水漂洗。否则，制动液将损坏油漆表面。

（2）检查制动液体渗漏　检查制动管和软管渗漏间隔期：制动软管定期检查，发现任何问题，立即更换；每 20000km 或 1 年更换一次。

1）检查制动总泵是否有渗漏。

2）检查制动管线有无渗漏，如图 4-123 所示。

①检查制动管线是否有制动液渗漏。

②检查制动软管和管道是否有裂纹和老化。

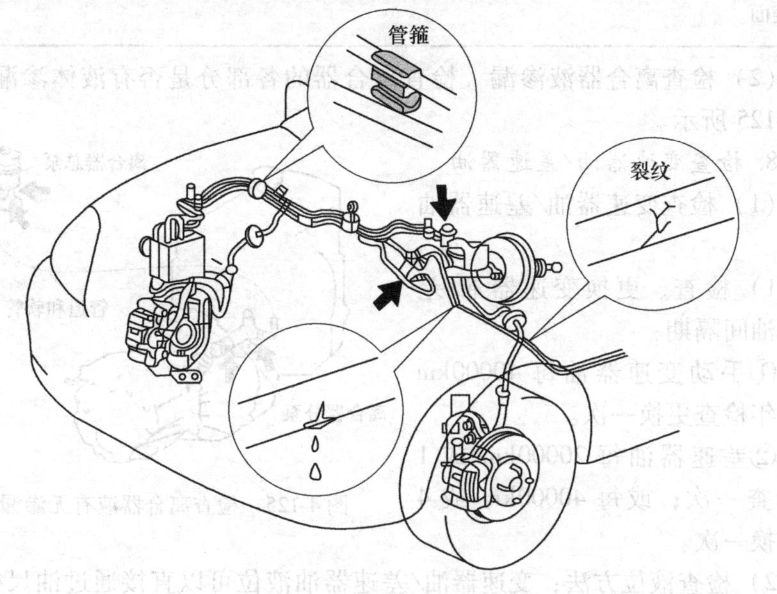

图 4-123　检查制动液体有无渗漏

3）安装。

①检查制动软管和管道的安装是否正确。

②需要在各软管和管道上安装管箍。

③软管和管道不得干扰其他部件。

7. 检查离合器液

（1）检查离合器液位　按照图 4-124 所示检查总泵储液罐中的液位是否在最高刻度和最低刻度之间。离合器液位不会因离合器磨损而下降，处于低液位状态表明离合器液可能渗漏。

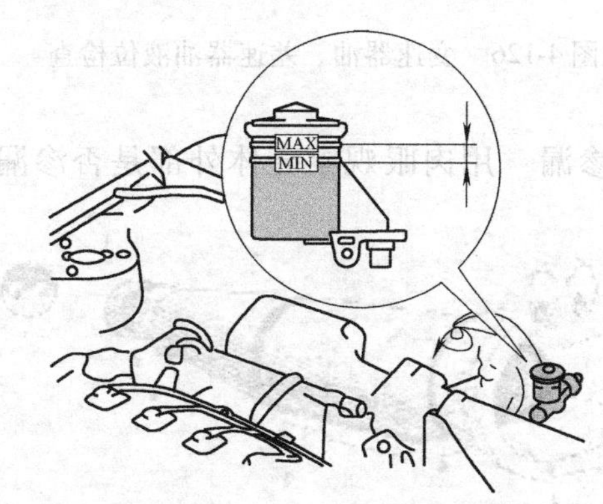

图 4-124　检查离合器液位

注意：

如果离合器液溅出或者粘在油漆上，立即用水漂洗。否则，离合器液将损坏油漆表面。

（2）检查离合器液渗漏　检查离合器的各部分是否有液体渗漏，如图4-125所示。

8. 检查变速器油/差速器油

（1）检查变速器油/差速器油液位

1）检查、更换变速器油/差速器油间隔期：

①手动变速器油每40000km或4年检查更换一次。

②差速器油每20000km或1年检查一次；或每40000km或4年更换一次。

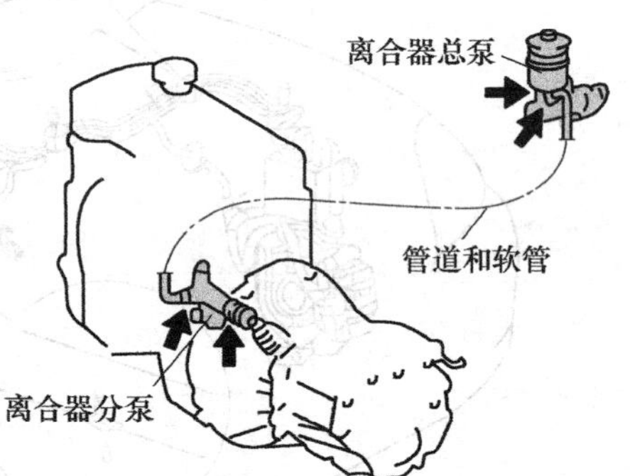

图4-125　检查离合器液有无渗漏

2）检查液位方法：变速器油/差速器油液位可以直接通过油尺检查，如图4-126所示。

图4-126　变速器油、差速器油液位检查

（2）检查壳体渗漏　用肉眼观察壳体外部是否渗漏，如图4-127所示。

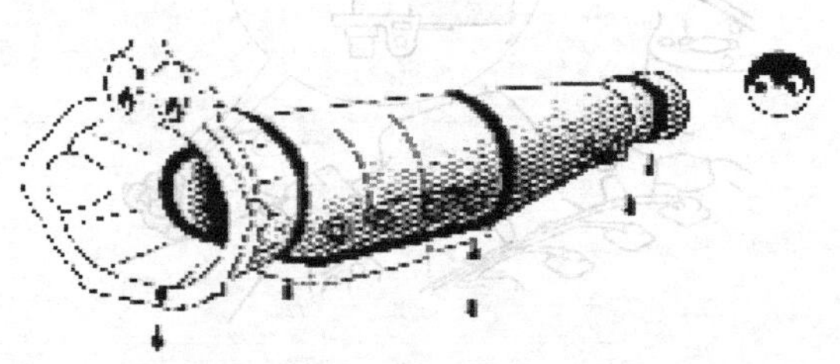

图4-127　观察外壳有无泄漏

9. 检查、更换空气滤清器滤芯

如果空气滤清器滤芯被堵塞，进入发动机的空气数量减少，发动机输出功率下降，燃油经济性变差。

检查、更换空气滤清器滤芯间隔期：每20000km 或2 年检查一次；每40000km 或4 年更换一次。

（1）检查、更换纸质空气滤清器滤芯

1）清洁。使用压缩空气清除滤清器滤芯上的污物，压缩空气由里向外吹，如图4-128 所示。

2）检查。检查空气滤清器滤芯中是否有灰尘、积聚微粒或破裂。

3）安装。安装时确保空气滤清器滤芯上的橡胶密封良好。

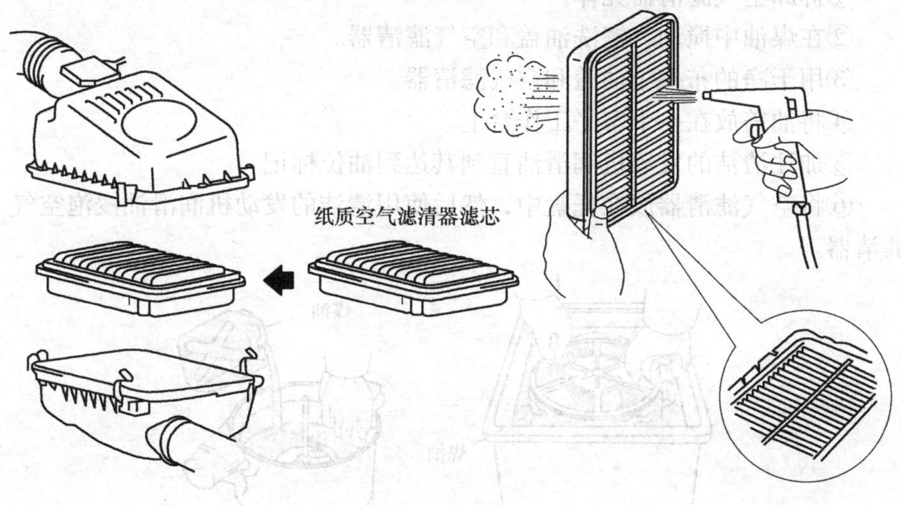

图4-128　清洁纸质空气滤清器滤芯

（2）检查、更换可清洗型空气滤清器滤芯

1）清洁滤芯（见图4-129）。

①使用压缩空气，完全吹出滤芯内部的灰尘。

②将滤芯浸入水中并且上下移动10min 或者更长时间。重复该过程直到水干净为止。

③通过摇晃滤芯或者在其上面吹压缩空气将多余的水清除掉。

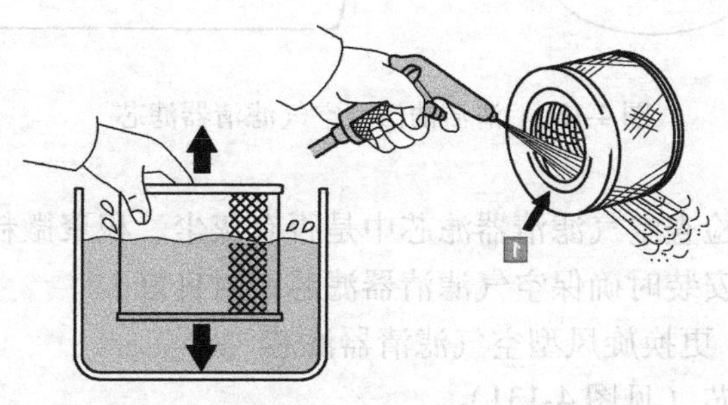

图4-129　清洁可清洗型空气滤清器滤芯

注意：

1）切勿敲打或者跌落滤芯。

2）擦掉空气滤清器壳内部的灰尘。

2）检查。检查垫片是否有裂纹或者损坏。

3）安装。检查垫片是否牢固地安装于空气滤清器滤芯中。

(3) 检查、更换油浴型空气滤清器滤芯

1）清洁滤芯（见图 4-130）

①拆卸空气滤清器壳体。

②在煤油中搅动、擦洗油盖和空气滤清器。

③用干净的布擦干油盖和空气滤清器。

④将油盖放在一个水平工作台上。

⑤加注清洁的发动机润滑油直到其达到油位标记。

⑥将空气滤清器放在托盘中，然后使用清洁的发动机润滑油浸泡空气滤清器。

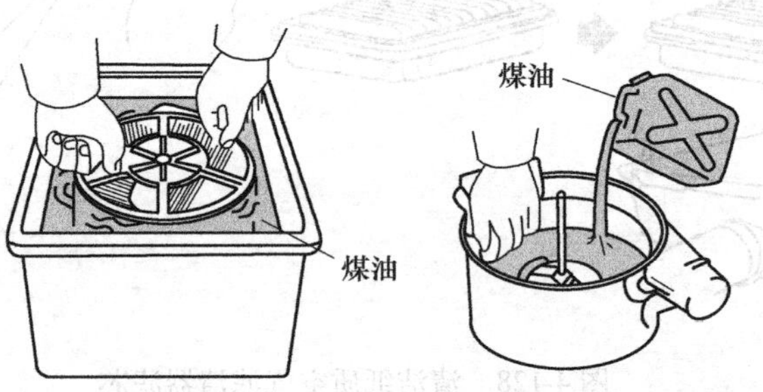

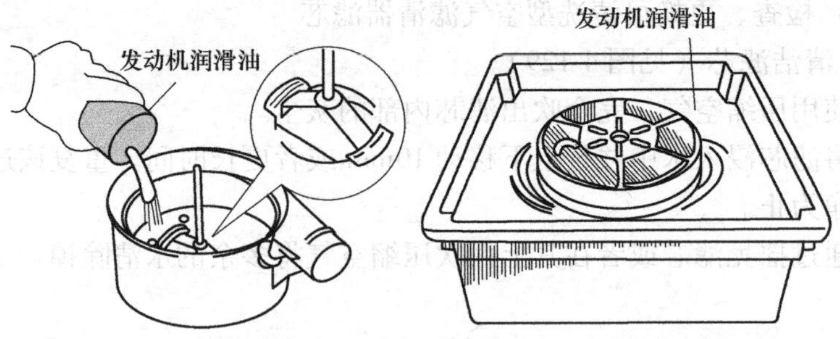

图 4-130 清洁油浴型空气滤清器滤芯

2）检查。检查空气滤清器滤芯中是否有灰尘、积聚微粒或破裂。

3）安装。安装时确保空气滤清器滤芯密封良好。

(4) 检查、更换旋风型空气滤清器滤芯

1）清洁滤芯（见图 4-131）

①使用压缩空气清洁滤芯。快速和彻底地从里面吹气，然后，从滤芯

的外面吹气。

②取出集尘器并且将尘土从里面清除，然后，清洁集尘器的里面。

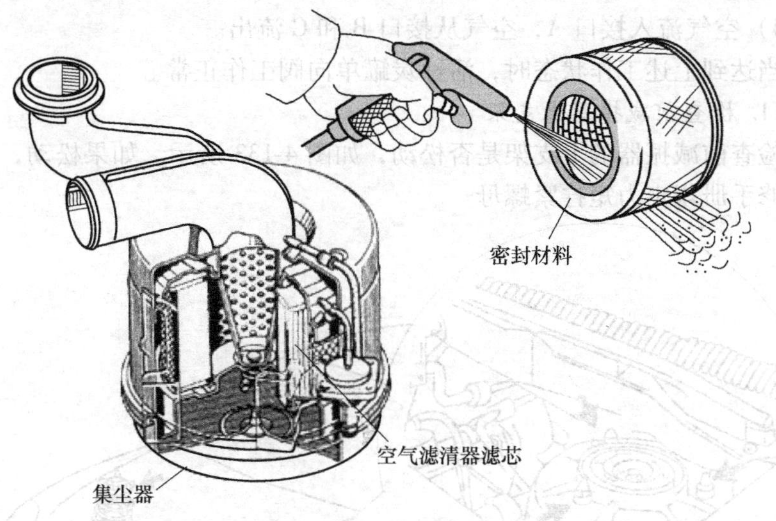

图4-131　清洁旋风型空气滤清器滤芯

2）检查。检查滤芯上附着泥土或者阻塞、破裂的情况。

3）安装。检查滤芯是否牢固地安装于空气滤清器滤芯中。

10. 检查活性炭罐

活性炭罐是防止燃油箱的蒸气逃逸到大气中。当单向阀阻塞时，汽油蒸气就排放到大气，污染空气。

检查间隔期：每40000km或2年进行一次。

（1）检查损坏　检查活性炭罐是否损坏。

（2）检查阀门工作情况。按图4-132所示结构，检查活性炭罐单向阀的工作情况。其检查步骤如下：

1）关闭接口B和C，把真空引入接口A，无泄漏。

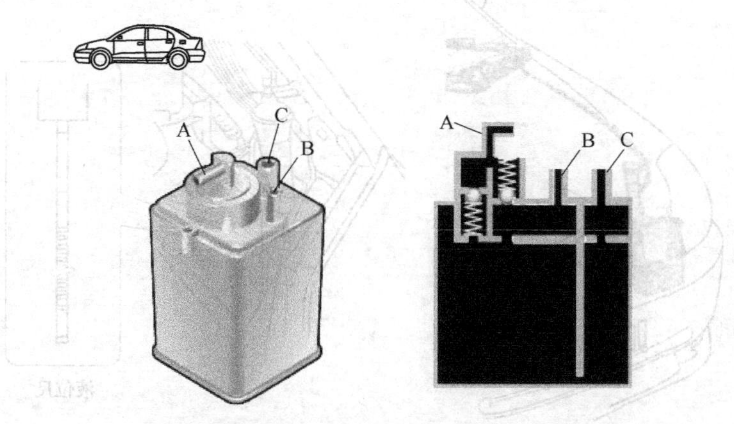

图4-132　活性炭罐单向阀

2）关闭接口 C，把真空引入接口 A，空气从接口 B 流出。

3）关闭接口 C，向接口 A 吹入空气，空气从接口 B 流出。

4）空气流入接口 A，空气从接口 B 和 C 流出。

当达到上述工作状态时，活性炭罐单向阀工作正常。

11. 检查前减振器上支架

检查前减振器的上支架是否松动，如图 4-133 所示。如果松动，则按照维修手册规定力矩拧紧螺母。

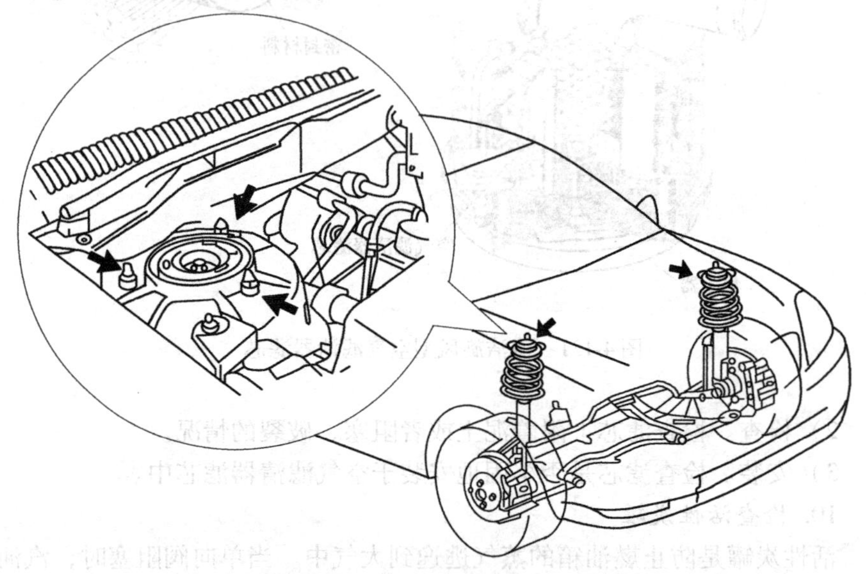

图 4-133　检查前减振器的上支架

12. 检查喷洗液液位

检查间隔期：每 10000km 或 6 个月进行一次。

使用液位尺检查喷洗器罐中的喷洗液是否充分注满，如图 4-134 所示。

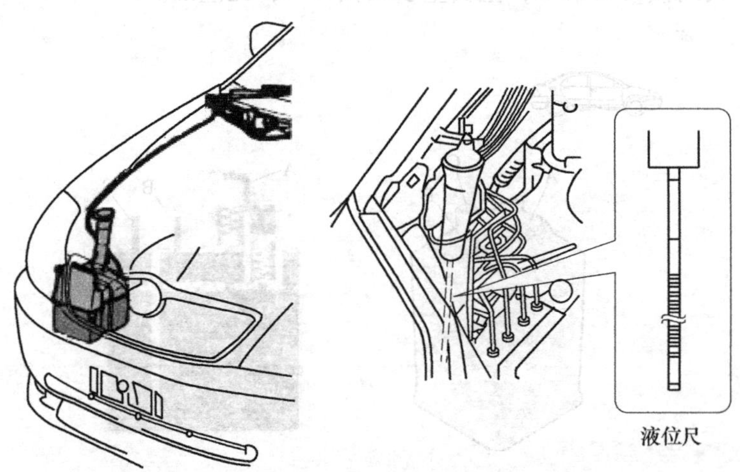

图 4-134　检查喷洗液液位

13. 拧紧轮毂螺母

1）按照一个交叉顺序拧紧每个轮胎上的轮毂螺母。

2）使用扭力扳手将螺母拧紧至规定力矩。

4.5.2　发动机起动检查

1. 检查曲轴箱强制通风系统（PCV）

PCV是排放控制的控制装置之一。如果PCV堵塞，曲轴箱中未燃烧的燃气不能够被吸入进气歧管，而直接排放到大气；同时它与发动机润滑油混合，使润滑油变质。

检查间隔期：每20000km或1年进行一次。

（1）检查PCV安装情况　发动机怠速时，通过手指夹紧PCV软管检查工作噪声，出现噪声为正常，如图4-135所示。

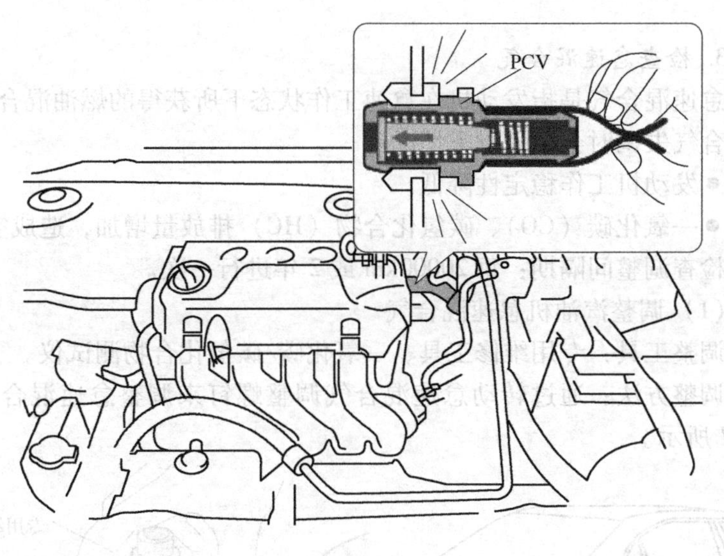

图4-135　检查PCV安装情况

（2）检查软管损坏　检查软管是否有裂纹或者损坏。

2. 检查发动机冷却液

（1）检查冷却液渗漏　检查冷却液是否从散热器、橡胶软管、散热器盖和软管夹周围渗漏，如图4-136所示。

（2）检查软管损坏　检查属于冷却系统的橡胶软管是否有裂纹、隆起或者硬化。

（3）检查松动　检查软管连接和管箍的安装是否松动。

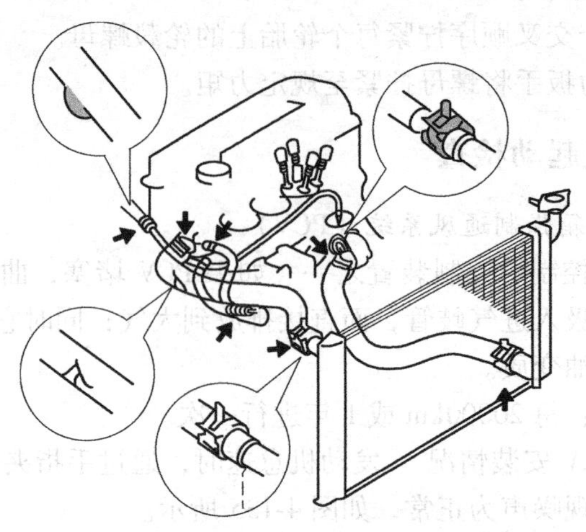

图 4-136 检查发动机冷却液

3. 检查怠速混合气

怠速混合气是指发动机在怠速工作状态下所获得的燃油混合气。当怠速混合气失调时会出现以下情况：

- 发动机工作稳定性降低。
- 一氧化碳（CO）、碳氢化合物（HC）排放量增加，造成空气污染。

检查调整间隔期：每 20000km 或 2 年进行一次。

（1）调整汽油机怠速混合气

调整工具：专用维修工具、一氧化碳/碳氢化合物测试仪。

调整方法：通过转动怠速混合气调整螺钉来调整怠速混合气，如图 4-137 所示。

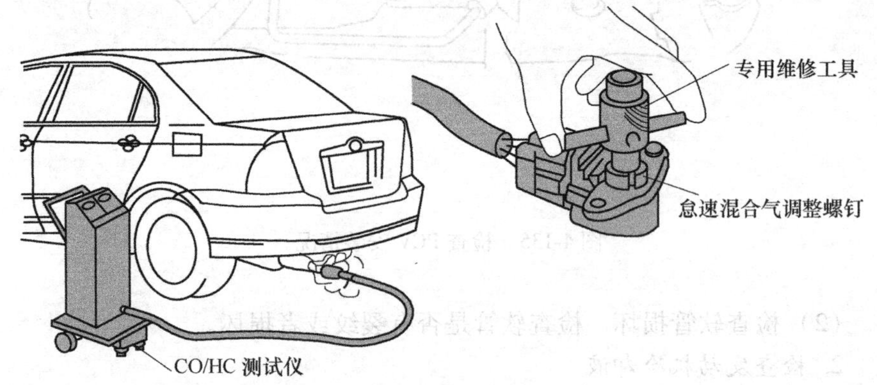

图 4-137 汽油机怠速混合气调整

（2）调整柴油机怠速混合气

1）调整柴油机快怠速混合气。发动机冷机时，转动怠速调整螺钉来调整调节杆的位置，如图 4-138 所示。

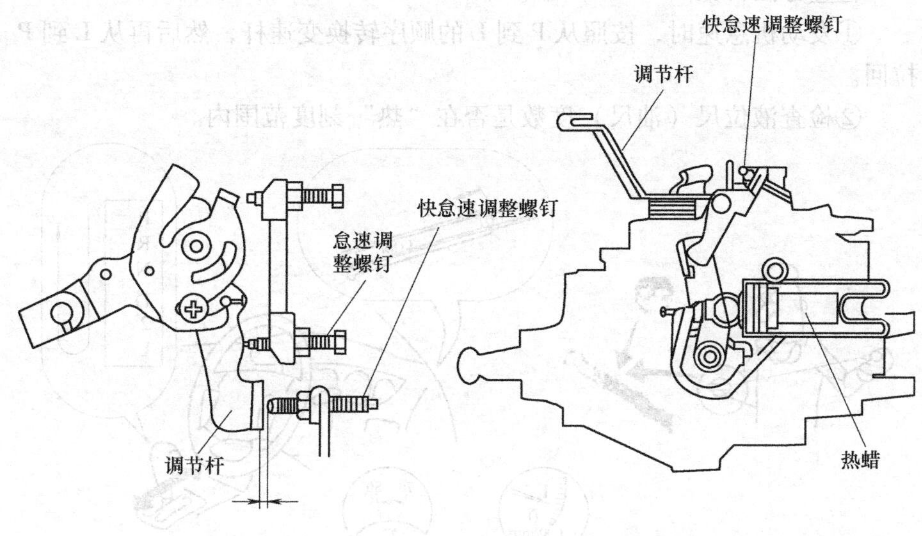

图4-138 柴油发动机快怠速混合气调整

2）调整柴油机怠速混合气。

①在发动机预热后，转动怠速调整螺钉来调整调节杆的位置，如图4-139所示。

②检查是否排放出异常白烟或者黑烟。

③如果烟质看不见，使用一块白布或者烟度计来检查它。

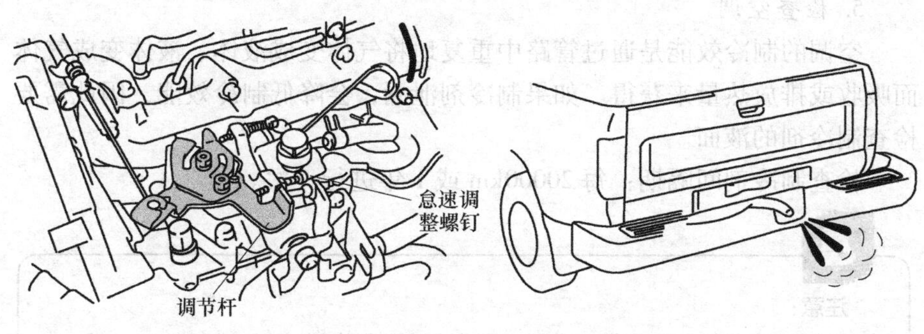

图4-139 柴油机怠速混合气调整

4. 检查自动变速器油（ATF）

自动变速器油检查/更换间隔期：每40000km或2年检查一次；每80000km或4年更换一次。

1）检查ATF液位。通常ATF液位不会随着行驶里程或使用时间延长而降低，如果液位降低，一定是液体泄漏引起的，应当更换油封。

检查条件：液位应当在正常运行的条件下检查（液温 75℃ ±5℃）。

检查方法：如图 4-140 所示。

①发动机怠速时，按照从 P 到 L 的顺序转换变速杆，然后再从 L 到 P 拉回。

②检查液位尺（油尺）度数是否在“热”刻度范围内。

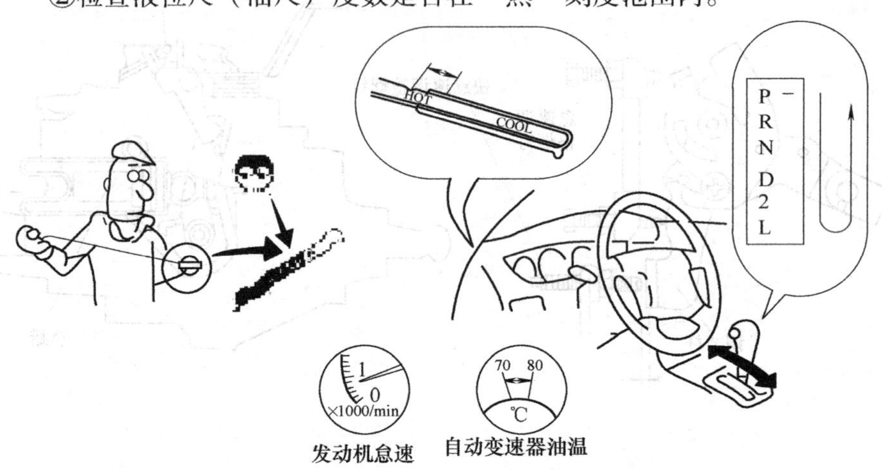

图 4-140 检查 ATF 液位和有无变质

2）检查 ATF 油变质。ATF 变质后，会导致下列情况出现：

①换挡冲击变大。

②燃油经济性变差。

③变速器发出异常躁声。

ATF 呈红色，无异味，则为正常，没有变质。

5. 检查空调

空调的制冷效能是通过管路中重复地将气体变成液体、液体变成气体而吸收或排放热量来获得。如果制冷剂泄漏，会降低制冷效能，因此需要检查制冷剂的液面。

检查制冷剂间隔期：每 20000km 或 1 年进行一次。

注意：

1）不要在封闭区内或靠近火源或火花来处理制冷剂。

2）如果系统中制冷剂量不足，添加前戴护目镜。

3）防止工作时制冷剂接触眼睛或皮肤。

4）不要放在加热容器上或将其放在火上。

5）不要把容器掉在地上或使其受到强冲击。

6）如果系统中制冷剂量不足，不要运行压缩机。

7）压缩机工作时不要打开高压歧管阀。

8）系统中制冷剂不要加注过量。

(1) 检查制冷剂量

1) 检查条件

①发动机转速为1500r/min。

②鼓风机速度控制开关处于“高”位。

③A/C 开关 ON。

④温度控制设为“最冷”。

⑤完全打开所有车门。

2) 检查方法。通过观察窗观察制冷剂的流量，并检查制冷剂的存量，如图4-141所示。

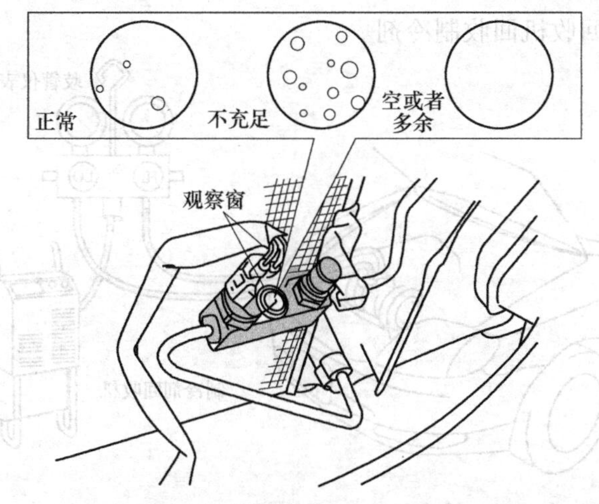

图4-141　制冷剂量的观察

(2) 检查制冷剂有无渗漏

检查条件：关闭点火开关。

检查仪器：气体泄漏测试仪。

检查方法：如图4-142所示。

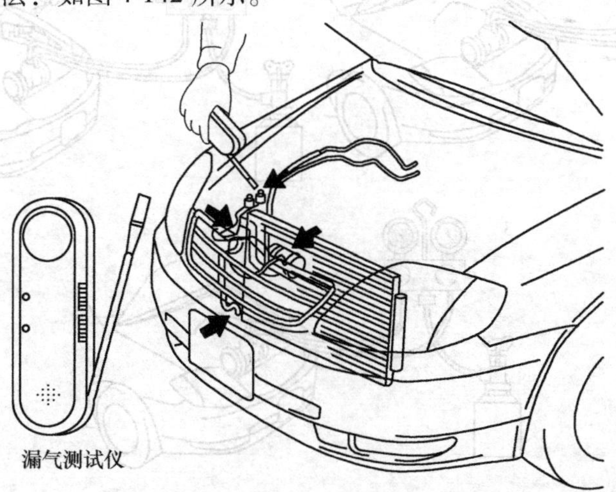

图4-142　检查制冷剂有无渗漏

1）渗漏的制冷剂会通过来自一个风扇或者鼓风机的空气稀释，从而不可能进行渗漏检查。

2）当冷却器装置中的制冷剂压力下降，表明制冷剂渗漏。

3）当气体渗漏测试仪对湿度的突然变化作出反应，这是来自排放软管的湿空气造成的，从而导致误推断。

（3）回收空调制冷剂　为了减少制冷剂排放对空气臭氧层的破坏，现在使用的制冷剂为 HFC-134a、R134a。回收制冷剂方法如图 4-143 所示。

1）安装歧管仪表。

2）使用回收机回收制冷剂。

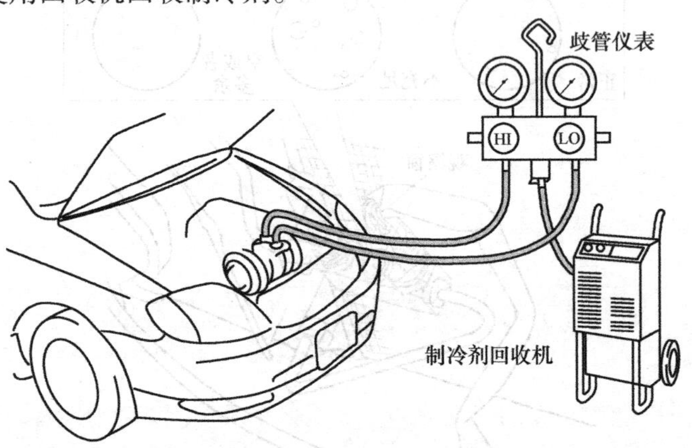

图 4-143　回收制冷剂

（4）加注空调制冷剂　加注空调制冷剂的方法如图 4-144 所示。

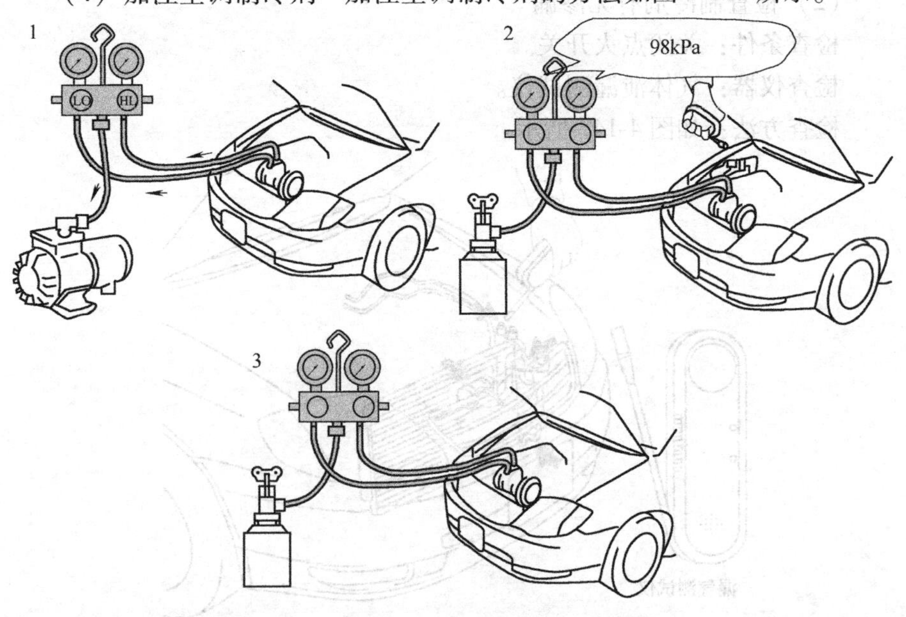

图 4-144　加注空调制冷剂

1）抽空制冷剂。使用一个真空泵抽空制冷剂，停止抽空系统并等待5min或更长时间。用歧管表检查制冷系统有没有渗漏。

2）检查制冷系统有无渗漏。

①在系统中加注制冷剂直到歧管仪表显示大约98kPa。

②使用一个气体泄漏检测器检查制冷剂是否泄漏。

3）在系统加注制冷剂。

6. 检查动力转向液

检查动力转向液间隔期：每10000km或6个月进行一次。

（1）检查动力转向液液位

1）检查步骤：

①发动机怠速时，在保持汽车原地不动时转动转向盘数次，以便使转向液温度上升到40℃～80℃之间，再回退转向盘到中间位置。

②停止发动机。

③检查储液罐中动力转向液的液位是否处于规定的范围内，如图4-145所示。

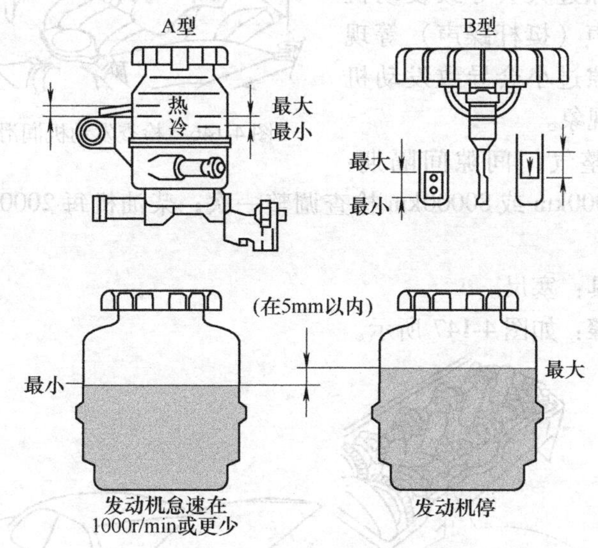

图4-145 检查动力转向液液位

注意：

不要使转向盘完全停留在任何一侧超过10s。否则，将产生一个大的负荷，最终破坏动力转向系统。

2）液位要求：检查发动机运行和停止时的液位偏差是否在5mm以内。

（2）检查动力转向液渗漏 检查与储液罐相连的软管是否渗漏。当动力转向液混入空气后，液体会变白、起泡或者乳化。

4.5.3 发动机停止检查

1. 检查发动机润滑油

发动机润滑油使用后会变质（变脏、变黑），如果不及时更换，发动机会被破坏，起动困难。

（1）检查发动机润滑油油位　将汽车停放在平坦的路面上，预热发动机以及停止发动机 5min 或者更多时间以后，检查机油尺以确保油位处于规定的范围内，如图 4-146 所示。

（2）检查发动机润滑油变质情况　更换发动机润滑油时需要检查的项目有：适当的黏度；无污物；无污染（燃料或者冷却液）。

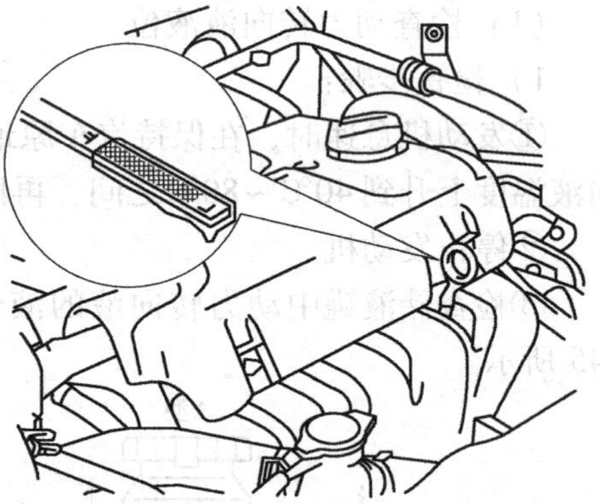

图 4-146　检查发动机润滑油液位

2. 检查调整气门间隙

气门间隙过大会导致发动机发生异常躁声（挺杆躁声）等现象；气门间隙过小会导致发动机轻微振动等现象。

检查调整气门间隙间隔期：汽油机每 40000km 或 80000km 检查调整一次；柴油机每 20000km 检查调整一次。

检查工具：塞尺。

检查步骤：如图 4-147 所示。

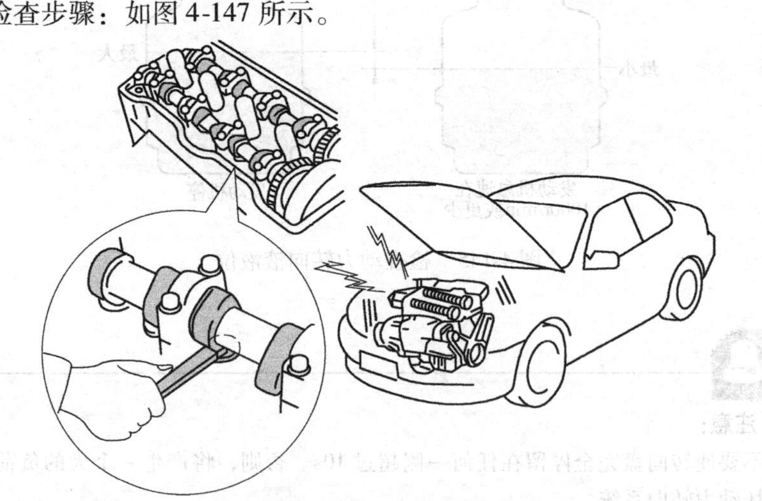

图 4-147　检查调整气门间隙

1）拆卸冷态发动机气门室盖。

2）将一号气缸置于压缩行程的上止点。

3）使用塞尺检查已经完全关闭的气门的间隙。

4）转动曲轴一周，再测量其他气门的间隙。

5）重新安装气门室盖。

如果发动机平稳转动没有异常噪声，该检查可以省略。

3. 更换燃油滤清器

燃油滤清器是通过滤芯来清除燃油中的小杂质的。如果燃油滤清器没有及时更换，滤芯堵塞后，燃油量减少，导致高速大功率输出降低。

更换燃油滤清器间隔期：汽油机每40000km或者80000km更换一次；柴油机每20000km或者2年更换一次。如果使用不纯净的燃油，更换间隔期应当减半。

（1）更换汽油机燃油滤清

1）断开燃油泵的插接器，运行发动机，并且在更换燃油滤清器以前放空燃油管线中的燃油，如图4-148所示。

2）更换新的垫片。

3）用扳手夹住滤清器本体上的螺母。

4）拧紧或者松开管接螺栓。

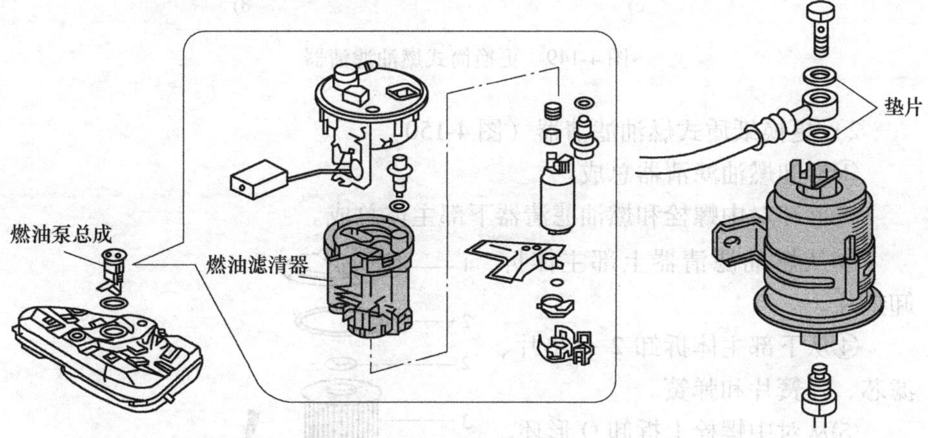

图4-148　更换汽油机燃油滤清器

（2）更换柴油机燃油滤清器

1）更换筒式燃油滤清器（见图4-149）

①从燃油滤清器排放燃油。

②使用专用维修工具，拆卸燃油滤清器及垫片。

③使用专用钳子，拆卸燃油滤清器警告开关及O形环。

④在燃油滤清器警告开关上安装一个新的O形环。

⑤在燃油滤清器警告开关的O形环上涂上燃油。

⑥用手将燃油滤清器警告开关安装在燃油滤清器上。

⑦在新的燃油滤清器的垫片上涂燃油。

⑧用手将燃油滤清器安装到燃油滤清器托架上。

⑨使用起动泵加注燃油，并且检查燃油渗漏。

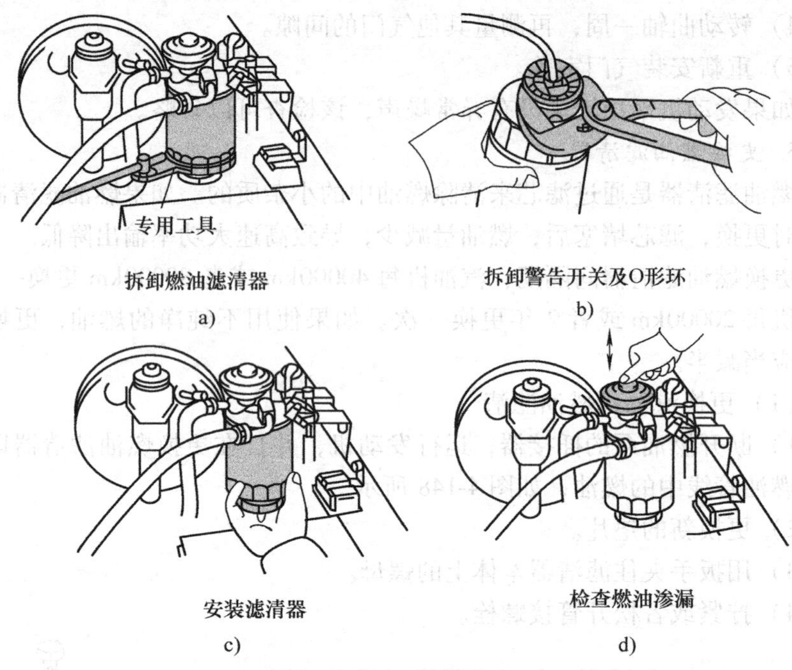

图 4-149　更换筒式燃油滤清器

2）更换纸质式燃油滤清器（图 4-150）

①拆卸燃油滤清器总成。

②拆卸对中螺栓和燃油滤清器下部主体总成。

③从燃油滤清器上部主体拆卸垫片。

④从下部主体拆卸 2 个垫片、滤芯、弹簧片和弹簧。

⑤从对中螺栓上拆卸 O 形环。

⑥清洁下部主体以及对中螺栓。

⑦拿一只新的 O 形环、垫片和滤芯，重新装配。

⑧确保在 O 形环和垫片上涂燃油。

⑨通过操作起动泵将空气从燃油滤清器中放掉。

⑩起动发动机并检查是否有燃油渗漏。

3）更换柴油发动机水沉淀器。松开或者拆卸燃油滤清器排放塞并排水。

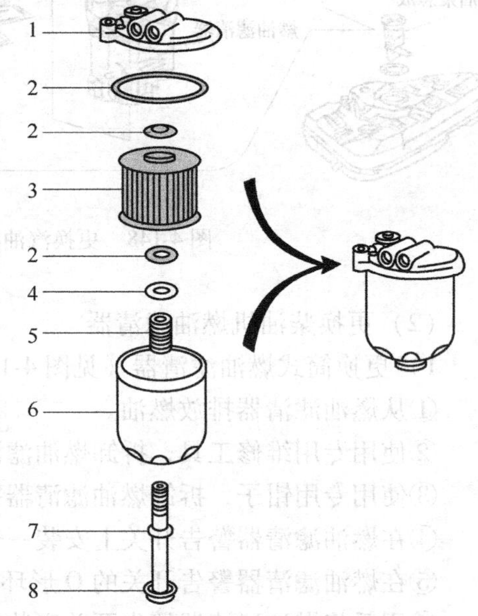

图 4-150　更换纸质式燃油滤清器

1—上部主体　2—垫片　3—滤清器滤芯　4—弹簧片　5—弹簧　6—下部主体　7—O 形环　8—对中螺栓

①水沉淀器/燃油滤清器类型（见图4-151）：排水后，使用一个起动泵加注燃油，然后检查是否有燃油渗漏。

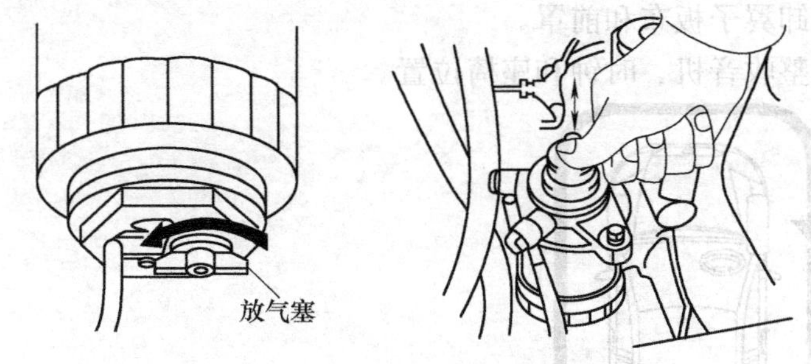

图4-151　水沉淀器/燃油滤清器类型

②独立水沉淀器类型（见图4-152）：如果水未排尽，松开水沉淀器通气塞。

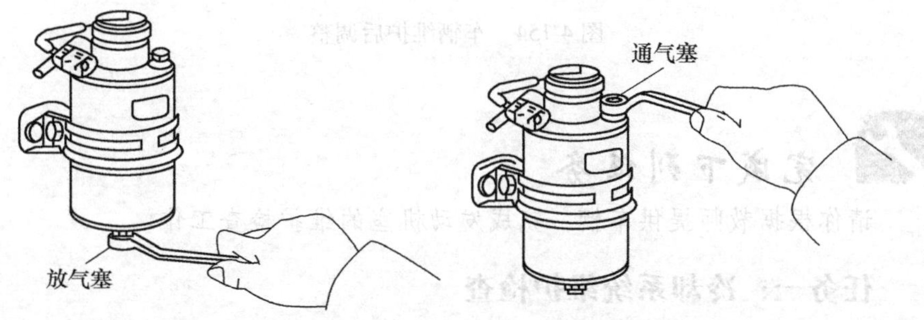

图4-152　独立的水沉淀器类型

4.5.4　汽车维护复查工作

1. 复查车辆维护工作

将车辆举升到顶起位置8（见图4-153），复查前面维护操作是否正确，如部件检查、部件更换和润滑油渗漏。

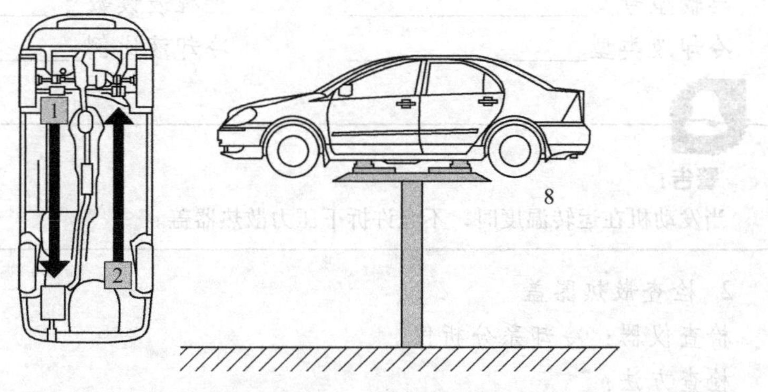

图4-153　复查车辆维护工作路线与举升位置

1—发动机润滑油　2—制动液

2. 车辆维护后调整

将车辆举降到顶起位置9（图4-154所示位置），进行以下工作：

1）拆卸翼子板布和前罩。

2）调整收音机、时钟和座椅位置。

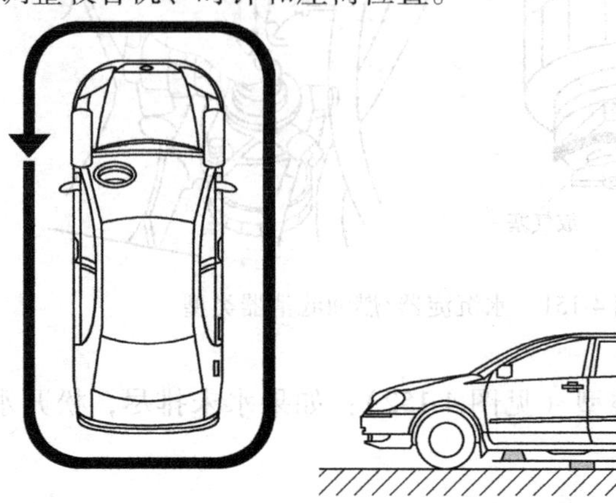

图4-154 车辆维护后调整

完成下列任务

请你根据教师提供车辆，完成发动机室的维护检查工作。

任务一：冷却系统维护检查

1. 检查冷却系统前准备工作

(1) 要求检查冷却系是否继续使用，重点部位是软管、铝管、节温器壳体以及散热器加热铝管，然后根据该系统情况编写报告。

(2) 在处理热冷却液时，应特别小心遵守正确安全步骤。

(3) 检查排出冷却液的安全步骤。

(4) 检查旋转零件应特别小心。

车辆型号 ________________ 里程表读数________________

冷却液类型________________ 冷却液比例________________

警告：

当发动机在运转温度时，不允许拆下压力散热器盖。

2. 检查散热器盖

检查仪器：冷却系分析仪。

检查方法：

(1) 拆下散热器盖（见图4-107），目视观察，重点放在橡胶密封和真空阀门（见图4-110）。

(2) 注意散热器盖工作压力一般印在盖上，记在表中。

(3) 按厂家说明书要求进行检查、记录。

(4) 参照设备使用说明书，打开散热器盖密封，把散热器盖装在冷却系分析仪上（见图4-109）。

(5) 逐步增加压力达到规定压力。

(6) 继续增加压力，注意真空阀门稍稍升离工作面（应是比规定压力稍高一点点），压力稳定，无泄漏。

请将测试数据记录在表4-4中。

表4-4　检查散热器盖

厂家说明书规定压力数	压力盖上打印数字	实　测　值
kPa	kPa	kPa

请教师检查你的读数并签字__________________

3. 检查冷却系统泄漏

(1) 检查冷却液液位，如不足将冷却液加注到散热器和储液罐中。

(2) 重新装上散热器盖。

(3) 让发动机正常运转到正常工作温度。

(4) 检查所有软管连接、散热器、加热器、所有外部接头。

(5) 等发动机冷却下来后，再次检查冷却液液位。

将检查结果记录在表4-5中，提供完整冷却系统泄漏技术报告。

表4-5　检查冷却系统泄漏

检查部位	是否正常
散热器芯、片、水箱连接管	
软管夹子	
散热器压力盖	
膨胀加热水箱	
螺母	

散热器软管是否良好，处于可使用状态？

是　　否

加热器软管是否良好，处于可使用状态？

是　　否

这些软管夹头是否夹紧，处于良好状态？

是　　否

检查结论____

____

4. 检查及调整风扇传动带

(1) 检查传动带损坏程度。请你在图4-155中指出传动带损伤是哪种形式？

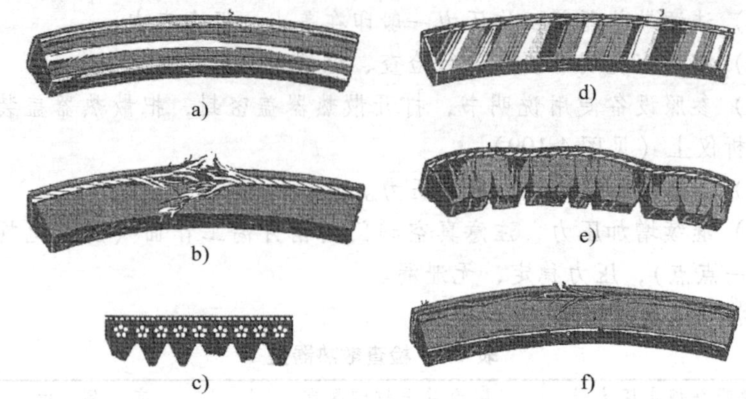

图 4-155　冷却系统传动带损坏形式

a）________________　b）________________

c）________________　d）________________

e）________________　f）________________

（2）检查传动带张紧度（见图 4-156）

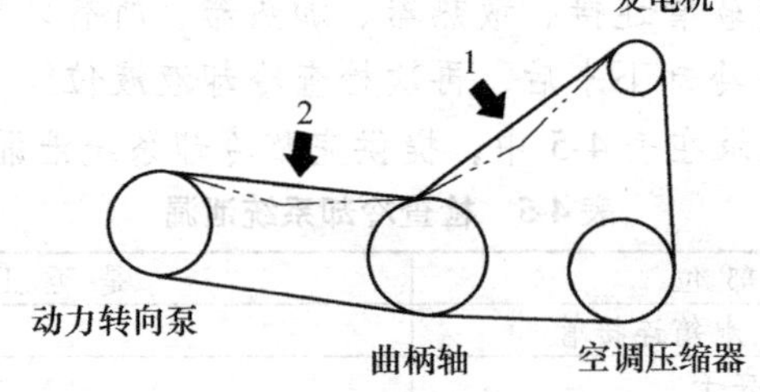

图 4-156　传动带张紧度

所有传动带状况是否良好？

是　　否

传动带是否按厂家规定正确张紧？

是　　否

所有中间带轮（如果安装有）是否处于使用状态？

是　　否

检查结论：____

____

请教师检查读数并签字：________________

5. 冷却液分析

分析用具：相对密度测试剂、pH 值。

分析步骤：

1）抽取冷却液样品，然后将它放在特定容器里。

2）进行测试，记录信息在表4-6中。

表4-6　冷却液分析

厂家规定	实测值
相对密度值 pH值	R. D.
	P. H.
相对密度值 pH值	R. D.
	P. H.
结论	可继续使用　□
	更换　□

当检查完成该系统冷却液需要更换时，指出需要更换冷却液的类型和比例。

请教师检查读数并签字：________________

归还所有工具，进入下一个任务。

任务二：火花塞维护检查

1. 维护前准备工作

请查找表4-7中信息。

表4-7　火花塞维护信息

车辆类型	
里程表读数	
火花塞型号	
火花塞间隙	mm
拧紧力矩	N·m
发动机点火顺序	

2. 检查火花塞技术状况

检查工具：火花塞套筒、扭力扳手、火花塞间隙量规。

检查方法：

（1）握紧橡胶盖火花塞保护部分，小心拆下火花塞电极。

（2）使用火花塞套筒、扭力扳手松开火花塞一圈。

（3）使用压缩空气，吹干火花塞安装附近灰尘，记住穿戴防护镜。

（4）首先拆下第一缸火花塞，按次序放好火花塞，以便安装时识别。

（5）在表4-8中记下要求的信息，并作出判断。

表 4-8　检查火花塞技术状况

气缸	1	2	3	4	5	6
间隙						
号码						
电极状况(烧蚀)						
电极颜色						

根据检查，判断车辆是否需要新火花塞?

是　　否

你认为旧火花塞是否可继续使用?

是　　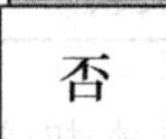

从维修手册看，根据使用时间和车辆行驶里程，判断火花塞是否更换?

是　　否

(6) 考虑各种因素，调整好火花塞间隙，安装拧紧到规定力矩。请教师检查该步骤。

(7) 按正确顺序插上火花塞电极。

(8) 检查发动机是否正确运转，火花塞电极是否安全。

归还所有工具，进入下一个任务。

任务三：蓄电池维护检查

1. 维护前准备

(1) 关闭电源，检查所有电器设备元件和仪表。

(2) 当使用自制收音机时，需备用一块电池。

(3) 先断开负极接地线，然后断开正极接地线。

(4) 拆下蓄电池之前，拆下保护装置，再从车辆上拆下电池。

(5) 彻底清洁电池，包括电极、壳体。

(6) 当完成电池清洁、检查、组装蓄电池后，请教师检查你的工作。

2. 检测蓄电池

测量仪器：万用表、液体比重计、快速放电测试仪。

将蓄电池的基本信息记录在表 4-9 中。

表 4-9　蓄电池的基本信息

项　目	规　定　值
额定电压	
蓄电池容量	

注意:

1）在测试之前参照《职场健康与安全》要求。
2）电池酸度会伤皮肤，损伤衣服。
3）如果酸液沾在皮肤上应及时用自来水冲洗。
4）如果酸液沾在眼睛上，应立即冲洗，并告诉教师。
5）确保电池最近时间未加注蒸馏水，否则将会导致错误读数。
6）抽取适量的电解液，允许比重计中浮动气泡可自由移动。
7）保持比重计在电池隔板中，然后将眼与气泡平齐，读出相对密度数值。

（1）蓄电池测试：

1）如果蓄电池盖是打开的，你可以使用比重计测试蓄电池充电情况。

2）使用快速放电计测试蓄电池放电情况。

将测试的数据记录在表4-10中。

表4-10　相对密度记录

电池单元格	1	2	3	4	5	6
相对密度值						

从读数判断蓄电池情况：

蓄电池至少有3/4的电量　[　]

蓄电池需要充电　[　]

蓄电池有缺陷　[　]

如果蓄电池有3/4电量应采用快速充电方式。

（2）快速充电测试：有许多快速充电方法，你应该向教师询问操作指导。将结果记录在表4-11中。

表4-11　快速充电测试

项　目	是	否
蓄电池可继续使用		
蓄电池可继续使用,但需要补充充电		
蓄电池故障		

根据测试结果，作出蓄电池状况的报告，与顾客交流。

检查结论：____

____

（3）检查蓄电池技术状况。

蓄电池外壳是否损坏?

是　　否

蓄电池托架是否是良好？是否有任何腐蚀?

是　　否

蓄电池极桩是否清洁，没有任何金属物件导致短路吗？

是　　否

蓄电池电极是否松动？

是　　否

蓄电池通风孔是否阻塞？

是　　否

检查结论：______________________________

归还所有设备和工具，进入下一个学习任务。

任务四：制动液湿度检查与更换

（1）制动液湿度检查。

检查仪器：制动液湿度测试仪。

检查方法：从制动主缸储油罐中，提取一部分制动液，放入湿度测试仪上，读取数值。

在表4-12中记录读数，判断制动液是否继续使用。

表4-12　制动液检查信息

厂家推荐制动液	规格：	类型：	用量：
制动液颜色			
湿度测试数			
判断结果			

（2）更换制动系。

工具：制动液排放工具、安全保护装置。

如果你判断需要更换制动液，可以采用哪两种方法将液体排除系统。

1）______________________________

2）______________________________

当你把旧制动液从整个制动系排除，可以采用下列步骤加注新的制动液：

- 将制动主缸储液罐中制动液放干净。
- 清洗制动液。
- 加注新制动液（采用厂家推荐的制动液种类型号）。
- 正确记录制动液用量。

制动液用量______________________________

- 及时清洁加注时溅落的制动液，否则会损坏车辆表面油漆。
- 检查制动踏板工作情况。

请教师检查后签字：________________

归还所有设备和工具，进入下一个学习任务。

任务五：更换燃油滤清器

要求你拆下教师提供车辆上的燃油滤清器，并进行更换（电喷车或化油器汽车）。其步骤如下：

(1) 参照维修手册，找到更换燃油滤清器的安全步骤。

(2) 释放燃油系统压力。

(3) 清洁燃油滤清器接口和滤清器附近的污垢。

(4) 放置接油盘，接纳滴落的油。

(5) 拆下滤清器，根据厂家推荐的操作步骤。

(6) 检查燃油滤清器油流动方向，根据厂家说明书安装。

(7) 检查所有软管和进口接头是否拧进，具有良好的密封性。教师将在场加注油，起动发动机。

检查有无任何泄漏，教师签字：________________

归还所有设备和工具，进入下一个学习任务。

任务六：填写车辆维护技术文件

将其他部分的检查情况填写在表4-13中。

表4-13　发动机室维护检查项目

车辆类型	登记号
里程表读数	任务号
学　　生	日　期
教　　师	日　期

S—可用部件　D—待修部件　R—需要更换部件

当你判断某部分是R或D时，需要说明原因

检查项目	S	D	R	说明原因
液体质量、液位				
发动机润滑油				
手动变速器油				
主减速器油				
自动变速器油				
冷却液				

（续）

检查项目	S	D	R	说明原因
液体质量、液位				
离合器液				
动力转向液				
制动液				
制冷剂				
调整				
火花塞				
风扇传动带				
气门间隙				
发动机怠速混合气				
各种管路损坏、泄漏				
制动系统管路				
燃油系统管路				
冷却系统管路				
离合器液管路				
空调系统管路				
动力转向系统管路				
检查				
活性炭罐				
PCV 系统				
更换部件				
燃油滤清器				
空气滤清器				
螺母和螺栓				
轮毂螺母				

任务4.5 自测表

在教师签字前，你应在教师的帮助下，找出所有的错误，进行改正

检查项目	回　答
发动机起动前检查	
发动机起动检查	
发动机停止检查	
车辆维护复查工作	

教师签字________________________　日期______________________

学生签字________________________　日期______________________

任务4.6　车辆维护后道路检测

任务学习目的

本任务是为了让你学会车辆维护后道路检测的操作，获得具有独立完成道路检测工作的能力。

学习信息

1. 制动系统

1）在松开驻车制动器时，检查制动器制动时是否发抖。

2）根据施加在踏板上的力，检查制动器踏板两侧是否没有回力。

3）制动器制动时不应该有尖叫声。

4）制动器踏板自由行程符合标准。

5）制动器不能在制动中出现振动或踏板松软的异常现象。

2. 驻车制动系统

将车辆停在坡道上，仅使用驻车制动系统时，车辆是否能够停留在斜坡上。

3. 离合器系统

1）换到第一挡，车辆开始移动时，离合器应该接合平稳，在加速时没有滑动。

2）在离合器踏板踩下时，没有噪声或振动。

4. 转向系统

1）当车轮笔直向前时，转向盘应处于中间位置，不应偏向一侧。

2）轮胎转向时，没有异常噪声和发抖；而且转向操作方便，并能自然回到原始位置。

3）转向时不能出现发飘、摇振、颤振等现象。

5. 自动变速器系统

1）当在“2”和“D”挡内行驶时，自动变速器能自动换高挡和低挡。

2）在车辆起动、正常驾驶以及换挡时，没有振动、冲击或打滑现象。

6. 振动和异常噪声

车辆在行驶中下列装置工作时应该无振动和无异常噪声出现：发动机，传动链，悬架系统，转向系统，制动系统，车身。

完成下列任务

请你根据教师提供车辆，完成车辆维护后道路检测工作，并将检测情况记录在表4-14中。

表4-14　车辆维护后道路检测信息

车辆类型		登记号	
里程表读数		任务号	
学　生		日　期	
教　师		日　期	

当你判断某系统为不正常情况时，需要说明原因

检测项目	正常	不正常	说明原因
制动系统			
驻车制动系统			
离合器系统			
转向系统			
自动变速器系统			
振动和噪声			

单元4学生学习目标检查表

你是否在教师的帮助下成功地完成单元学习目标所设计学习的活动

项　　目	回　　答
专业能力	
认识车辆维修基本程序	
完成车辆维护车身内外预检工作	
完成车辆底部维护工作	
完成车轮及制动系统维护工作	
完成发动机室维护检查工作	
完成车辆维护后道路检测工作	
关键能力	
你是否根据已有的学习步骤、标准完成资料的收集、分析、组织	
你是否通过标准，有效和正确地进行交流	
你是否按计划有组织的活动？是否朝学习目标努力	
你是否尽量利用学习资源完成学习目标	

完成情况

所有上述表格必须是肯定回答。如果不是，应咨询教师是否需要增加学习活动，以达到要求的技能

教师签字________________________

学生签字________________________

完成时间和日期__________________

单元5　清洁车辆向顾客交车

单元学习目标

通过本单元学习，帮助你形成在车辆维护后，进行车辆清洁、向顾客交车的能力。

1）认识清洁车辆知识。

2）完成清洁车辆工作。

3）向顾客交车。

单元学习资源

有关车辆维护的资料，可查询文字或电子文档如下：

1）各种汽车使用手册。

2）有关汽车美容参考书籍。

3）清洁产品使用说明书。

4）汽车美容 VCD。

可提供学习的环境和使用的设备

车间或模拟车间

个人防护用品、工具

安全的工作环境和工作场所

各种车辆

各种清洁剂：清洗护理二合一、水系清洗剂、玻璃清洗剂、柏油沥青清洗剂、轮胎清洗剂、黑镀清洗保护剂、银镀清洁保护剂、清洁上光剂

清洁工具设备和工具：小型高压清洗机、鹿皮（羚羊皮）、毛巾、板刷等

单元学习任务

任务 5.1　认识车辆清洁基本知识

任务5.2　清洁车辆

任务5.3　向顾客交车

单元学习鉴定表

任务5.1　认识车辆清洁基本知识

任务学习目的

本任务是为了让你获得清洁车辆的基本知识，具有识别和选择清洁剂的能力，知道车辆清洁的基本工艺流程。

1）识别和选用清洁剂。

2）认识内外饰件维护工艺。

学习信息

在车辆维护作业前，由于汽车行驶时已经粘上了灰尘、泥土、焦油和沥青等污物，特别是维护中各种液体污染了车身表面。因此，完成汽车维护后，需要清洁车辆，才能向顾客交车。

5.1.1　识别和选用清洁剂

汽车各部位清洗维护是汽车美容的重要组成部分。用清洗剂洗车是一个复杂的化学作用和物理作用相互作用的过程。例如现代高级轿车多采用电子喷射燃料供给系统和电子控制系统部件，这些部位的电子器件对清洗剂的要求较高。如果机械部分和电子控制部分都使用水基型清洗剂，就可能损坏电器部分的电子器件，导致发动机不能工作。因此，在清洁车辆前，维护人员必须学会正确地选用汽车清洗用品。

汽车表面污垢主要分两类。

第一类为水溶性污垢，主要包括沙粒、泥土、灰尘等，这类污垢能溶于水，因此很容易用水冲洗掉。

第二类为水不溶性污垢，主要包括炭烟、矿物油、油脂、胶质物、铁锈、废气凝结物等。这类污垢不溶于水，一般采用清洁剂清洗。

传统清洁车辆常用的清洁剂多数为洗衣粉、肥皂和洗涤灵等非专用型产品。此类产品的pH值一般在10.3～10.9之间，而汽车油漆耐酸、碱的承受力为pH值8.0以下，故长期使用pH值8.0以上的清洁剂，虽然洗去了车表面的灰尘，却对漆面造成危害，轻者失去光泽，重者严重腐蚀。由此可见，采用非专用型清洁剂清洗车辆，名为护车，实则毁车。

1. 车用清洁剂分类

按照用途可以将清洁剂分为以下类别：

- 清洁美容护理系列
- 玻璃清洁护理系列
- 仪表板及内饰清洁护理系列

- 轮辋及金属饰件护理系列
- 发动机清洁及免拆护理系列
- 底盘护理系列
- 燃油系统护理系列

2. 清洁剂特性

(1) 表面活性　在汽车表面清洗过程中，清洗剂能使固体污垢形成悬浮液，使液体污垢形成乳浊液，以便冲洗掉。

(2) 分散性　使固体污垢颗粒在水等介质中分散成细小质点和胶状液体能力。

(3) 湿润性　使固体污垢容易被水浸湿，形成浓稠的泡沫，增加清洗效果。

3. 清洗剂种类

清洗剂主要有多功能清洗剂、去油剂、溶剂三类。

(1) 清洗剂　清洗剂使用最多的是车身表面多功能清洗剂，主要用于清洗汽车表面灰尘、油污等，且在清洗的同时进行漆面护理。

下面介绍几种用于汽车室外的清洗剂。

1) 不脱蜡洗车液（浓缩型）。

产品性能：超柔和型，不会把原有车蜡洗掉，但能有效地清洗泥土及油垢。清洗液中含天然巴西棕蜡成分，用毛巾轻轻抛干后，给人以打蜡的感觉。

使用方法：洗车时按1:100比例溶于水后用于洗车服务，可在几分钟内让车焕然一新。

注意事项：不易燃，对环境无污染，属生物降解型。

2) 上光洗车液（浓缩型）。

产品性能：集水蜡与清洗功能为一体，既洗车又打蜡。

使用方法：先将车冲净，将上光清洗液按1:100的比例溶于水后擦涂于车体表面，然后直接用毛巾擦干后再用无纺棉轻轻抛光。

使用对象：只愿花较低费用，洗车打蜡的汽车或刚做过专业美容的汽车，可建议客户用此用品做汽车的日常养护。

注意事项：不易燃，对环境无污染，属生物降解型。

3) 天然洗车液（浓缩型）。

产品性能：该用品以柠檬、芦荟油为主要原料，经特殊工艺炼制而成，具有优良的抗氧化、防酸作用，又能给予最自然的光泽，是洗车的极品。它的pH值适中，因它本身就是自然精华，对环境无污染。

使用方法：按1:100的比例溶于水（大约1瓶盖的液体溶于半桶清水），搅匀，用软毛巾或海绵擦洗车身，然后用无纺棉或柔软毛巾轻轻将车抛光即可。

4) 环保型清洗剂。

产品性能：此类清洗剂主要成分为天然原料，对环境无污染，并具有特殊的清洗效果。如“洁碧”变色水蜡是一种双种配方水蜡，瓶内上半截的白色为天然西棕蜡，下半截的蓝色是环保型润滑洗车液。

使用方法：使用时先将液体晃匀呈乳白色。该清洗剂含催干剂，自动驱水，几乎不用毛巾擦干。

（2）去油剂　常见去油剂品种有：

1）轮毂去油剂。一般轮毂清洗液都属酸性物质，较容易损伤轮毂的金属层。

产品性能：此剂不含腐蚀剂，也不含酸性物质，而且清洗功能极强。将轮毂去油剂喷到轮毂表层后，油泥液自动往下流，只需用布轻轻擦干即可恢复金属或ABS塑料的原有光泽。

注意事项：该剂不易燃，对环境不造成污染，不腐蚀。

2）轮胎强力去污剂。

产品性能：该剂为强碱型清洁剂，与橡胶制品产生活跃反应。对带有白线圈的轮胎清洗效果尤其明显。

注意事项：该剂属腐蚀性液体，应妥善保管。

3）发动机外部清洗剂。

产品性能：该剂是以煤油为基础料的去油剂，属生物不可降解型，用后的脏液应妥善处理。该剂能去除较重油污，能快速乳化、分解去除油污，且不腐蚀机体及零部件；产品呈碱性，含有缓蚀剂成分；水溶性好；可完全生物溶解，易用水冲洗，且不留残余物。

适用范围：适用于发动机外表及底盘等部位清洗。

使用方法：用水稀释后，喷洒在待清洗物表面上；用适量的高压水冲洗；用拭布擦干净，或用压缩空气吹干。

注意事项：该产品呈碱性，必须稀释后使用；稀释比例，按产品使用说明书要求进行。

4）3M发动机外部泡沫清洁剂。

产品性能：本产品是一种用于除去发动机外部，变速器和传动部件油脂、尘垢、污垢和其他污染物的通用泡沫式清洁剂。

适用范围：可安全的用于发动机机箱内的塑料件、橡胶件，可用于汽车、船舶及工业用途。

使用方法：将本品直接喷涂至产品表面，用柔软的海绵、毛巾擦拭表面。

注意事项：把本产品置于远离高温、火花、火焰以及产生静电的场所，因本产品所释放出的气体易燃。在通风良好的环境下使用，不用时保持容器密闭。避免儿童接触，避免皮肤和眼睛接触，避免吸入挥发气体。

5）水质去油剂。

产品性能：该剂是最具灵活性的去油剂，虽然不能用来开蜡（因不是溶剂），但它可做为一种多功能去油剂来使用，因为是水质的，因此很安全。实际上，可把它当做普通多功能清洗剂（洗车、洗内饰、洗皮革）。

注意事项：该剂属生物可降解型，不易燃，不腐蚀，但碱性较强，工作时应有保护措施。

(3) 溶剂　脱蜡清洗剂具有较强的溶解功能。可去除车身油垢，洗掉原有车蜡。该剂主要适用于重新打蜡前的车身清洗。

1) 溶剂蜡质开蜡水。

产品性能：蜡质开蜡水是属生物降解型溶剂，它的主要原料提炼于橙皮，成本较高。但这是目前唯一一种能满足环保要求的蜡质开蜡水。

若蜡不厚，可将蜡质开蜡水按1:1稀释使用。

注意事项：本品对环境无害，不易燃，不腐蚀，但具强碱性，使用时需有劳动保护措施。

2) 树脂开蜡水。

产品性能：树脂蜡一般作运输车辆的保护剂，它的主要目的是防雨水、防尘和划痕。

树脂开蜡水不含腐蚀剂，在国外多用它来清洗汽车顶部和有些车的皮革、电镀件、风窗玻璃及铝合金件等。

使用方法：与一般用品不同的是在使用时必须按1:3的比例溶于水，最好是热水，因这时树脂开蜡水的表面活性剂最活跃，开蜡效果最佳。

注意事项：虽不腐蚀，但使用时仍需劳保用品。

4. 常用汽车清洗剂

1) S-640万能清洁去脂剂。

产品性能：该产品为浓缩配方，能够迅速清除各种表面的油污、尘埃及各种脏物，对于清洁表面无任何腐蚀作用。

使用方法：将该产品直接喷洒在待清洁的表面，然后用干净的软布擦拭几遍即可。

2) 万用清洁剂。

产品性能：能除去各种玻璃、油漆表面及金属制品表面的污垢；不伤害漆膜、塑料及橡胶制品；是泡沫清洁剂，无滴流的困扰。

使用方法：将该产品直接喷涂在待清洗的物体表面，使泡沫停留1min，然后用干净的抹布擦拭干净即可。

适用范围：适用于车身表面、玻璃、座椅等清洗。

注意事项：不要等泡沫全部干后才进行擦拭。

3) 403无氯制动系统清洗剂。

产品性能：

①能快速、安全、有效地清洗制动盘、制动鼓、制动缸、制动弹簧和摩擦制动蹄片等部件表面的油渍、制动液及其他脏物。

②可清洗等速万向节等部件表面的油渍。

③能增加制动能力，消除制动系统的噪声和振颤。

④无氯配方，对人体和环境无害。

使用方法：

①使用前应将本产品摇均匀。

②向需清洗物表面喷涂本产品。

③晾干或用干净柔软的抹布擦干即可。

④需要润滑的地方，在清洗完毕后，应重新润滑。

注意事项：不要将该产品与眼睛和皮肤接触，切勿入口；远离儿童，远离热源、火源，密封保存；不要焚烧或刺穿容器。

4）制动清洗剂。

产品性能：产品能迅速清除污垢，避免产生辗轧的噪声，不含有毒物质，不会造成对环境的污染。

使用方法：将该产品直接喷涂到待清洗物体表面，然后用干净的抹布擦拭干净即可。

5）417 高效发动机油渍清洗剂。

产品性能：

①能迅速清除发动机、发电机及其他机械设备表面的油脂和污垢。

②对油漆、橡胶、导线和绝缘材料无害。

③也可用于清除汽车修理厂的地板和车道上的油垢等。

④有利于发动机散热。

使用方法：

①使发动机暖机，达到正常温度后熄火。

②用塑料布盖住化油器入口和分电器盖。

③使用前将该产品摇匀，充分喷射，5mim 后即可达到最佳渗润效果。

④对难以清洗的部位，可反复清洗。

⑤用高压水将发动机冲洗干净。

6）轮毂清洁剂。

产品性能：能有效地去除轮毂上的油渍、氧化色斑，并能清洁上光。本产品呈弱酸性，但对轮毂及轮胎均无腐蚀作用。

适用范围：所有车辆轮毂的清洗均可适用。

使用方法：将该产品直接喷涂在汽车的轮毂上，然后用软布擦拭干净即可。

7）3M 晶亮智能汽车宝。

产品性能：该产品是一种浓缩多用途清洁剂，不伤害新车的透明光亮层。洁净力强，不会洗掉汽车漆膜上的 3M 保护蜡，可节省再上蜡和清洗时间。配合 3M 成套清洗美容产品使用，效果更加显著。

适用范围：能有效地清洗去除漆膜上的粉尘、油渍、污垢，也可用于清洁塑胶配件、座垫等。

使用方法：

①按水∶洗车宝 = 133∶1（体积比）的比例混合成清洗液。

②用清洗液直接冲洗或擦洗，然后擦净吹干即可。

8）发动机润滑系统清洁剂。

产品性能：是在发动机不解体的情况下，通过专业设备或直接添加的方式来清洁润滑油路系统，改善润滑油的抗氧化性能，减小活塞环与气缸壁之间的摩擦作用，有效降低发动机的噪声和油耗，提高汽车的动力性和经济性，延长发动机使用寿命。

使用方法：请参照专用清洁设备和清洁剂产品的使用方法正确使用。

9）电子燃油喷射系统清洁剂。

产品性能：此类清洁剂大多直接加入到油箱内溶解到汽油之中，随汽油的流动清除供油系统及燃油喷射装置的焦油等沉积物，并通过燃烧分解作用清除燃烧室内的积炭，从而改善发动机的燃烧。

使用方法：在决定向油箱中添加电子燃油喷射系统清洁剂之前，必须确认此油箱是清洁的、无沉积物，否则，部分清洁剂会首先分解油箱中长期累积的焦油、泥污等沉积物，导致油箱中的汽油浑浊而堵塞油泵滤网和油路管道。

5.1.2 内外饰清洁维护工艺

在进行车内外饰清洁维护工艺时，一般按照下面的顺序进行：

1. 车身洗尘

车身除尘是第一项工作，用吸尘吸水机处理。

按照从高到底的顺序操作：顶棚、仪表盘、座椅、地毯、车门内侧及后备箱。

2. 内饰清洗维护

真皮、地毯等内饰件容易藏污纳垢，产生异味，影响驾乘者的健康。

进行内饰清洗维护前先进行一次全车桑拿洗浴。桑拿洗浴可以增加脏物活性，使其在清洗时容易从载体上分离，在蒸汽清洗机中加入适量清水对车内除顶棚、仪表盘以外的部位进行全车桑拿，最后再桑拿后备箱。

桑拿之后，用各种清洗保护剂进行车内各饰件的清洗维护，并净化车内空气。

3. 外饰维护

外饰件的材质及部位多比较敏感，使用专用清洁维护剂，并做好防护，避免破坏外饰件本身及其他元件。

回答下列问题

1. 按照车用清洁剂的用途，车用清洁剂可分为哪些类别？

____

____

____

____

2. 分别从多功能清洗剂、去油剂、溶剂三类中各选一种清洗剂说明产品的性能，使用方法和注意事项。

3. 根据教师给你提供的维护车辆，分别找出下列车辆清洁用品，并按照要求在下表中一一对应列出来。

清洁护理项目	清洁剂的商品名称
内外室清洁美容护理	
玻璃清洁护理	
仪表板及内饰清洁护理	
轮辋及金属饰件护理	
发动机清洁及免拆护理	
底盘护理	
燃油系统护理	

4. 判断下列说法正确与否，正确的在后面括号里打“✓”，错误的打“×”

（1）万用清洁剂能除去各种玻璃、油漆表面及金属制品表面的污垢。（ ）

（2）无氯制动系统清洗剂能清洗摩擦制动蹄片等部件表面的油渍，但对人体和环境无害。（ ）

（3）3M晶亮智能汽车宝可用于清洁塑胶配件、坐垫等，可用于取出漆膜上的污垢，但会使漆膜破坏，必须与其他清洁剂混合使用。（ ）

（4）用于除去发动机外部，变速器和传动部件油脂，尘垢、污垢和其他污染物的3M发动机外部泡沫清洁剂属于水质去油剂。（ ）

（5）一般轮毂清洗液都属酸性物质，轮胎强力去污剂为强碱型清洁剂。（ ）

任务5.1自测表

在教师签字前，你应在教师的帮助下，找出所有的错误，进行改正	
检查项目	回答
知道车辆清洗剂的基本种类和常见清洗剂	
知道车辆清洗维护的基本工艺流程	
根据车辆相关部件能够选择合适的清洗剂	

教师签字________________ 日期________________

学生签字________________ 日期________________

任务5.2 清 洁 车 辆

任务学习目的

本任务是为了帮助你完成清洁车辆工作，具有独立清洁车辆的能力。

1）清洁车身表面。

2）清洁车辆内饰件。

3）清洁车辆外饰件。

学习信息

车辆清洁按照车身表面、内饰件、外饰件顺序进行清洁作业。

5.2.1 清洁车身表面

清洁车身表面时应当注意，确保不会对车辆油漆表面损伤，如果生锈不能用水冲洗。

1. 洗车准备工作

洗车时操作技师应摘掉手表、戒指等饰物，以免划伤车漆，并穿上专用服装，漆面研磨时应穿上专用围裙，脚上穿防滑鞋子。

（1）工具　小型高压洗车机、水桶、毛巾刷子、羊毛手套、鹿皮或羚羊皮、相关洗涤剂、吹气枪等。

（2）关闭车门和窗户

1）检查车门和窗户，关闭紧密，防止水进入。

2）将车辆放置在阴凉地方，避免太阳光直接照射。

2. 清洁油污

清除车表油污主要为沥青和焦油的清除。当沥青或焦油附着在车身表面，应及时清除。油污的清洁一般有以下3种方法：

1）清水刷洗。

清洗对象：附着时间不长的污物。

清洗方法：水温在常温或常温以下，选用棕毛刷刷洗，以免划伤漆面。

2）焦油去除剂清除。

清洗对象：主要清洁沥青及焦油等有机烃类化合物。

清洗方法：使用干净布，轻轻蘸一点松节油和煤油、钠、动物油脂，擦除润滑脂和煤焦油污点。然后用另一个干净抹布擦干净。

3）抛光清除。

清洗对象：清洗油渍部位。

清洗方法：使用抛光机加入适当的研磨剂，将油渍部位研磨干净，亦可有效去除附着在车表面的沥青、焦油等顽迹。

3. 清洗泥土或污垢

（1）高压洗车 高压洗车是使用高压水枪冲洗车身表面的泥沙、灰尘等脏物。

1）使用高压水枪。

①开动水枪前，检查水枪已握紧，否则会造成开关失灵。

②将水枪对准清洗区域，扳动板机。

③不要将水枪太接近任何车辆表面，避免玻璃和塑料损伤。

④不要冲洗散热器芯，可能损坏。

⑤将水枪移动到所需清洗的部位，在脏污严重的地方多冲洗一段时间。

⑥用高压水枪冲洗顽固的脏物。

⑦不要让水枪对准某个位置冲洗时间太长，特别是软管周围。

⑧在发动机清洁满意后，然后用压缩空气软管吹干此区域，用干布擦干，确保吹干所有电器连接及电极火花塞。

注意：

使用压力清洗水枪应做到：在开始工作前，必须认真阅读压力水枪的操作步骤。

检查燃料和清洗剂的液位，确保电极已插好，以及水龙头接好，并打开；选择清洗操作中必须的喷嘴；确保电缆所处的位置不会与水接触；穿戴好围裙、手套、工作服，确保你的面部已有防护。

2）高压水枪清洗方法：

①调整高压洗车机压力为4～6MPa。

②按照车顶—前机盖—车身—后备箱—车裙—轮胎—底盘的顺序。

③将水枪头与车身表面的夹角调为45°，枪头与车身距离保持在15～60cm之间，从车身上部向下部以赶水的方式冲洗，保证彻底将车身表面的泥沙冲洗干净。

（2）清洁剂洗车

1）装满一桶水，加入适当的汽车清洗剂，并按照说明书比例进行混合调配。

2）用羊毛手套按照车顶—前机盖—车身—后备箱—车裙的顺序手工擦洗。

3）洗车时注意用力均匀，注重边角和细部。

4）待擦洗完成后，轻轻用水管清洗车辆，冲车洗去泡沫，重复清洗，直到干净为止。

（3）擦干车身表面

1）先用长毛巾从前到后、从后到前的顺序擦两次吸取车身多余水分。

2）用鹿皮或羚羊皮擦干漆面、玻璃。经常在清水中清洗鹿皮或羚羊皮，确保干净后拧干。并保证上面不附带脏物，以防刮伤车身表面。

3）用纯棉毛巾擦干车轮内边、保险杠的水分。

4）擦干车辆所有表面，打开所有车门，发动机盖和行李箱盖，确保车厢内部彻底擦干净。

5）最后用吹气枪将缝隙和接口处的水分吹出再用鹿皮或羚羊皮手套擦干。

6）打开车门，擦洗车窗内部。

7）避免在下午或晚上清洗车内部，因为这将导致车厢内部不易晾干，导致生锈。

注意：

- 冲车时，枪头与车身距离不要过近或过远。
- 不要使用不适当清洁剂，这可能损害没有油漆的表面。
- 使用洗车手套擦干车身时，必须按照从上到下的顺序。

5.2.2 清洁车辆内饰件

车辆内饰件主要包含真皮，维尼纶或人造革，皮料或羊毛制品，泡沫制品，天鹅绒等材料。

清洗车辆一定针对不同材料采用不同的清洁剂和方法。

1. 清洁前准备工作

1）使用真空吸尘器，清洁所有座椅和地毯。

2）小心检查污垢，采用正确方法和溶剂进行清洁车辆。

3）所用设备和工具有蒸汽清洗剂、洗尘吸水机、毛巾、喷水壶、棕毛刷。

4）清洁保护剂。主要有：万用清洗剂、内外饰清洗剂、人造革橡胶清洗剂、真皮护理剂、玻璃清洗剂、车内除臭剂、发动机清洗剂、发动机保护剂、轮辋清洗剂、轮胎保护剂、透明塑料件研磨剂、透明塑料件透明抛光剂等。

注意：

- 在准备工作中，应当提醒车主妥善保管车内贵重物品，避免丢失。
- 蒸汽清洗机加水不能多余 1.5L，也不能少于 0.6L。
- 清洗顶棚时，如果污垢严重，可适当增大比例，但不应太大。
- 毛巾在使用的过程中，若有脏物要不断清洗，使之始终保持干净。
- 一些清洁剂不能与漆面接触，若有接触应立即擦干。
- 若车辆装有电控系统，清洗必须参照车间维护手册，采取预防措施。

2. 内饰件清洗方法

(1) 清洗典型污垢方法 典型污垢的清洗用品及方法见表5-1。

表5-1 典型污垢的清洗用品及方法

污垢	清洗用品与方法
血迹	采用冷水和肥皂
污垢	采用热水和洗涤剂
口香糖	用冰使它硬化成冰块刮掉
油脂	采用溶剂和干洗剂清洁
衣服、布料、羊毛、天鹅绒内饰件	采用香波或干湿吸尘器清洁
皮件	采用肥皂,湿布或洗涤剂轻擦干净,上油脂
泡沫	采用清洁剂,用另一个泡沫贴清洁清洗 采用真空吸尘器(干或湿式)清洁,避免溶剂清洁

(2) 内饰部件的清洗维护

1) 全车桑拿。

桑拿洗浴目的:在内饰清洗前先进行一次桑拿洗浴,可以增加脏物活性,使其在清洗时容易从载体上分离。

在蒸汽清洗机中加入适量清水对车内除顶棚、仪表盘以外的部位进行全车桑拿,最后再桑拿后备箱。

2) 清洗顶棚。

①将万用清洁剂按照说明书比例混合。

②装入喷水壶中,用纯棉毛巾浸湿,拧干,对顶棚均匀喷洒,均匀擦撒,下一喷洒面积要遮盖上一喷洒面的1/5。

③最后用干毛巾擦拭5遍,将多余水分吸干。

3) 清洗仪表盘。

①用仪表盘清洗剂喷涂于仪表盘表面,用湿毛巾擦拭,再用干毛巾擦干。

②用同样的方法清洗转向系、变速杆、驻车制动。

③音响区不可以直接喷洒清洗剂。

将人造革橡胶护理剂均匀喷于打蜡海绵块上,均匀涂抹在作用部位表面,2min后用干毛巾擦干即可。

4) 清洗真皮座椅、坐套。

将万用清洁剂喷于座椅表面,然后用湿毛巾擦拭,再用干毛巾擦干,将真皮护理剂涂于海绵表面,然后将海绵以画小圆圈旋转的方式涂于座椅表面,涂抹均匀,圆圈的大小以圆内无遗漏部位为准,每圈盖前一圈1/3,10min后用干毛巾擦干即可。

注意:

- 真皮内饰件非常昂贵，在使用清洁剂前小心检查，因为皮革会被损坏。
- 维尼纶和合成革饰件，可以采用任何一种清洁剂清洁和擦洗，用清水漂洗。
- 用清洁抹布擦干净。

5）清洗地毯。

将万用清洁剂喷于地毯表面，用湿毛巾擦拭，再用干毛巾擦干。

6）清洗车门内饰。

①将万用清洗剂喷于车门内饰表面，下一喷洒区域要覆盖上一喷洒区域的1/5。

②用干毛巾擦拭一遍，将多余水分吸干。

③将橡胶护理剂或者真皮护理剂喷于打蜡海绵上，均匀涂于作用部位表面，2min后用干毛巾擦干。

7）清洗后备箱。

将万用清洗剂装入水壶后喷于覆盖物表面，3min后用毛巾擦干，若有油污和顽固污渍可用刷子轻轻刷洗。

8）清洁玻璃。

将玻璃清洗剂按说明书比例与水混合，装入喷壶中，喷在玻璃表面，用干毛巾、鹿皮或羚羊皮擦净。

9）净化车室。

净化车室目的：由于车室内看不见的有害细菌无法彻底清除，在车室清除最后应再进行车室桑拿，用高温蒸汽杀菌消毒。

10）然后在车室内喷洒车室除臭剂，净化车内空气。

11）最后全面检查，仔细检查各部位，保证无遗漏，无残点。

5.2.3　清洁车辆外饰件

需要清洁维护车辆外饰件主要有：发动机表面、车窗密封条、轮辋、轮胎、车灯。

小心检查污垢，采用正确方法和溶剂进行清洁车辆。

1. 清洁前准备工作

（1）设备和工具　洗尘吸水机、毛巾、喷水壶、棕毛刷。

（2）清洁保护剂　蒸汽清洗剂、一套内外饰美容产品（万用清洗剂、内外饰清洗剂、人造革橡胶清洗剂、真皮护理剂、玻璃清洗剂、车内除臭剂、发动机清洗剂、发动机保护剂、轮辋清洗剂、轮胎保护剂、透明塑料件研磨剂、透明塑料件透明抛光剂）。

2. 清洗外饰件方法

（1）清洗发动机表面

1）将发动机清洗剂装于喷水壶对发动机表面进行喷洒冲洗。

2）用干净毛巾擦拭发动机表面。

3）用水清洗干净，将发动机保护剂喷于发动机壳及橡胶管表面上。

注意：

注意天热时风扇能随时起动，避免受伤。

（2）清洁发动机盖下部件　一般常用清洁发动机盖下部件方法有以下两种：

1）采用刷子或喷洗方法去除油渍。

2）使用高压水清洁。

①在清洗发动机前，将车辆移动到适当清洗位置，最好用一个油底盘接住清洗的污垢。

②拆下空滤器（但不要拆除电喷发动机的空气滤清器）。用一块塑料把它遮住，用胶带粘住密封。在空气滤清器的排气软管上做上记号，保证溶液更换。用塑料及胶带密封分电器。

③在防护盖上再加一防护盖，防止油漆损伤和软管刮伤车辆表面。

④清洗油剂。如果使用去油剂，采用刷子或喷枪在发动机表面上先喷上一层去油剂。让清洁去油剂在污垢表面上停留10min时间，泡涨污垢。对顽固的污垢，采用浸满去油剂的抹布在污垢上反复刷洗。

⑤用强力水枪冲洗干净。

（3）清洁车窗密封条　将人造革橡胶清洗剂喷于打蜡海绵块上，均匀涂于密封条上，2min后用干毛巾擦干即可。

（4）清洁轮辋　将轮辋清洁剂均匀喷于轮辋表面，2～3min后用塑料刷或牙刷刷洗，最后用毛巾擦净。

（5）轮胎上蜡　先将轮胎清理干净。用轮胎保护剂配合轮胎专用擦拭海绵，均匀涂于轮胎表面。

（6）清洁车灯　用纯棉干毛巾沾取少许透明塑料研磨剂，对车灯表面进行研磨，然后用毛巾擦净。再用塑料抛光剂用同样方法进行抛光保护。

完成以上清洁工作之后方可向顾客交车。

回答下列问题

1. 开展下列项目时应采用何种防护措施？写在下表中。

项　目	采用何种预防措施
防止车辆外部表面损伤	
防止车辆内部表面损伤	
去除前轮轮毂上的灰尘	
清洗发动机安装部位油渍，防止电器系统损伤	

2. 在图5-1中标出用高压水枪清洁车辆哪部分，并标出清洗先后顺序来。

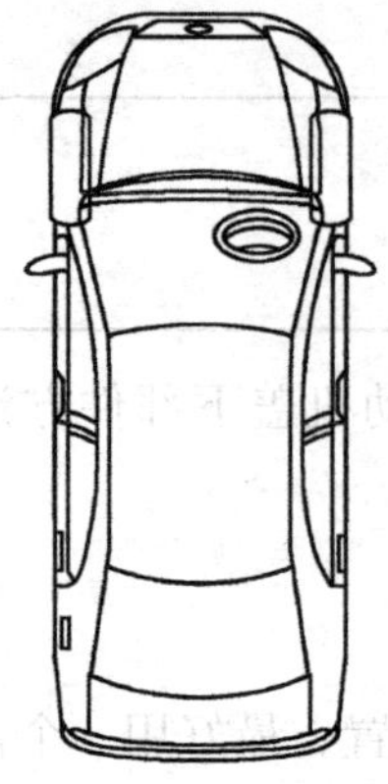

图5-1 车辆清洗部位

3. 列出用高压水枪清洗发动机安装部位的几条预防措施。

4. 当使用高压水枪时，应采用什么防护服装保护人的安全？

5. 当使用压缩空气吹干零件时，在人和设备安全方面采用何种预防措施？

6. 当制动液溅到车身表面时，应采用什么步骤清除？

7. 为什么清洗车辆外部时，必须要将水桶上部朝向车身倒水？

8. 当完成车身外部清洗后，采用何种方法干燥？

9. 车内外饰清洁维护工艺是什么？

10. 在车辆清洁中，将下列左侧出现的问题与右侧合适的处理方法用线连起来。

维尼龙坐垫上油渍	香波清洁
化纤编织椅套上油渍	采用溶剂和干洗剂清洁
地毯上新鲜的血渍	洗涤剂和湿毛巾轻擦干净
维尼龙坐垫上圆珠笔油渍	用冰使它硬化成冰块刮掉
真皮座椅上的污渍	清水刷洗
口香糖	采用冷水和肥皂
车内腥味	
刚滴到车漆上的沥青	

现在已完成所有问题，需要教师检查你回答问题。

完成下列任务

请你根据教师提供车辆，完成清洁车辆工作，并将清洁结果填写在表5-2中。

表5-2　清洁车辆项目

车辆类型		登记号
里程表读数		任务号
学　　生		日　期
教　　师		日　期
清洁项目	清洁剂名称	操作（完成用“✓”）
清洁车身表面		
清洁油污		
清洗泥土或污垢		
擦干车身表面		

（续）

清 洁 项 目	清洁剂名称	操作 （完成用“✓”）
清洁内饰件		
全车桑拿		
顶棚		
仪表盘		
座椅		
地毯		
车门内饰		
后备箱		
玻璃		
净化车室		
清洁外饰件		
发动机表面		
车窗密封条		
轮辋		
轮胎		
车灯		

任务5.2 自测表

在教师签字前，你应在教师的帮助下，找出所有的错误，进行改正

检 查 项 目	回 答
知道车辆表面清洗的方法和工艺	
知道车辆内饰的清洗方法和工艺	
知道车辆外饰的清洗方法和工艺	

教师签字＿＿＿＿＿＿＿＿＿＿ 日期＿＿＿＿＿＿＿＿＿＿

学生签字＿＿＿＿＿＿＿＿＿＿ 日期＿＿＿＿＿＿＿＿＿＿

任务5.3 向顾客交车

任务学习目的

本任务是为了帮助你完成车辆清洁后的交车工作，具有交车、与客户沟通和完成技术文件的能力。

1）交车。

2）与客户沟通。

3）完成技术文件。

学习信息

车辆按照车身表面、内饰件、外饰件顺序进行清洁作业后，将工作任务单展示给客户，并说明所做清洁维护项目，以及为客户解决的潜在危害，让客户明明白白，见表5-3。

表5-3 维护润滑任务单质量检查表

****单位

车型		车身号码	
工作单号码		里程数	

检查一下车辆油液状况（液位、油质、浓度、相对密度、颜色、渗漏）

是 否

□ □ 发动机润滑油

□ □ 发动机冷却液

□ □ 转向系统液压油

□ □ 制动液

□ □ 风窗玻璃清洗液

□ □ 变速器密封性

□ □ 差速器密封性

□ □ 蓄电池

□ □ 维修过程中蓄电池是否断开过

运行安全性检查：

□ □ 车身电器：电压、仪表故障信息

□ □ 密封性：发动机、变速器、后桥、冷却/制动/转向系统

□ □ 排气系统：密封性、损坏、锈蚀、固定件

□ □ 传动带：张紧程度、磨损情况

□ □ 发动机：发动机部件漏油/漏水/漏气、噪声/异响

□ □ 底盘：前桥后桥、悬架、传动轴、转向、制动灯部件受损、变形、松旷、异响

行驶安全性检查：

□ □ 车灯、转向灯、制动灯、尾灯、雾灯、喇叭

□ □ 转向系统：间隙、密封性、转向盘位置、异响

（续）

□ □ 制动器：脚/驻车制动器（行程、效果）、异响、密封性

□ □ 车轮：车轮固定件（包括轮胎螺栓的力矩）、胎压、车轮/轮辋是否损坏、轮胎花纹深度、磨损状况

主修审核：________________ 日期：________________

与工单相关的车辆检查

□ □ 工作已全部完成

□ □ 工作质量得到认可

维修工作单检查

□ □ 诊断报告、编程报告、保养单、试车单是否完整

工作内容和零件/工时与工单一直、完整

□ □ 外包项目已在工单中列出

□ □ 维护/善意维护已做标记且明确划出界限

□ □ 维护/善意维护工时已盖章且清晰可读

□ □ 工单维修内容填写完整清楚

□ □ 旧件是否保留

路试

完成大修及安全/噪声相关维修后必须路试

建议维修项目：____

____

质检签字：________________ 日期：________________

清洁状况检查单

车辆清洗 是□ 否□ 车牌号 现在的公里数

检 查 项 目		完成情况符合要求请打"✓"标记，如不符合，请说明
1	内饰	
2	内部清洁	
3	脚垫和地毯	
4	转向盘和驻车制动	
5	风窗玻璃	
6	外观最终清洁	
7	车轮边缘和轮胎	
8	前发动机盖的灰尘（新车需检查）	

车辆外观如有损坏，请详细描述

检查人员签字：________________ 完成日期：________________

任务5.3 自测表

在教师签字前，你应在教师的帮助下，找出所有的错误，进行改正

检查项目	回答
能够向顾客交车	
明确交车流程	
技术文件的收集齐全	

教师签字______________________　日期______________________

学生签字______________________　日期______________________

单元5学生学习目标检查表

你是否在教师的帮助下成功地完成单元学习目标所设计的学习活动	
项　　目	回　　答
专业能力	
认识清洁剂的种类和作用	
能够根据清洗部位选择和使用合适的清洁剂	
知道车辆表面、内外室清洁的部位和方法	
按照操作工艺流程完成车辆维护后的清洁工作	
关键能力	
你是否根据已有的学习步骤、标准完成资料的收集、分析、组织	
你是否通过标准，有效和正确地进行交流	
你是否按计划有组织的活动？是否朝学习目标努力	
你是否尽量利用学习资源完成学习目标	

完成情况

所有上述表格必须是肯定回答。如果不是，应咨询教师是否需要增加学习活动，以达到要求的技能

教师签字________________________

学生签字________________________

完成时间和日期__________________

参 考 文 献

[1] 赵计平，刘渝，李雷. 汽车维修技术人员培训能力标准[M]. 重庆：重庆大学出版社，2006.

[2] 丁钊，佟永和. 汽车修理[M]. 2版. 北京：人民交通出版社，1990.

[3] 丰田汽车公司. 汽车维护教程第一级(下)：汽车维护操作[M]. 北京：高等教育出版社，2006.

[4] 约翰·迪尔公司. 机修技术丛书：轴承与密封件[M]. 魏育初，译. 上海：上海科学技术出版社，1982.

[5] 张美田. 汽车运用[M]. 北京：人民交通出版社，1988.

[6] 凌永成，李雪飞. 汽车运用基础[M]. 北京：北京大学出版社，2008.

[7] 任红春. 跟我学汽车保养[M]. 北京：电子工业出版社，2004.

[8] 徐心健，陈宗蓟. 轿车日常护理与美容[M]. 北京：机械工业出版社，2004.

[9] 夏怀成. 我爱我车：汽车养护[M]. 北京：中国林业出版社，2000.

[10] 周燕. 汽车美容与装饰[M]. 2版. 北京：机械工业出版社，2008.